[5.16]

RECUEIL DE VOYAGES
ET DE
DOCUMENTS
pour servir
A L'HISTOIRE DE LA GÉOGRAPHIE
Depuis le XIIIe jusqu'à la fin du XVIe siècle

PUBLIÉ

Sous la direction de MM. CH. SCHEFER, membre de l'Institut
et HENRI CORDIER

V

LE VOYAGE
D'OUTREMER
DE JEAN THENAUD

IMPRIMÉ A ANGERS, CHEZ BURDIN ET Cie

EMIR ET DIGNITAIRES EGYPTIENS
D'après Cesare Vecellio

Le Voyage
D'OUTREMER

(Égypte, Mont Sinay, Palestine)

DE JEAN THENAUD
Gardien du couvent des Cordeliers d'Angoulême

SUIVI DE

La Relation de l'Ambassade
de Domenico Trevisan auprès du Soudan d'Egypte
— 1512 —

PUBLIÉ ET ANNOTÉ PAR

CH. SCHEFER, membre de l'Institut

PARIS
ERNEST LEROUX, ÉDITEUR
28, RUE BONAPARTE, 28
M D.CCC.LXXXIV

INTRODUCTION

INTRODUCTION

Ce volume contient deux relations de voyages faits en Égypte en 1512, cinq années avant la conquête par Sultan Selim et au moment où la prospérité commerciale du Caire recevait une atteinte irrémédiable. Depuis l'époque de sa fondation par le Caïd Djauher, lieutenant du Khalife Mouizz lidin illah (358-969), jusqu'aux dernières années du XVᵉ siècle, la capitale de l'Egypte, malgré des révolutions et des troubles fréquents, avait été la cité la plus commerçante et la plus riche de l'Orient musulman. Elle fut, pendant toute cette période, l'entrepôt des produits de la Chine, de l'Inde, du Golfe Persique et de l'Afrique Centrale; ces marchandises, dirigées du Caire sur Alexandrie, étaient transportées en Occident par les Vénitiens, les Génois et les Catalans. Ce monopole du commerce de l'Asie dura jusqu'au jour où les Portugais doublèrent le cap de Bonne-Espérance et se rendirent maîtres de l'Océan Indien.

Des écrivains arabes, et parmi eux il faut citer Maqrizy

en première ligne, ont retracé l'histoire des innombrables monuments du Caire, mosquées, collèges, palais, établissements charitables et okels servant au dépôt des marchandises; mais ils ont négligé bien des particularités qui auraient aujourd'hui, pour nous, le plus vif intérêt. Rien n'égalerait, en effet, le charme d'une relation détaillée, écrite par un observateur européen qui nous ferait connaître l'état de l'Égypte aux XIVe et XVe siècles, et l'aspect du Caire avec ses édifices d'une architecture si élégante et d'une décoration si riche et si variée. Nous aurions pu, en outre, avoir une idée à peu près exacte des produits de l'industrie orientale; ils affluaient alors, de toutes parts, dans la capitale de l'Égypte et les objets qui ont été conservés, excitent aujourd'hui notre admiration par leur originalité et la délicatesse de leur exécution.

De pareils récits nous font malheureusement défaut. Nous ne possédons qu'un petit nombre de relations de voyages faits dans le Levant depuis la chute de la dynastie des Eyyoubites jusqu'au milieu du XIVe siècle. Les dissensions qui suivirent la mort de Touranchâh (1250), les expéditions du sultan Bibars (1260-1277) et de ses successeurs Melik el Manssour Qelaoun (1279-1290) et Melik el Achraf Khalil (1290-1293) contre les colonies franques de Syrie, et enfin, les persécutions suscitées contre les chrétiens par Melik en Nassir Mohammed (1310-1341) éloignèrent les voyageurs et les pèlerins de contrées ravagées par la guerre et dans lesquelles leur sécurité était sans cesse menacée par le fanatisme des musulmans.

INTRODUCTION

Les Francs qui affrontaient les périls d'un séjour ou d'un voyage dans les pays du Levant étaient ou des marchands attirés par l'appât du gain, ou des pèlerins soutenus dans leurs épreuves par une foi ardente. C'est à ces derniers surtout que nous sommes redevables des relations que nous ont léguées les XIVe et XVe siècles. Je ne crois pas inutile[1] de donner ici la nomenclature des principales d'entre elles et j'y ajouterai l'analyse succincte des pages écrites en 1384 par Frescobaldi et Sigoli et, en 1483, par le dominicain Félix Faber. La description qu'ils nous ont faite du Caire mérite, à mon avis, une mention spéciale.

En l'année 1332, un religieux de l'ordre des frères prêcheurs, originaire de Minden, Otto de Nyenhusen, plus connu sous le nom de Guillaume de Boldensele, se rendit à Jérusalem après avoir traversé l'Égypte et visité le mont Sinay. Il ne séjourna que peu de temps au Caire. Il se borne à mentionner les caravansérails (hospitia) dont les murs étaient couverts de marbres et de mosaïques; les seules marchandises précieuses qu'il cite sont le bois d'aloès et des cornalines de diverses couleurs; mais, comme tous les voyageurs qui viendront après lui, il décrit avec complaisance les trois éléphants et la girafe ainsi que les singes et les perroquets qu'il vit au Caire. Il consacre aussi quelques lignes

---

1. Marino Sanuto dans son Secreta fidelium crucis (liber secundus, pars tertia, et liber tertius pars quartadecima), Hethoum (Hayton) à la fin de ses Fleurs des histoires de la terre d'Orient nous fournissent sur la situation de l'Égypte au commencement du XIVe siècle des renseignements curieux. Ce pays fut aussi visité dans le cours de ce siècle par des pèlerins dont MM. R. Röhricht et H. Meisner ont publié les récits dans les Deutsche Pilgerreisen nach dem heiligen Lande, Berlin, 1880.

aux mamelouks qui étaient, au nombre de six mille, casernés dans la citadelle.

Le récit fait par Guillaume de Boldensele, à son retour d'Orient, excita l'intérêt du cardinal de Talleyrand, et ce prélat l'invita à le faire connaître et à en rédiger la relation[1].

Mandeville rapporte dans sa relation un fait qui me semble devoir être relevé. Il prétend que pendant son séjour au Caire (1336), le Soudan qui était à cette époque Melik en Nassir Mohammed, fils de Qelaoun, lui accorda une audience secrète. Il lui demanda des détails sur les différents États de l'Europe, et il lui fit une critique assez vive et assez juste des mœurs et des usages des peuples chrétiens. Il lui avoua qu'il envoyait dans les différentes contrées de la chrétienté des marchands de pierres précieuses, de musc, de baume et de parfums qui, à leur retour, lui fournissaient les renseignements les plus précis sur tout ce qu'ils

---

[1]. *La relation de Boldensele a été traduite en français en 1351; elle figure dans le recueil de voyages imprimé en 1529 par Jehan de Saint-Denys sous le titre*: L'hystoire merveilleuse, plaisante et recreative du grand empereur de Tartarie seigneur des tartres nommé le grand Can contenant six livres ou parties, etc. *Paris, 1529, in-4. Le voyage de Boldensele commence au feuillet LXVI et se termine au verso du feuillet LXXVI. Il a pour titre*: Cy commence ung traicté de l'estat de la terre saincte et aussi en partie de la terre d'Égypte. Et fut fait à la requeste d'ung reverend seigneur, monseigneur Talerend de Pierregort, cardinal, par noble homme monsieur Guillaume de Bouldeselle, en l'an de grace mil trois cent trente six. Et fut translaté par frere Jehan de Longdit né en Cypre (Ypres) et moyne de Sainct-Bertin en Sainct-Omer, en l'an de grace mil trois cent trente cinq. *Le texte latin de Boldensele a été inséré par Henri Canisius dans son* Thesaurus monumentorum ecclesiasticorum et historicorum. *Ingolstadt, 1601-1604, tome V, page 95 et suivantes et dans le tome IV, pages 332-337 de l'édition donnée par Basnage en 1725; le meilleur texte est celui qui a été publié dans le* Recueil de la Société historique de la Basse-Saxe, *par M. Grotefend. Hanovre, 1855.*

INTRODUCTION

avaient observé. L'audience terminée, les émirs et les officiers du Soudan rentrèrent dans la salle. Le prince désigna à Mandeville quatre d'entre eux qui parlaient français; le Soudan s'exprimait aussi en cette langue avec la plus grande facilité[1].

Je me bornerai à citer le nom du chevalier Rodolphe de Frameynsperg qui traversa l'Égypte dix années plus tard. La relation de son voyage ne nous est parvenue qu'incomplète et tronquée[2]. A la même époque, le moine franciscain Niccolò da Corbizzo, plus connu sous le nom de Niccolò da Poggibonsi, entreprit le pèlerinage du Saint-Sépulcre. Nous lui devons une excellente description des sanctuaires de la Palestine et de la Galilée. Il visita aussi le mont Sinay et revint à Gazza; de là il se rendit à Damiette pour s'y embarquer et gagner l'île de Chypre; il a consacré à Damiette et à ses environs quelques pages qui ne sont pas dépourvues d'intérêt[3].

Le 13 août 1384, six Florentins appartenant à

---

1. Je me contenterai de citer les premières éditions des voyages de Mandeville. Le livre appelé Mandeville, *petit in-folio, 1480, s. l.* Itinerarium domini Johannis de Mandeville. *in-4, s. l., et s. d.* Tractato delle piu maravigliose cosse e piu notabili, che si trovano in le parte del monto vedute del cavaler Johanne de Mandavilla. *Milan, 1480, in-4.*
Johannes de Montevilla : Hie hebt sich in das buch des ritters heir Hannsen von Montevilla. Augspurg, *1481, in-fol.* The voiage and travaile which treateth of the way of Hierusalem and of marvayles of Inde, with other islands and countryes. Westmynster, *Wynkyn de Worde, 1499.*

2. Le fragment de la relation de Rodolphe de Frameynsperg a été inséré par Canisius dans son Thesaurus monumentorum à la suite de celle de Guillaume de Boldensele, tome IV, page 358 de l'édition de 1725.

3. Libro d'oltramare di fra Niccolò da Ponggibonsi, *pubblicato da Alberto Bacchi della Lega. Bologne, 1881, 2 vol. in-8.*

la faction des Guelfes, Leonardo Frescobaldi, Simoni Sigoli, Giorgio Gucci, Andrea Rinuccini, Santi del Ricco et Antonio di Pagolo Mei partirent de leur ville natale pour se rendre à Venise et s'y embarquer sur la galère qui faisait le voyage d'Alexandrie. Trois d'entre eux nous ont laissé un récit de leurs pérégrinations[1]. La description qu'ils ont faite de l'Egypte et du Caire mérite d'être analysée : mais je dois tout d'abord faire observer que, depuis le coup de main tenté contre Alexandrie par le roi Pierre de Lusignan (1365) et certains actes de piraterie, des mesures de précautions fort sévères étaient prises à l'égard des résidents et des voyageurs européens. Dans l'année qui précéda l'arrivée de Sigoli et de ses compagnons, un fait regrettable avait eu lieu à Alexandrie. Nous lisons dans l'histoire de Maqrizy que, pendant le mois de Reby oul ewwel 785 (mai 1383), des Francs, après avoir terminé le chargement de leurs navires, avaient précipitamment quitté le port pendant la nuit. Le lendemain matin, les musulmans se mirent à leur poursuite et parvinrent à les rejoindre; il y eut un combat pendant lequel un certain nombre de ceux-ci perdirent la vie, et les survivants durent regagner le port.

---

1. Le voyage de Frescobaldi a été imprimé par les soins de Gugliemo Manzi sous le titre de Viaggio in Egitto e Terra santa con un discorso dell' editore sopra il commercio degli Italiani nel secolo XIV. Rome 1818, in-8. Il en a paru une édition à Parme en 1845, et il a été inséré dans le recueil publié en 1862 à Florence, par Barberà.

Sigoli, Viaggio al monte Sinai. Florence, 1829, in-8. Il en a été fait trois réimpressions à Naples en 1831, 1839 et 1855; une à Parme en 1845 et une autre à Turin en 1878. Le voyage de Gucci figure dans le volume édité par Barberà après la relation de Sigoli; il s'étend de la page 269 à la page 439.

INTRODUCTION

Le gouverneur de la ville, l'émir Ballouth, fit arrêter sur-le-champ les négociants francs établis à Alexandrie et mettre toutes leurs marchandises sous séquestre. Sur l'ordre du Sultan, il se rendit immédiatement au Caire pour donner des explications qui furent agréées; il fut revêtu d'une robe d'honneur et confirmé dans le gouvernement de la ville.

Frescobaldi nous apprend que lorsque la galère à bord de laquelle il se trouvait fut signalée, on vit se diriger sur elle une germe qui l'accosta. Les gardes qui la montaient enlevèrent la voile et le gouvernail de la galère et la conduisirent au mouillage dans le port. Lorsqu'elle eut jeté l'ancre, le consul des Français et des pèlerins monta à bord, fit débarquer les voyageurs et les conduisit à la douane où leurs personnes furent fouillées et leurs bagages examinés avec le plus grand soin. Chacun fut obligé de payer deux pour cent sur l'or et l'argent monnayés et la valeur des effets qu'il apportait, et, en plus, un ducat pour l'impôt de la capitation. Le consul était français et avait épousé une femme chrétienne du pays. Il mena à sa demeure Frescobaldi et ses compagnons, et mit à leur disposition quatre chambres qui avaient, pour tout mobilier, des cafas ou cages en branches de dattier sur lesquelles ils étendirent leurs matelas.

Frescobaldi fait remarquer que, depuis la tentative du roi Pierre de Chypre, les murs et les tours d'Alexandrie avaient été réparés et les fossés creusés plus profondément. Les étrangers ne pouvaient approcher des monticules qui s'élèvent dans l'enceinte de la ville et sur lesquels les habitants avaient cherché un refuge pendant le pillage.

Alexandrie avait, disait-on, une population de soixante mille habitants, musulmans, juifs et chrétiens renégats; elle était gouvernée par un Lamelech (Melik) ayant sous ses ordres une forte garnison composée de Tartares, de Turcs, d'Arabes et de soldats syriens. Le gouverneur occupait un vaste palais construit, selon la tradition, sur l'emplacement de celui qu'avaient habité jadis les parents de sainte Catherine. Le consul y conduisit les pèlerins florentins. Après avoir franchi une porte très élevée, ceux-ci traversèrent une vaste cour au bout de laquelle était une grande salle ouverte remplie d'officiers et de serviteurs. Quelques-uns se détachèrent pour accompagner le consul et ses hôtes; ils leur firent gravir un large et superbe escalier au sommet duquel s'ouvrait une vaste salle. On leur fit ôter leurs chaussures, et on les introduisit dans cette pièce à l'extrémité de laquelle le gouverneur était assis sur un carreau de soie, les jambes croisées. Il était entouré d'officiers qui se tenaient debout. Le tiers de cette salle était couvert de magnifiques tapis; des coussins d'une merveilleuse beauté étaient placés le long des murs. On avait étendu sur l'espace rapproché de la porte de très belles nattes et des joncs marins. « En cet endroit, dit Frescobaldi, on nous fit agenouiller et baiser notre main droite. Nous répétâmes cette cérémonie lorsque nous arrivâmes au tapis, puis lorsque nous fûmes près de la place où était assis le gouverneur; celui-ci nous questionna par l'intermédiaire de son drogman sur nos usages et sur nos coutumes, sur les différents États de la chrétienté, et au sujet de l'empereur et du pape. Il nous demanda s'il était vrai que l'empereur n'eût point encore été couronné, et s'il était également exact qu'il y eût deux papes, comme le bruit en courait parmi les gens qui avaient été en Europe. » Au sortir de cette audience, les pèlerins florentins visitèrent la ville, les églises et les lieux consacrés par les traditions chrétiennes. La description d'Alexandrie par Frescobaldi n'offre point un intérêt particulier. Il nous apprend seulement qu'il y acheta, pour les rapporter à Florence, des morceaux d'étoffes de soie ayant la dimension du Saint-Sépulcre; on en couvrait les femmes en couches, et ils avaient la vertu d'alléger les douleurs de l'enfantement. A leur départ d'Alexandrie, Frescobaldi et ses amis furent confiés à un interprète qui retournait au Caire et devait les remettre aux mains du grand drogman du Soudan, renégat vénitien ayant épousé une Florentine qui, elle aussi, avait abjuré la foi chrétienne; le 11 octobre, à leur arrivée au Caire, ils furent conduits chez ce dernier. Celui-ci leur assigna une maison pour y loger et y déposer leurs bagages; il leur en coûta quatre ducats par personne.

Les renseignements que Frescobaldi nous donne sur les Mamelouks, sur les ânes que l'on trouve dans toutes les rues pour le service du public, sur le grand nombre des chameaux employés au transport de l'eau du Nil, sur les bazars, les costumes, les croyances et les usages des musulmans, sont les mêmes que ceux qui nous sont fournis par les voyageurs des XVe et XVIe siècles. Il dit quelques mots, peu exacts, au sujet du Soudan Barqouq. Il prétend que ce prince était Grec d'origine et avait professé le christianisme, et que pour qu'il fût proclamé Soudan, son père avait dû embrasser l'islamisme et se faire circoncire. Frescobaldi fait une mention spéciale des bijoutiers dont les boutiques se trouvaient sur la place voisine du palais du Soudan ; elles renfermaient d'énormes quantités d'émeraudes, de rubis, de rubis balais, de turquoises et de perles. Messire Andrea Rinucci en acheta un certain nombre d'une belle grosseur ; il se proposait de les donner à sa femme à son retour, mais il ne put revoir sa patrie, car il mourut à Damas.

Frescobaldi nous fait connaître aussi la valeur des monnaies ayant cours en Égypte. La pièce d'or qu'il appelle besant valait un ducat et un quart. La pièce d'argent ou daremi (dirhem) équivalait au gros de Venise. La monnaie de cuivre portait le nom de folari (foulous). Au Caire, il en fallait quatre-vingt-dix pour faire un dirhem, mais, dans les autres provinces des États du Soudan, il n'en fallait que trente ou quarante. Les ducats et les gros de Venise étaient la seule monnaie qui, avec celle du pays, eût un cours légal.

La description du Caire se termine par l'énumération des églises du Vieux-Caire. Le seul fait digne d'être noté est le suivant : une église dédiée à saint Martin s'élevait entre les deux villes et était affectée au culte arménien. Dans une chapelle de cette église se trouvait la sépulture de la reine, femme de Léon VI de Lusignan, morte au Caire pendant la captivité de son mari[1].

1. Viaggio di Lionardo di Niccolo Frescobaldi fiorentino. *Rome, 1818*, pages 74-107.

INTRODUCTION XIII

La narration de Sigoli n'est pas moins intéressante, car il eut, pendant son séjour au Caire, l'occasion de se lier avec un marchand candiote, nommé Simon, qui, depuis longtemps fixé dans cette ville, lui donna sur le sultan Barqouq des renseignements que je ne crois pas inutile de reproduire ici. « Le Soudan, dit Sigoli, est âgé d'environ quarante-cinq ans; il est doué d'une belle prestance et d'une grande vigueur, et sa courtoisie est extrême[1]. Il entretient à sa cour six mille personnes et plutôt plus que moins. Il porte des vêtements d'une grande richesse et en change trois fois par jour. Quand il les a ôtés, on les serre dans une chambre et il ne les remet plus jamais; il en fait cadeau à ses barons et à ceux de ses officiers auxquels il témoigne le plus d'affection. Le Soudan a sept femmes : lorsqu'elles sortent, elles sont accompagnées par un grand nombre de demoiselles, et chacune a quatre eunuques commis à sa garde; ceux-ci ne les quittent jamais en quelque endroit qu'elles se rendent.

1. *Nous apprenons par Maqrizy que Seïf eddin Barqouq, qui reçut à son avènement le surnom et le titre d'Abou Sayd et de Melik ed Dhahir, était né en Circassie. Son père s'appelait Anas. Il avait été enlevé et conduit en Crimée où il fut vendu au marchand Fakhr eddin Osman ibn Moussafir qui l'emmena en Égypte. Il fut acheté par l'émir Ilbogha el Omary qui l'affranchit et l'inscrivit au nombre de ses mamelouks.*

Barqouq était, disait-on, né en 741 (1340). Cependant, en 792 (1389), il se donnait lui-même l'âge de cinquante-sept ans. Après la mort violente de l'émir Ilbogha, Barqouq fut enfermé dans le château de Karak. Lorsqu'il fut rendu à la liberté, il entra au service de l'émir Maudjik, gouverneur de Damas. Il revint en Égypte lorsque les mamelouks d'Ilbogha furent rappelés par Melik el Achraf Chaaban. Après l'assassinat de ce prince, il devint successivement émir de Tablkhanèh, émir de cent lances, administrateur des écuries royales, grand écuyer et enfin émir Kebir. Il fut proclamé sultan par le Khalife Moutewekkil al'allah le mercredi 19 ramazan 784 (26 novembre 1382).

« *Lorsque le Soudan va à la chasse dans un lieu appelé Sariocusso (Siryaqos) à quinze milles du Caire*[1]*, il est accompagné par une multitude de cavaliers que l'on peut évaluer à cent mille. On mène à ces chasses un nombre considérable de gerfauts et de faucons, de chiens braques et de lévriers. On transporte aussi pour le Soudan une tente immense; sa grandeur est telle qu'on charge cent chameaux de ses différentes parties et des colonnes de bois nécessaires pour la dresser. Elle se divise en salles et en chambres; personne ne connait celle dans laquelle le Soudan doit passer la nuit, si ce n'est le serviteur qui jouit de sa confiance la plus absolue. Les tentes destinées aux autres émirs sont si nombreuses que, lorsque le camp est établi, il ressemble à une cité. Il est, comme une ville, sillonné par des rues dans lesquelles sont installés des marchands. Les boutiques les plus nombreuses sont celles où l'on vend des comestibles...*

« *Avant notre arrivée au Caire, ajoute Sigoli, le gouverneur de Damas avait envoyé au Soudan un cadeau consistant en or et argent monnayés et en étoffes de soie brochées d'or et d'argent. Ce présent formait la charge de cent cha-*

---

1. « *Il y avait à Siryaqos un célèbre couvent de moines coptes connu sous le nom de couvent d'Abou Hour. Maqrizy rapporte, d'après le témoignage de Chabechety, que les gens affligés d'écrouelles s'y rendaient pour être guéris. Le supérieur du couvent les faisait coucher par terre et faisait lécher leurs plaies par un porc, puis il répandait sur elles de la cendre provenant du corps d'un porc que l'on avait fait brûler et les enduisait d'une huile provenant de la lampe de la chapelle. Ce couvent jouissait de revenus considérables légués par les personnes qui y avaient recouvré la santé.* » *(Maqrizy,* Topographie de l'Égypte, *éd. du Caire, 1270-1853, tome II, page 507.)*

meaux; vingt de ces animaux étaient couverts de housses de drap blanc, vingt de housses de drap bleu clair, vingt de drap vert, vingt de drap rouge, et vingt de drap bleu foncé. Les chameliers portaient des vêtements de même couleur. Le chrétien dont j'ai parlé plus haut m'assura avoir vu cette caravane. Le Soudan était à la chasse le jour de son arrivée : lorsqu'il en fut informé, il donna l'ordre de la conduire immédiatement à son campement. Il fit décharger les chameaux et il distribua sur-le-champ à ses émirs l'or, l'argent et les étoffes.

« Le Soudan actuellement régnant fait rendre à tout le monde une si bonne et si exacte justice que l'on peut parcourir tous ses États l'or à la main. Il n'y a endroit si désert, si sauvage et si inaccessible où l'on ne jouisse de la plus entière sécurité. »

A la fin de son récit sur l'Égypte, Sigoli nous donne des renseignements fort exacts sur l'intimité qui unit, pendant quelque temps, Barqouq à l'émir Berekèh, sur les manœuvres du premier pour arriver au pouvoir suprême, et enfin, sur la mort violente de Berekèh dans le château d'Alexandrie[1].

Onze ans plus tard, le 22 novembre 1395, le seigneur d'Anglure arrivait au Caire, après avoir visité la Terre Sainte et le mont Sinaï[2]. Il fut conduit selon l'usage à un

1. Viaggio al monte Sinai di Simone Sigoli. Florence, 1829, pages 5-42.
2. La relation du seigneur d'Anglure a été publiée pour la première fois en 1621 à Troyes, par Noel Moreau dict le Coq, sous le titre de : Journal contenant le voyage faict en Hierusalem et autres lieux de devotion, tant en la Terre Saincte qu'en Ægypte, par très illustre seigneur messire Simon de Sarebruche, chevalier, baron d'Anglure au diocèse de Troyes, en l'année

« hauberge » qui se trouvait non loin de la demeure du grand drogman du Soudan, et il employa les quelques jours qu'il passa dans la capitale de l'Égypte à en parcourir les bazars et les différents quartiers. On ne peut relever dans son récit aucune particularité digne de remarque; il parle seulement avec admiration du palais du Sultan et de la mosquée qui s'élève sur la partie gauche de la grande place ou Meïdan[1]. Lorsqu'il se rendit aux Pyramides, il y trouva des gens occupés à en extraire des pierres grosses comme « muiz à vin. » Le seigneur d'Anglure, avant de quitter l'Égypte, voulut visiter les couvents de Saint-Paul et de Saint-Antoine dans la Haute-Égypte. Au retour, sa barque fut attaquée par des pirates et criblée de flèches. Un chevalier de Picardie, nommé Pierre de Marqueline, fut grièvement blessé à la tête, et plusieurs hommes de l'équipage furent aussi atteints par des traits.

Le seigneur d'Anglure ne descendit point au Vieux-Caire; il s'y embarqua sur une germe qui partait pour Alexandrie. Il consacre dans sa relation quelques lignes à cette ville, et il nous dit qu'il y remarqua les fondougs des Français, des Vénitiens, des Génois, des Catalans, des Chy-

---

1395. Mis en lumière pour la première fois sur le manuscript trouvé en une bibliothèque.

Ce texte a été réimprimé en 1858 par M. l'abbé Domenech avec une introduction de M. l'abbé Michon et sous le titre de : Le saint voyage de Jérusalem, par le baron d'Anglure, 1395. Accompagné d'éclaircissements sur l'état présent des lieux saints. Une édition définitive a été publiée en 1878, par MM. Bonnardot et A. Longnon, pour la Société des anciens textes français.

1. Cette mosquée est celle de Melik Ennassir sultan Hassan, fils de Melik Ennasir Mohammed, fils de Qelaoun. La construction en fut achevée en l'année 762 (1360).

priotes, des Napolitains, des Anconitains, des Marseillais, des Candiotes et des Narbonnais. Les pèlerins étaient tenus de descendre dans ce dernier fondouq où un fonctionnaire chrétien, appelé consul de Narbonne et des pèlerins, prélevait sur eux une taxe qui était versée au trésor du Soudan. Le séjour du seigneur d'Anglure en Égypte dura du 18 novembre au 21 décembre 1395[1].

La relation de Ghillebert de Lannoy figure au premier rang parmi celles du XVe siècle[2]. Il fit, de 1421 à 1423, la reconnaissance des côtes d'Égypte et de Syrie. Il trace le tableau des ressources et des forces militaires dont peuvent disposer les Soudans, et sa description d'Alexandrie, du Caire, de Rosette, de Damiette et des côtes, depuis Tennis jusqu'aux limites du désert de Lybie, renferme sur ces villes, sur tout le littoral et sur leurs moyens de défense, les renseignements les plus précis.

En 1436, le chevalier castillan Peró Tafur aborda à Chypre et se rendit à Nicosie où il fut l'hôte de son compatriote Mosen ou Messire Suarez amiral de Chypre. Celui-ci fit connaître au cardinal Hugues de Lusignan le projet de Tafur de passer en Égypte et de faire le pèlerinage

---

1. Le Saint voyage de Iherusalem. Paris, 1878, pages 56-79.
2. Le voyage de Ghillebert de Lannoy a été publié pour la première fois par le R. John Web dans le tome XXI de l'Archæologia, d'après un manuscrit de la Bibliothèque Bodléienne. M. Serrure a donné à Mons, en 1840, une édition des Voyages et ambassades de Ghillebert de Lannoy, d'après un manuscrit de sa bibliothèque. Je ne citerai point le travail que M. J. Lelewel a fait paraître en 1844 à Bruxelles et à Posen. Il est seulement relatif à la Prusse, à la Pologne, à la Russie et à la Crimée. La relation du voyage de Ghillebert de Lannoy en Orient a fait partie des Œuvres de Ghillebert de Lannoy, voyageur, diplomate et moraliste, publiées en 1878 à Louvain, par M. Potvin, pages 99-178.

du couvent de Sainte-Catherine au mont Sinaï. Le cardinal de Lusignan lui ménagea une entrevue dans l'église du palais de Nicosie avec le roi Janus et sa tante Agnès, et il lui fut proposé de réclamer du sultan Bibars les concessions suivantes : la cour du Caire renoncerait à envoyer tous les ans, pour recevoir le tribut, les mamelouks dont le séjour en Chypre était pour le trésor épuisé une trop lourde charge. Le roi proposait de faire remettre par quartiers au trésor égyptien les sommes que l'on s'était engagé à payer, et d'estimer au prix qu'elles avaient au Caire les pièces de camelot qu'il devait fournir; enfin, le roi demandait l'autorisation de vendre, affranchi de tous droits, sur le littoral de la Syrie, le sel qui constituait une branche très importante des revenus de l'île. Pero Tafur s'embarqua à Bafo sur une galère mise à sa disposition et fut conduit à Damiette. Il y reçut le sauf-conduit nécessaire pour se rendre au Caire, où il fut logé chez le grand drogman du Soudan, un juif de Séville qui avait dans son enfance quitté cette ville pour se rendre à Jérusalem avec son père. Après la mort de celui-ci, il avait embrassé l'islamisme et était entré au service du Soudan.

Ses bons offices firent accorder à Pero Tafur, par le sultan Barsbay, une audience dont les détails consignés dans sa relation ne sont point dépourvus d'intérêt. Je ne crois pas cependant devoir reproduire ici sa description du Caire; elle ne diffère pas de celles dont j'ai parlé plus haut[1].

---

1. Andançias é viajes de Pero Tafur por diversas partes del mundo avidos Madrid, 1874, pages 711-118.

INTRODUCTION

La relation de Fra Alessandro Ariosto (1478) et celle de Tucher de Nurenberg (1479) ne contiennent aucune particularité digne d'être notée[1].

L'année 1483 nous fournit deux ouvrages du plus haut intérêt. Le premier est celui de Bernard de Breydenbach, doyen et trésorier du chapitre de la cathédrale de Mayence. Il fit le pèlerinage en compagnie du comte de Solms et de Philippe de Bicken. Le comte de Solms mourut à Alexandrie au moment où il allait s'embarquer pour revenir à Venise.

*L'autre est l'*Evagatorium *du dominicain Félix Faber d'Ulm qui avait une première fois en 1480, fait le pèlerinage du Saint-Sépulcre. Il retourna trois ans plus tard en Palestine avec le comte Jean Truchses de Waldpurg, Wernher de Cymbern, Henri de Stœffel et Ber de Rechberg*[2].

*L'*Evagatorium *de Félix Faber nous offre le tableau le plus complet et le plus fidèle des pays qu'il parcourut.*

---

1. Viaggio nella Siria, nella Palestina e nell'Egitto fatto dal 1475 al 1478 da frà Alessandro Ariosto, missionario apostolico pubblicato per la prima volta, dal professore Giuseppe Ferraro. *Ferrare, 1878.*

Le P. Marcellino da Civezza avait publié à Rome en 18 1, la topographie de la Terre Sainte du frère Alex. Ariosto. Fratris Alexandri Ariosti de Bononia Ord. min. obs. Topographia Terræ Promissionis, edita cura Patris Marcellini a Civetia.

Les premières éditions du Voyage de J. Tucher *virent le jour la même année (1482), chez Schœnsperger à Augsbourg et chez Zeninger à Nurenberg. On en compte plusieurs autres ayant paru à la fin du XVᵉ siècle, entre autres à Nurenberg en 1483, à Strasbourg en 1484, et à Augsbourg en 1486. La relation de Tucher a été réimprimée à Francfort-sur-le-Mein en 1561, et elle a été insérée dans le Reyssbuch, publié par Sigismond Feyerabend en 1584 et par Roth en 1609.*

2. *Une traduction abrégée allemande de l'*Evagatorium fratris Felicis Fabri *a paru à Ulm en 1556. Elle a été réimprimée en 1584 dans l'édition du Reyss-*

Je donnerai ici la traduction de quelques passages du journal de Faber, en m'abstenant de reproduire les digressions empruntées à l'histoire sacrée et profane dont il se montre toujours prodigue. Il nous fait connaître la façon dont les voyageurs européens étaient traités au Caire, le mode de recrutement des mamelouks, et il nous révèle certains faits curieux que l'on chercherait vainement ailleurs.

*Après avoir visité la Palestine et le mont Sinaï, les pèlerins allemands traversèrent, non sans courir de grands dangers, le désert qui s'étend entre Suez et le Caire, et arrivèrent à Matariéh, l'ancienne Héliopolis. Le conducteur de la caravane les conduisit à une maison de plaisance du Soudan qui renfermait des bains et s'élevait à peu de distance de la fontaine appelée fontaine du Soleil (*Aïn ech chems*) ou fontaine de la Vierge; elle était située dans le jardin où l'on recueillait le baume. « A notre approche, dit Faber, les gens qui habitaient le palais fermèrent la porte; mais, nous voyant tirer nos bourses, ils s'empressèrent de la rouvrir avant d'avoir aperçu l'argent. On fit agenouiller les chameaux, les bagages furent déchargés, et on nous introduisit dans une salle charmante dont les fenêtres donnaient sur le jardin des baumiers. A peine avions-nous mis nos effets en ordre que les chameliers arabes qui nous avaient conduits vinrent nous demander la permission de s'en retourner par le désert. Ils avaient, disaient-ils, atteint*

buch de Feyerabend et en 1609 dans celle de Roth. Le texte latin a été publié pour la Société littéraire de Stuttgart par les soins de M. le Dr Conrad Hassler, en trois volumes, 1843-1849.

le terme du voyage et de leur service, tel qu'il était stipulé dans le contrat passé avec eux. Nous leur demandâmes de rester avec nous jusqu'à l'arrivée du seigneur Tangriberdy, en la compagnie duquel nous devions entrer au Caire, et de se charger, moyennant un nouveau salaire, du transport de nos bagages dans cette ville. Ils nous répondirent par un refus catégorique et nous déclarèrent qu'ils n'oseraient ni attendre Tangriberdy, ni entrer dans la ville. Ces malheureux retournèrent donc à leur misère; leur départ, loin de nous chagriner, nous causa une grande joie, comme si nous avions été délivrés d'un lourd fardeau. Ils n'osaient, en effet, paraître devant le mamelouk qui nous servait d'interprète, car ils sont haïs par les mamelouks et par tous ceux qui appartiennent à la cour du Soudan, parce qu'ils se sont rendus maîtres du désert et qu'ils extorquent de ceux qui le traversent des droits de péage, de transit et de protection. Bien que le désert fasse partie des états du Soudan, ils prétendent y dominer. Ces Arabes n'eurent donc pas le courage de nous conduire au Caire; s'ils y étaient entrés, leurs chameaux avec leurs charges auraient été immédiatement confisqués, et eux-mêmes jetés en prison. Aucun étranger ne peut entrer avec un chameau chargé, s'il n'a une autorisation délivrée par les officiers du Soudan. »

Après le départ de ces Arabes, un messager fut dépêché au grand drogman pour le prier de se rendre auprès des pèlerins et de les faire entrer dans la capitale, conformément à la promesse qui leur avait été faite.

Tangriberdy se hâta d'accourir et son accueil fut des

plus courtois et des plus gracieux. Il proposa d'aller le jour même au Caire, mais on lui demanda de remettre le départ au lendemain, afin de pouvoir visiter le jardin des baumiers. Tangriberdy y consentit et revint, le jour suivant, avec une suite de mamelouks et de serviteurs. Il introduisit les voyageurs cinq par cinq dans le jardin; il le leur fit parcourir et il pratiqua devant eux, au moyen d'un couteau d'ivoire, une incision sur une branche de baumier[1]. *Il frotta le creux de la main de quelques pèlerins avec les gouttes qu'il recueillit, et ceux-ci remarquèrent que le baume traversait les chairs et paraissait sur le dessus de la main. A leur retour, ils en offrirent, à Inspruck, à l'archiduc d'Autriche Sigismond, ainsi qu'à l'archevêque de Mayence et à la duchesse Marie, fille de Charles, duc de Bourgogne, et ils firent, devant ces personnages, les expériences en usage pour reconnaître la pureté du baume*[2]. *Le baume est la propriété exclusive du Soudan qui en envoie à titre de présent à l'empereur du Khita, au roi d'Abyssinie, au souverain de la Perse et au grand Turc. Cependant quelques pèlerins réussirent à s'en procurer à prix d'argent.*

Faber et ses compagnons partirent de Matarièh avant le

---

1. *On croyait qu'une incision faite avec un instrument de fer faisait mourir le baumier.* « Eaque myrto crassior parumper folia conferens, bussi frondibus simillima, quæ mense Majo, vitro, lapide, osseisve cultellis scinditur, quippe ferro læsa protinus emoritur. » (*F. Al. Ariosto,* Viaggio, *p. 75.*)

2. *Ludolph de Sudheim, F. Alex. Ariosto et Faber ont indiqué tous les moyens de reconnaître les falsifications du baume. Le peu d'intérêt que présentent les quatre courts chapitres consacrés à l'Égypte par Ludolph de Sudheim m'a déterminé à ne point les analyser et à ne point mentionner les éditions de sa* Descriptio Terræ sanctæ, *publiées depuis 1473.*

coucher du soleil et ils entrèrent au Caire à nuit close, précédés par le grand drogman du Soudan. Il leur fallut, pendant deux heures, se frayer un passage à travers une foule compacte, avant d'arriver à la demeure de Tangriberdy. On était alors au mois de ramazan et une multitude de gens portant des lumières, des falots et des lanternes encombraient les rues. On reconnut les voyageurs pour des pèlerins chrétiens; ils furent alors poursuivis, accablés d'injures et couverts de terre et de poussière que l'on jetait sur eux. Une marche rapide les sauva de plus graves avanies et ils purent arriver sans encombre à la maison de Tangriberdy. Les bagages furent jetés en tas dans la cour, puis les pèlerins furent conduits par leur hôte dans une grande et belle salle dont les murs étaient couverts de plaques de marbre et ornés de peintures. Des tapis couvraient le sol, mais il n'y avait aucun meuble, ni lits, ni sièges. Ils s'assirent par terre, s'adossèrent au mur et essayèrent de goûter quelque repos; mais le bruit qui se faisait dans la cour ne leur permit pas de dormir. Tangriberdy vint les trouver. « Il vous faut, leur dit-il, demeurer ici jusqu'au matin, je pourvoirai alors à votre logement. »

Au lever du jour, le calme et le silence se firent dans la maison; profitant du sommeil des musulmans, un orfèvre de Malines, nommé François, qui était établi au Caire et avait vu de sa boutique l'arrivée des pèlerins, se présenta à eux et leur demanda le secret sur ce qu'il comptait leur révéler. « Seigneurs pèlerins, leur dit-il, vous êtes dans la maison d'un homme fourbe et avide. Si vous restez chez lui *plus d'un jour, vous n'en sortirez que dépouillés et écorchés, non point ouvertement, mais par fraude et par ruse. Je vous conseille de quitter cette maison; je vous procurerai chez des chrétiens un logement sûr et agréable.* » Il donna ensuite des détails épouvantables sur la personne de Tangriberdy. « *Cet homme, nous affirma-t-il, était un Juif de Sicile qui avait été rabbin. Il avait abjuré les erreurs du judaïsme pour entrer dans le giron de l'église du Christ : il avait alors fréquenté les écoles et acquis une connaissance profonde de la langue latine. A la fin de ses études théologiques, il avait été ordonné prêtre ; puis, après avoir pendant quelque temps exercé le saint ministère, il s'était enfui et réfugié chez les musulmans. Il avait alors abjuré la foi chrétienne pour embrasser l'islamisme. Ayant été admis à la cour du Soudan, il y était devenu riche et influent et avait acheté le droit de disposer des Juifs et des chrétiens. Il réussit à les écorcher par de singuliers procédés d'astuce et de fraude : il met,* per fas et nefas, *la main sur leur argent, après se les être conciliés par une merveilleuse douceur. Ces richesses mal acquises l'ont rendu puissant ; il a acheté ce palais, et de belles femmes, et il exerce un emploi public. Il a, pour son malheur, rencontré la fortune*[1]. » « *Après avoir*

---

[1]. *Pierre Martyr d'Anghiera donne sur ce Tangriberdy, qui joua un certain rôle à la cour des Soudans dans les dernières années du XV*[e] *siècle et au commencement du XVI*[e], *des détails beaucoup plus vraisemblables que ceux fournis à Faber par l'orfèvre François de Malines. Tangriberdy aurait été le fils d'un habitant du royaume de Valence, nommé Louis de Prato, et il aurait reçu le jour dans la ville frontière de Monblanco. Embarqué tout jeune et mis au service d'un cabitaine de navire, il avait fait naufrage et était devenu, avec tous ceux qui*

entendu ces paroles, ajoute Faber, nous priâmes François de nous procurer un logement et de revenir auprès de nous. Sur ces entrefaites, Tangriberdy s'était levé et, suivi de domestiques et de servantes, il parcourait la maison pour faire préparer les chambres qu'il nous destinait. Nous l'appelâmes et lui dîmes en latin : « Seigneur drogman, nous craignons de vous être à charge; nous désirons ne point demeurer chez vous pour ne point vous causer d'embarras; nous vous prions donc de nous permettre de nous enquérir de Francs chrétiens chez lesquels nous pourrons nous établir sans vous incommoder. » En entendant ces mots, Tangriberdy changea de visage. « Vous m'appartenez, s'écria-t-il, en proie à une violente colère, et votre sécurité est dans mes mains! Je pourrais, si je le voulais, vous retenir de force et vous mettre aux fers. S'il ne vous est point agréable de rester chez moi, allez où il vous plaira. Mais, si vous avez à subir quelque avanie, si vous êtes maltraités, comme cela vous arrivera certainement, ne venez pas vous plaindre à moi, n'invoquez pas mon appui! Ici seulement je serai votre protecteur; je ne puis vous défendre que dans ma maison; elle est le lieu d'asile des chrétiens et des Juifs; ailleurs que chez moi vous serez des prisonniers, et vous ne pourrez paraître au dehors que conduits par moi. Je ne vous

---

se trouvèrent à bord, l'esclave du Soudan... Après avoir été, pendant trois ans, chargé de chaînes et soumis à une dure captivité, il avait abjuré la foi chrétienne, avait été circoncis et avait changé son nom en celui de Tangriberdy..... Il était devenu un des principaux officiers du Soudan, et jouissait d'un revenu annuel de huit mille ducats. (Legationis Babylonicæ libri tres. Bâle, 1533, in fol., 80 v° et 81 r°.)

accompagnerai pas, vous serez donc condamnés à rester enfermés. Vous serez néanmoins obligés de me donner ce que vous devez me payer, car vous m'appartenez. » Après nous avoir parlé ainsi, il devint plus calme et il ajouta ces mots : « Dites-moi, je vous prie, ce qui a pu vous déplaire dans cette maison? Elle est spacieuse et belle; vous n'en trouverez point une pareille chez vos chrétiens. Ma maison vous appartient et mes serviteurs sont les vôtres. Restez ici en paix, sinon sortez et veillez vous-mêmes à votre sécurité. » Les compagnons de Faber se déterminèrent à demeurer chez Tangriberdy qui mit trois logements à leur disposition.

Le lendemain, les pèlerins se préparèrent à célébrer la messe après avoir obtenu quelques hosties du chapelain du consul de Venise. A peine l'office était-il commencé, que Satan, dit Faber, se présenta sous les traits des deux femmes de Tangriberdy. Elles étaient richement parées et couvertes de vêtements magnifiques : elles avaient sur la tête une haute coiffure. Le prêtre qui était à l'autel devint immobile et interrompit la lecture commencée. On n'osait les faire sortir, car on redoutait le courroux du maître de la maison. Les domestiques de ces deux dames, hommes et femmes, les avaient accompagnées et se tenaient devant la porte. En voyant l'assistance troublée et tremblante, la première femme de Tangriberdy, qui avait un aspect viril et s'exprimait avec une grande facilité, adressa aux pèlerins ces mots en italien : « Pourquoi, messeigneurs, notre arrivée vous déconcerte-t-elle à ce point? Nous aussi, nous sommes chrétiennes et, nous l'avouons, des servantes du Christ, indignes *et chargées de péchés. Nous avons été régénérées par les eaux saintes du baptême; nous avons l'honneur d'appartenir à la foi catholique; nous ne l'avons pas abjurée et nous ne l'abjurerons jamais. Pour moi, ajouta-t-elle, je suis une chrétienne italienne et je dois le jour à des parents chrétiens: ma compagne est grecque, et c'est malgré nous que nous partageons la couche d'un homme ayant renoncé à adorer le Christ. Ces autres filles que vous voyez sont nos servantes et les hommes sont nos eunuques. Nous avons voulu assister à l'office célébré par vous et nous désirons voir et adorer notre Dieu sous la forme du Sacrement. Plût au Ciel qu'il nous fût permis de le recevoir par la communion. » Après ces paroles, la messe fut continuée et achevée, mais il fut résolu que désormais, l'office serait célébré secrètement afin d'éviter la présence des infidèles.*

Pendant que les pèlerins étaient encore réunis, Tangriberdy vint les trouver pour leur faire visiter sa maison. Faber mentionne tout d'abord une chambre remplie de harnais, de selles couvertes de lames d'argent et d'ornements dorés, d'étriers d'argent, de brides et de têtières avec des boules d'argent semblables à celles que portent les palefrois des gentilshommes.

Dans une autre pièce se trouvait une cage dans laquelle était enfermée une civette. Tangriberdy assura que le parfum produit par cet animal lui rapportait un ducat par semaine.

La chambre à coucher dans laquelle les pèlerins furent ensuite conduits était magnifique; les murs étaient incrustés de marbre, et des tapis précieux couvraient le plancher. Cette chambre à coucher était dans une tour dont le faîte, formé par une coupole couverte de plomb, était, comme celui des mosquées, surmonté par un croissant. Cette tour recevait la lumière par des fenêtres vitrées percées dans son pourtour. Les deux femmes de Tangriberdy étaient assises dans cette chambre, et se livraient, ainsi que leurs servantes, à des travaux d'aiguille. Près de cette pièce s'en trouvaient d'autres également décorées avec luxe. Tangriberdy fit ensuite descendre ses hôtes dans la cour autour de laquelle étaient ménagées des cellules et de petites chambres voûtées. L'une d'elles était fermée au moyen de serrures et de barres de fer : la porte en fut ouverte et, dit Faber, nous vîmes un chrétien dont les jambes étaient chargées de chaînes. En nous apercevant, celui-ci tomba à nos pieds et nous supplia de le faire délivrer de ses entraves. Depuis deux ans, il languissait dans cette prison pour avoir, à Alexandrie, acheté les deux enfants d'un pauvre musulman. Il les avait conduits dans l'île de Crète, sa patrie, et les y avait fait baptiser. A son retour, un mamelouk qui avait été témoin de cette vente vint le trouver et lui dit : « O chrétien, tu as acheté devant moi, au mépris de la loi de l'islam, deux enfants que tu as emmenés dans ton pays. Si tu ne me désarmes pas par un cadeau, je te dénoncerai au Soudan et tu n'échapperas pas au châtiment que tu as encouru. » Ce marchand ne tint aucun compte des menaces du mamelouk qu'il repoussa rudement et en l'injuriant. Celui-ci alla sur-le-champ le dénoncer au gouverneur d'Alexandrie qui le fit immédiatement arrêter et conduire au Caire pour y être jugé. Il fut remis à la garde de Tangriberdy. La sentence rendue contre lui portait qu'il devait choisir entre ces trois alternatives : payer cinq cents ducats, ou embrasser l'islamisme, ou subir la peine capitale. Ce malheureux nous dit que la modicité de sa fortune ne lui permettait pas de remplir la première condition; la seconde lui était intolérable, et la dernière le glaçait d'épouvante. Nous priâmes Tangriberdy de le délivrer de ses chaînes et de lui accorder la liberté de se promener dans la cour. Quelques chevaliers firent entre eux une collecte et lui remirent une somme d'argent qui lui permit de se racheter. Nous le revîmes, plus tard, à Alexandrie où il allait et venait sans être inquiété. Nous entrâmes ensuite dans une autre cellule; nous y trouvâmes un jeune homme en proie à une profonde tristesse. Il portait le costume des musulmans, avait embrassé l'islamisme et s'était fait circoncire. Depuis, il s'était repenti et avait cherché un refuge auprès de Tangriberdy chez lequel il se tenait caché jusqu'à ce qu'il pût gagner Alexandrie sans être reconnu. Il se proposait de s'y embarquer pour se rendre en Catalogne, d'où il était originaire. Nous vîmes aussi un jeune homme de Gênes qui avait été mamelouk et avait fait un traité avec Tangriberdy pour retourner dans sa patrie. En nous apercevant, il fondit en larmes et se précipita dans nos bras; il embrassait la croix qui décorait nos vêtements et témoignait, avec de grands gémissements, de son désir de retourner en chrétienté.

« Il s'exprimait en latin avec une grande facilité, et j'eus avec lui de fréquents entretiens. Il me donna de grands détails sur les Sarrazins, les mamelouks et les gens soumis à la loi de Mahomet. »

Les pèlerins virent aussi dans la cour un léopard et trois grandes autruches renfermées dans un étroit enclos. Faber se livre au sujet de ces animaux à de longues digressions.

Après leur dîner, les pèlerins virent arriver, conduits par des Arabes au service du Soudan et que Tangriberdy avait prévenus, une girafe, un lion, un ours et un cynocéphale.

Le lendemain, 10 octobre, l'orfèvre François dont il a été précédemment question, conduisit Faber et quelques-uns de ses compagnons à la maison du consul de Venise. Celui-ci les aperçut d'une fenêtre et, les reconnaissant pour des pèlerins catholiques, les fit inviter à monter auprès de lui, et les accueillit avec des démonstrations de respect et en les embrassant à la mode italienne. « Le consul, raconte Faber, nous conduisit dans sa chapelle ; il nous y montra un calice d'or, un missel et tous les ornements nécessaires à la célébration du culte. Il la mit à notre disposition pour y dire la messe et nous promit d'y assister. Il nous fit des questions sur notre voyage et écouta avec plaisir tout ce que nous lui racontâmes. Nous lui demandâmes, à notre tour, des renseignements sur les galères d'Alexandrie et sur l'époque de leur départ. Il nous dit qu'il se proposait de s'embarquer prochainement sur l'une d'elles pour retourner en Italie. Nous lui demandâmes s'il résidait toujours au

Caire; il nous répondit que non. Mais, ajouta-t-il, vos marchands allemands m'ont obligé d'y venir d'Alexandrie pour voir le Soudan. Vos négociants se rendent à Venise et refusent de recevoir les épices qui ne sont pas triées; ils rejettent toutes celles qui ne leur plaisent pas. Pour nous, nous sommes contraints d'en recevoir des musulmans des cargaisons entières, sans qu'il nous soit permis de faire un choix et d'exiger qu'elles soient épluchées; il ne nous est pas permis de les refuser ; nous devons les accepter telles qu'elles viennent de l'Inde, et on ne tolère pas que nous les examinions avant de les acheter. Je suis ici pour faire entendre au Soudan nos plaintes contre les Orientaux qui nous livrent des épices dont nous ne pouvons tirer parti, qu'on ne nous laisse point examiner, et contre les Occidentaux qui ne veulent les recevoir de nous que nettoyées et choisies. »

Après leur dîner, les pèlerins furent conduits au palais occupé par le fils du roi de Sicile qui était, à cette époque, à la cour du Soudan. Il se rendait aux audiences avec les autres émirs aux heures déterminées par le cérémonial; cependant, il n'avait point abandonné la foi chrétienne, et ne portait pas le costume des mamelouks ; tous ses serviteurs faisaient profession publique du catholicisme. Son père, le roi de Naples, l'avait envoyé auprès du Soudan pour certains avantages séculiers[1]. *Faber remarqua dans le palais du fils du roi de Naples des singes d'espèces fort rares et*

---

1. *Ce prince était un fils naturel du roi Ferdinand de Naples : son père avait voulu lui faire épouser la reine Charlotte de Lusignan et lui assurer ainsi le*

des animaux extraordinaires qu'il suppose appartenir au genre des satyres, des faunes et des égipans.

Le bruit de l'arrivée des pèlerins s'était répandu dans le Caire. Le 13 octobre, un grand nombre de mamelouks ayant abjuré la foi chrétienne se présentèrent chez Tangriberdy pour les voir.

Ils étaient pour la plupart Siciliens, Aragonais et Catalans; Faber reconnut parmi eux un Allemand de Bâle avec les parents duquel il était lié et qu'il avait vu luimême dans cette dernière ville. Mais le plus grand nombre de ces mamelouks étaient des Hongrois. Quelques-uns d'entre eux étaient parvenus à de hautes positions à la cour du Soudan et y avaient acquis une certaine célébrité. Jean de Transylvanie, qui faisait partie de notre compagnie, en reconnut plusieurs. Ces Hongrois avaient tous été faits prisonniers dans les expéditions des Turcs; pour empêcher leur évasion de Constantinople et leur retour dans leur pays, le Grand Turc les expédiait en Egypte où ils étaient achetés par le Soudan. L'archidiacre Jean les réunit dans la maison de l'un d'eux et leur fit un sermon émouvant; quelques-uns revinrent à la foi de leurs pères, firent bénir leur mariage avec des musulmanes et baptiser leurs enfants.

Le 14 octobre, le comte de Solms se proposa d'aller faire quelques emplettes en compagnie de Henri de Schomberg, de Pierre Velsch et de Félix Faber. Le mamelouk qui les

---

royaume de Chypre. Le sultan Qaitbay, suzerain de l'île, avait promis un corps de troupes qui devait être embarqué à Alexandrie, sur les galères de Naples et de Sicile.

guidait, les conduisit au marché des esclaves où se trouvaient réunis des jeunes gens et des filles ainsi que des enfants noirs et blancs. L'entrée du mamelouk produisit une certaine sensation; on supposa que les quatre pèlerins étaient à vendre et on lui fit des offres. De ce marché on se rendit à celui des nègres. Le comte de Solms désirait en acheter un jeune, mais on refusa de lui en céder un, la loi musulmane ne permettant pas qu'il devînt l'esclave d'un chrétien. Le comte dut se borner à l'achat d'une guenon, de riches étoffes de soie et d'autres marchandises.

Le 14, Tangriberdy sortit de chez lui en défendant aux pèlerins de mettre le pied dehors avant son retour. Il revint bientôt avec deux mamelouks à cheval. Il fit alors chercher autant d'ânes qu'il y avait de pèlerins. Ceux-ci se mirent en marche précédés par les mamelouks; ils parcoururent quelques rues encombrées par un peuple immense et franchirent une porte de fer remontant à une haute antiquité. Ils s'engagèrent ensuite dans un quartier où la foule était si compacte qu'il était impossible de se frayer un passage. Les mamelouks l'écartaient avec peine en frappant à droite et à gauche avec leurs bâtons, et en poussant leurs chevaux sur tout ce qui était devant eux; ils se préoccupaient aussi peu de blesser les gens, dit Faber, que s'il se fût agi chez nous de traverser un troupeau de porcs. Les mamelouks, ajoute-t-il, sont les maîtres absolus du pays et des habitants. Ils ne pouvaient cependant pas protéger efficacement les pèlerins; ceux-ci, qui s'avançaient derrière eux, étaient en butte aux injures et aux avanies de la populace. On les accablait d'injures, on les couvrait de boue et on les tirait par leurs vêtements pour les faire tomber de leurs ânes. Pendant le trajet, on rencontra deux habitants de la ville, vieillards d'apparence respectable. Ils ne mirent point assez vite pied à terre; les mamelouks se précipitèrent alors sur eux et les jetèrent en bas de leurs montures, car il est de règle au Caire que tous les indigènes doivent, devant les mamelouks et les gens de la cour du Soudan, mettre pied à terre et leur livrer passage. Après avoir traversé une place où l'on offrait en vente douze esclaves tartares, Faber et ses compagnons arrivèrent au Vieux-Caire, et franchirent le Nil pour aller voir les Pyramides. A leur retour, ils visitèrent les églises du Vieux-Caire, et dans celle de Saint-Georges plusieurs pèlerins furent armés chevaliers et enrôlés dans la milice dont ce saint était le patron.

A partir du 15 octobre, toutes les journées furent employées à parcourir la ville et à voir les monuments les plus remarquables. Faber cite entre autres le medressèh que le Soudan Qaitbay avait fait construire pour y être enterré; il était déjà occupé par les imams, les professeurs et les élèves dont l'entretien était assuré par les revenus des fondations pieuses instituées par le prince. Ils furent aussi conduits à la citadelle, et après avoir franchi douze portes de fer, ils pénétrèrent dans le palais occupé par le Soudan. Ils le virent assis sur une estrade, vêtu de blanc et entouré de personnages graves et âgés qui lui témoignaient un profond respect.

Les pèlerins quittèrent le Caire le 20 octobre pour se

rendre à *Alexandrie* et s'y embarquer sur les galères de *Venise*. Leur séjour dans la capitale de l'Égypte avait été de sept jours[1].

En *1485*, Georges Lengherand, mayeur de Mons, traversa le Caire à son retour du mont Sinay. Il transcrit dans son récit les détails qu'il recueillit sur cette ville, pendant le séjour qu'il y fit du *30 octobre au 6 novembre*[2].

Le chevalier Arnold de Harff, de Cologne, parcourut de *1496* à *1499* une partie de l'Europe, l'Égypte, l'Arabie, la Nubie et l'Éthiopie. La relation de ses longues pérégrinations contient la mention de quelques faits historiques qui méritent d'être relevés. Il débarqua à *Alexandrie* sous le costume d'un marchand et remonta le Nil jusqu'à *Terranèh* : il y mit pied à terre pour aller visiter dans le désert les cellules où s'étaient autrefois retirés saint Antoine, saint Paulin et leurs compagnons. Il se rendit ensuite au Caire ; la description qu'il en donne ne diffère point essentiellement de celles qui nous ont été laissées par ses prédécesseurs. Il fit dans cette ville la connaissance de deux mamelouks dont l'un était originaire de Bâle et l'autre de Dantzig. Ceux-ci annoncèrent au palais l'arrivée d'Arnold de Harff et le jeune Soudan Abou Saadat Mohammed, fils de Qait-

---

1. Fratris Felicis Fabri evagatorium in Terræ sanctæ, Arabiæ et Ægypti peregrinationem ed. Conr. Hassler. *Stuttgard, 1849, tome III, pages 8-113.*

2. *Voyage de Georges Lengherand, mayeur de Mons en Haynaut, à Venise, Rome, Jérusalem, Mont Sinay et le Kayre (1485-1486), publié par le marquis de Godefroy Menilglaise. Mons, 1861, in-8.*

Je me propose de publier à la suite du livre de Cologne la traduction de Boccatii Reyssbeschreybung in Ægypten. Je m'abstiens donc de l'analyser ici.

bay, manifesta le désir de le voir. Je donne ici le récit que le voyageur nous fait de cette audience et des troubles qui eurent lieu au Caire pendant le temps de son séjour.

« Item : quand le Soudan eut appris que je venais des pays étrangers, il me fit paraître en sa présence et me demanda par l'intermédiaire des deux mamelouks si le roi de France était mon maître ; s'il avait une nombreuse armée et une puissante artillerie ; si, dans le cours de l'année, il avait fait des conquêtes et si je connaissais ses projets pour l'avenir.

« Ces paroles me confirmèrent ce que j'avais déjà entendu dire, qu'une grande inquiétude régnait dans tous les pays d'outremer à la suite de l'expédition qui avait rendu le roi Charles de France maître de Naples, de la Pouille et de la Calabre. On disait qu'il avait l'intention de marcher cette année contre les infidèles et de s'emparer de la Terre Sainte. Je compris par ces discours que les musulmans et les Turcs étaient fort perplexes et éprouvaient de grandes craintes.

« Je répondis par des mensonges et parlai selon leurs désirs, car je n'avais aucune connaissance des affaires du roi de France. Le Soudan me congédia et m'accorda un sauf-conduit pour tous ses états ; il ne me fut pas d'une grande utilité, car ce prince était le fils du vieux Soudan Katubee (Qaitbay) mort il y a deux ans, et il venait d'atteindre sa seizième année. Il y avait dans le pays de graves dissensions et le jeune Soudan était peu respecté... Le vieux Soudan Katubee, avait glorieusement régné pendant toute sa vie, aimé des seigneurs et de ses vassaux. Au moment de sa *mort, il les pria de choisir son fils pour régner après lui; celui-ci s'empara de la citadelle du Caire, car quiconque la possède est considéré comme le souverain. Mais un grand seigneur des mamelouks nommé Kamsauwe Hasmansmea (Qansou Khamsmayèh) se fit proclamer Soudan en alléguant qu'aucun musulman de naissance ne pouvait exercer le pouvoir suprême. Son parti se composait de trois mille mamelouks, et il vint, à leur tête, mettre le siège devant la citadelle qu'il tint bloquée pendant trois jours. Les habitants ne prirent aucune part à cette guerre, ils ne furent point molestés par les mamelouks qui se battaient entre eux. Item : la citadelle fut canonnée pendant trois jours avec de petites pièces (car, en Égypte, il n'y a pas beaucoup d'artillerie); pendant la nuit du troisième jour, le jeune Soudan fit de grandes largesses, grâce aux trésors laissés par son père, et introduisit dans la citadelle un grand nombre de gens. Le lendemain matin, de bonne heure, il fit une sortie, fondit sur les assiégeants et en tua un grand nombre. Kamsauwe Hasmansmea dut prendre la fuite et se réfugier dans une ville appelée Gazera (Gazza). Dans sa retraite, il massacra dans le Caire tous les partisans du Soudan qu'il rencontra et, la nuit suivante, il campa dans un village peu éloigné du Caire et nommé Marterya (Matarièh). C'est là que l'on recueille le baume dans un beau jardin appartenant au jeune Soudan. Les baumiers furent arrachés, les roues hydrauliques servant à l'arrosage du jardin brisées, et les bœufs qui les mettent en mouvement, enlevés. J'ai vu de mes yeux ces dégâts et, d'ici à dix ans, il n'y aura point de récolte de baume. Le lendemain, Kamsauwe Hasmansmea partit pour Gazera. En traversant le désert Alhyset*[1] *il rencontra un grand seigneur des mamelouks nommé Thodar (Devadar)*[2] *accompagné d'une troupe nombreuse. Il avait l'intention de se rendre au Caire et de s'y faire proclamer Soudan. Il apprit que Kamsauwe Hasmansmea avait formé aussi ce projet et qu'il avait échoué. Le Thodar engagea sur-le-champ la bataille dans le désert et il tua Kamsauwe et cinquante seigneurs ainsi qu'un grand nombre de leurs gens*[3]. *Item : le Thodar entra au Caire et campa devant la citadelle, pensant qu'il allait être*

---

1. *Alhyset est la corruption du mot arabe Elhoussa qui désigne un désert et un endroit couvert de cailloux.*

2. *L'émir Aqberdy.*

3. *Melik el Achref Qansou Khamsmayèh, après avoir échoué dans sa tentative contre la citadelle, s'était replié sur le quartier de l'Ezbekièh. Ses partisans mirent au pillage les maisons des émirs dévoués au Devadar Aqberdy. Il sortit du Caire pour aller camper à Matarièh et se dirigea sur la Syrie en traversant le désert. Il rencontra le Devadar Aqberdy qui rentrait en Égypte, près de Khan Younis. Ibn Ayas nous donne les détails de ce dernier combat livré par Qansou Khamsmayèh.*

« *Le 2 du mois de reâjeb (7 mars 1497) on reçut, dit cet historien, la nouvelle que Melik el Achref Qansou Khamsmayèh, après avoir évacué l'Ezbekièh, avait pris la route de Gazza. Il rencontra à Khan Younis, non loin de cette ville, l'émir Aqberdy qui se dirigeait vers l'Égypte. Il y eut entre leurs troupes un choc terrible. L'émir Aqberdy vaincu dut se réfugier dans le khan où il fut assiégé et dont les assaillants brûlèrent la porte. Aqberdy demanda alors à capituler, mais cette proposition fut rejetée par Qansou. Le matin, le gouverneur de Gazza, l'émir Aqbay, le gouverneur de Tripoli Inal bay et le cheikh des Arabes, Ibrahim fils de Nabigha fondirent sur la troupe de Qansou Khamsmayèh et la mirent en déroute. Ce fut la quatrième défaite subie par Qansou... Selon les uns, il fut tué et on lui coupa la tête; selon les autres, il réussit à se sauver, grâce à la vitesse de son cheval. A partir de ce jour, on n'eut plus de ses nouvelles. Jusques à aujourd'hui, on chante des complaintes sur son sort, et bien des gens sont convaincus qu'il est encore vivant.* » (*Ibn Ayas*, **Histoire d'Égypte**, *fol. 51-52.*)

proclamé Soudan. Au bout de trois jours le Soudan fit, pendant la nuit, entrer du monde dans la citadelle et le lendemain matin, à la tête d'une petite troupe, il attaqua le Thodar en poussant de grands cris. Celui-ci perdit un grand nombre des siens et fut obligé de se réfugier à Gazera. Il réunit, au bout d'un mois, une armée de plus de vingt mille hommes et revint au Caire camper devant la citadelle. Le siège dura pendant trois semaines; on se battait tous les jours; à la fin, le jeune Soudan fut vainqueur et le Thodar dut prendre la fuite. Si le Thodar avait eu deux grosses pièces de canon, il aurait, en deux jours, démoli la citadelle. Après la fuite du Thodar, ses partisans furent massacrés par les mamelouks du Soudan qui pillèrent leurs maisons. Le grand drogman chez lequel j'étais logé, avait embrassé le parti du Thodar : sa maison fut pillée, et on lui enleva tout ce qu'il possédait. Les mamelouks entrèrent aussi dans la chambre où j'étais couché. Je fus accablé de coups et tous mes effets furent volés. Mais le troisième jour, on cessa de m'inquiéter, quand on sut que j'avais un sauf-conduit du jeune Soudan. Il serait trop long de raconter les excès qui furent commis pendant ces trois jours. Item : le jeune Soudan fils de Katubee resta le maître pendant cette année; j'ignore ce qui lui arriva dans la suite[1]. »

Melik el Achref Qaitbey était mort le 27 du mois de zil-

---

[1]. Die Pilgerfahrt des Ritters Arnold von Harff von Cœln durch Italien, Syrien, Ægypten, Arabien, Æthiopien, Nubien, Palæstina, die Türkei, Frankreich und Spanien, wie er sie in den Jahren 1496 bis 1498, vollendet... *Herausgegeben von D' E. von Groote. Cologne, 1860, pages 86 et suivantes.*

qaadèh 901 (8 août 1496) à l'âge de quatre vingt-quatre ans, après avoir désigné pour son successeur son fils Mohammed qui avait à peine atteint sa quinzième année; il fut proclamé sultan par le calife et les émirs et reçut à son avènement le surnom et le titre d'Abou Saadat et de Melik en Nassir. L'Egypte traversa à partir de ce moment une période de troubles et de révoltes qui causèrent la ruine de la prospérité dont elle avait joui sous le règne précédent. La faiblesse, les défiances et les cruautés de Melik en Nassir lui firent perdre le respect et l'affection des émirs et des mamelouks, et il fut déposé par l'émir Qansou Khamsmayèh qui prit le titre de Melik el Achref et disparut au bout de quelques mois; Abou-Saadat Mohammed remonta sur le trône, mais il ne régna qu'un an et demi. Il fut massacré à Djizèh le 16 du mois de rebi oul ewwel 904 (2 novembre 1498). Son oncle maternel Abou Saïd Qansou fut élu à sa place; il mourut au mois de zilqaadèh de la même année (juin 1499). Il fut remplacé par Abou Nasr Djanboulath qui fut déposé après dix-huit mois de règne; arrêté le 18 du mois de djoumazi essany 906 (15 janvier 1501), il fut conduit à Alexandrie et étranglé dans le château où il était emprisonné. Son successeur, Touman bay n'exerça le pouvoir que pendant cent jours. Il s'enfuit de la citadelle au mois d'avril, échappa pendant quelque temps à toutes les recherches, et fut mis à mort au mois de juin 1501[1].

Ces catastrophes répétées avaient profondément agité

---

1. Pierre Martyr d'Angheria a consacré quelques pages à l'histoire de la rivalité de Qansou Khamsmayèh et de Aqberdy ainsi qu'à celle des règnes si courts

l'Égypte; le Caire avait été ensanglanté par les luttes des émirs qui se disputaient le pouvoir, les habitants des grandes villes et les colonies étrangères avaient été accablés d'impôts et d'avanies. Toute sécurité avait disparu, les transactions commerciales avaient cessé et les exactions fournissaient seules aux chefs du pouvoir les sommes exigées par une milice turbulente. Les émirs, les cheikhs et les notables sentirent la nécessité de confier l'autorité suprême à un chef qui pût rendre quelque repos au pays épuisé et conjurer les orages qui se formaient de toutes parts. Leur choix se porta sur l'émir Qansou Ghoury qui remplissait les fonctions de chancelier (Devadar Kebir), de vizir et de grand maître de l'hôtel. C'est avec ce prince que traitèrent André le Roy, ambassadeur de Louis XII, et Domenico Trevisan, envoyé de la seigneurie de Venise.

Qansou Ghoury était Circassien d'origine, et il avait été esclave de Melik el Achref Qaitbay. Ce prince l'avait affranchi et fait entrer dans le corps des mamelouks djandar (gardes du corps). Il lui avait ensuite conféré le grade de Khasseky[1] et l'avait envoyé comme Kachif (gouverneur), dans la Haute-Egypte. Il fut nommé émir de dix lances en 889 (1484) et envoyé à Alep. Il partit de cette ville pour aller gouverner Tarsous en Cilicie et il y retourna en

---

et si agités de Djanboulath et de Touman bay. Legationis Babylonicæ liber tertius, fol. 84-86 et fol. 41-44 de la traduction italienne de Carlo Passi.

1. Les Khassekys, dit Khalil ed Dhahiry, sont ceux qui restent constamment auprès du sultan lorsqu'il est dans ses appartements privés. Cf. la note de M. Quatremère à leur sujet, Histoire des Sultans mamelouks, traduite de Maqrizy. Paris, 1840, tome Ier, IIe partie, pages 158-159.

894 (1488), pour remplacer, en qualité de Hadjib, le Kurde Bakir ibn Salih. Il fut ensuite investi du gouvernement de Malatia. Melik en Nassir, fils de Qaitbay, lui conféra le titre de Hadjib oul Houdjab d'Alep et lui donna le commandement de mille lances. Melik ed Dahir Qansou l'éleva au rang de Ras Naubet en Nouwab[1], et il accompagna l'émir Touman bay dans son expédition contre Qasrouh, gouverneur de Damas, qui s'était révolté contre le sultan Djanboulath. Touman bay, proclamé sultan à Damas, revint au Caire et confia à Qansou Ghoury les charges de Devadar, de vizir et de grand maître de l'hôtel dont il était lui-même revêtu. Qansou Ghoury les exerça pendant les cent jours que dura le règne du sultan Touman bay. Le jour de la rupture du jeûne du mois de ramazan 906 (21 mars 1501), l'émir Qait Redjeby, l'émir Silah[2] et l'émir Missir bay résolurent de confier le pouvoir à Qansou Ghoury à la place du sultan Touman bay qui, après avoir soutenu dans la citadelle un siège de trois jours, s'était enfui par les souterrains et caché dans la ville pour échapper aux recherches de ses ennemis. Qansou opposa tout d'abord un refus énergique à la proposition qui lui fut faite; il fondit en larmes, déchira ses vêtements et se

---

1. Le Ras Naubet en Nouwab avait autorité sur tous les mamelouks du sultan : il était leur intermédiaire auprès du prince. Il entrait le premier à l'audience, et faisait arrêter ceux qui devaient être mis en prison. Cf. Quatremère, Histoire des Sultans mamelouks, tome II, pages 22-23.

2. L'émir Silah ou chef des armes avait l'inspection de l'arsenal, et il avait sous ses ordres tous les silahdars ou écuyers. Cette dignité était considérable, et celui qui en était revêtu prenait rang après l'émir Kébir. Cf. Quatremère, Histoire des Sultans mamelouks, tome I, page 159.

jeta par deux fois à bas du cheval sur lequel on voulait le faire monter pour le conduire à la citadelle. On réussit cependant à l'y entraîner ; le calife Moutemessik billah Yaqoub et les cadis des quatre sectes orthodoxes furent introduits dans la grande salle d'audience, et un acte juridique immédiatement rédigé constata la déchéance de Touman bay et l'avènement de Qansou Ghoury qui reçut le surnom et le titre de Abou Nasr et de Melik el Achref. Le nouveau sultan fut revêtu de l'habit royal, c'est-à-dire d'une robe noire, et on lui mit sur la tête un turban de même couleur. L'émir Qait Redjeby baisa le premier la terre devant lui et les autres dignitaires suivirent son exemple. Le sultan Qansou Ghoury avait, au moment de son avènement, atteint l'âge de soixante ans. Sa barbe n'avait pas blanchi, et cette particularité était considérée comme d'un heureux augure[1].

Qansou Ghoury montait sur le trône dans des circonstances particulièrement difficiles. Les frontières du nord de la Syrie étaient menacées par les Ottomans. Châh Ismayl jetait les fondements de la dynastie des Séfévys. Le commerce de l'Égypte avec l'Inde était ruiné par les Portugais dont on redoutait les tentatives sur les côtes du Hedjaz ; enfin, la chute de Grenade et la pression exercée sur les musulmans d'Espagne pour les convertir au christianisme, avaient surexcité le sentiment religieux dans tous les pays de l'islamisme. Les souverains du Maroc et de Tunis et

---

[1]. Ces détails sur Qansou Ghoury et sur les circonstances de son avènement au trône sont tirés de l'histoire d'Égypte d'Ibn Ayas. Manusc. de la Bibliothèque nationale, fonds arabe 1882, fol. 52 et suivants.

tous les princes des États barbaresques avaient fait cause commune et envoyé des agents au Caire pour entraîner le Soudan dans la ligue formée contre l'Espagne. Ils demandaient l'expulsion des pays du Levant de tous les marchands de la chrétienté et, pour les pèlerins, l'interdiction de visiter les Saints Lieux de la Palestine. Les avis les plus certains et les plus alarmants sur les dispositions des gouvernements musulmans étaient parvenus à la cour d'Espagne. Ferdinand d'Aragon et Isabelle de Castille résolurent de conjurer ce danger et de traiter avec le Soudan qui aurait été l'ennemi le plus redoutable, s'il avait épousé les rancunes des princes du nord de l'Afrique. Ils chargèrent de cette négociation Pierre Martyr d'Anghiera[1] qui partit de Grenade, traversa le

---

1. Pierre Martyr d'Anghiera, qui appartenait à une noble famille de Milan, naquit en 1455 à Arona. Il alla à Rome en 1477 et s'y attacha au cardinal Ascanio Sforza Visconti, puis au cardinal Stefano Nardini, archevêque de Milan. Il passa en Espagne, en 1487, et entra au service de Ferdinand et d'Isabelle la Catholique. Après avoir porté les armes pendant deux campagnes, il quitta la carrière militaire pour embrasser l'état ecclésiastique. A son retour d'Égypte, il fut nommé conseiller pour les affaires des Indes et, en 1505, prieur de l'Église de Grenade. Pierre Martyr mourut en 1526. Pierre Martyr est l'auteur d'ouvrages estimés. La première édition de son Ambassade au Caire et la première décade de son Histoire des Indes parurent à Séville en 1511 sous le titre de : Petri Martyris Anglerii opera, scilicet, legationis Babylonicæ libri tres : Oceani decas; carmina, Janus, Inachus, Pluto furens et reliqua poemata, hymni, et epigrammata, cura Ælii Ant. Nebrissensis, in-fol. goth. La première édition des huit Décades parut en 1530. De orbe novo decades octo, Compluti (Alcala de Henarès) apud Micael de Eguia, 1530, in-fol. Cet ouvrage a été traduit en français : Extrait ou recueil des isles nouvellement trouvées en la grande mer Oceane au temps du roy d'Espaigne Fernand, et Elizabeth sa femme, faict premièrement en latin, par Pierre Martyre de Millan, et depuis translaté en languaige françois. Paris, Simon de Colines, 1532. Les lettres de Pierre Martyr, publiées pour la première fois à Alcala de Henarès en 1530, ont été réimprimées en 1670, à Amsterdam, chez D. Elzévir par les soins de Charles Patin. Carlo Passi a traduit

midi de la France et le nord de l'Italie pour aller s'embarquer à Venise au mois de septembre 1501. Il débarqua à Alexandrie le 23 décembre et le consul des Catalans et des Français, Philippe de Peretz expédia aussitôt un courrier au Caire pour faire connaître au Soudan l'arrivée de l'ambassadeur. Qansou Ghoury, excité par les Maures et les Juifs expulsés d'Espagne, ne se montrait pas disposé à accorder de sauf-conduit; il en envoya cependant un après quelques jours d'hésitation, et l'ambassadeur de Ferdinand quitta Alexandrie le 16 janvier 1502. A son arrivée au Caire, il fut reçu par le grand drogman du Soudan, et il alla loger chez lui. Tangriberdy, qui était né sujet espagnol, servit les intérêts de Pierre Martyr : après l'audience publique où des paroles violentes et des menaces furent proférées, il lui en ménagea une secrète dans laquelle, après avoir réfuté les griefs des ennemis de l'Espagne et les calomnies répandues au sujet des Maures, l'ambassadeur exposa les motifs qui avaient porté le roi et la reine à chasser les Juifs de leurs États[1]. Le Soudan consentit à accorder l'autorisation de faire réparer l'église du Saint-Sépulcre et les sanctuaires qui menaçaient ruine à Jérusalem, à Ramléh, à Bethléem et à Beyrout; il donna l'assurance que les taxes prélevées sur

la Legatio Babylonica et a dédié sa traduction à Giulia Sforza Pallavicina, marquise de Cortemaggiore. Relationi del S. Pietro Martire, etc. Venise, 1564. L'histoire des troubles qui suivirent la mort de Qaitbay telle que la donne Pierre Martyr mérite d'autant plus l'attention que les principaux faits lui avaient été racontés par Tangriberdy.

1. Pierre Martyr rapporte tous les propos acerbes échangés dans sa première audience, ainsi que le discours qu'il prononça devant le Soudan dans sa seconde entrevue. Legatio Babylonica. Bâl., 1533, fol. 86 v° et 87.

les pèlerins seraient allégées, et que ceux-ci seraient, à l'avenir, à l'abri des vexations dont ils avaient été les victimes dans le cours des dernières années. L'acte constatant les engagements du Soudan fut remis à Pierre Martyr, qui partit du Caire le 27 février 1502, pour retourner à Grenade rendre compte du succès de sa mission.

L'année précédente, l'escadre portugaise avait coulé à Calicut les navires appartenant aux négociants égyptiens et au Soudan; celui-ci s'était hâté d'y envoyer un ambassadeur extraordinaire pour inviter le prince indien à ne plus recevoir les caravelles du Portugal[1]. Le contre-coup de ce désastre se fit sentir, cette année même, à Venise; les galères du Levant n'apportèrent que peu de marchandises, et les négociants venus des différentes parties de l'Allemagne pour assister à la foire, désertèrent le marché et allèrent faire leurs acquisitions à Lisbonne. Le sénat prit alors la résolution d'envoyer au Caire Benedetto Sanuto qui avait, pendant longtemps, fait le commerce à Damas; il fut chargé d'entretenir le Soudan, *solus cum solo* et à l'insu du grand drogman Tangriberdy, des moyens de porter remède à la situation que faisait à l'Égypte et à Venise l'accaparement par les Portugais du commerce des épices. Le sénat et l'opi-

---

1. « Per lettere di 4 septembre se intende come a Cholocut le zerme di Mori erano state butate a fondi da le charavelle di Portogallo, che questa nova se riscontra cum la nova se ave da Portogallo, che vien a concludere la nova de li charavelle di Portogallo esser state à Cholocut esser verissima... Il soldan veramente, havendo intexo questa nova dil perdere de li sue zerme, mandava uno suo ambasator al Sig. di Cholocut, in pregarlo non dovesse acceptor piui le charavelle di Portogalesi. » *Journal de Priuli* dans les *Diarii e diaristi Veneziani*, studii del prof Rinaldo Fulin. Venise, 1881, pages 164-165.

nion publique avaient, en effet, le sentiment bien net que la décadence du trafic d'Alexandrie et de Beyrout amènerait la ruine de la République. Benedetto Sanuto devait, en outre, solliciter une réduction des droits et des taxes arbitraires dont étaient frappés les marchandises des Vénitiens. Il revint à Venise au mois de septembre 1503[1]. Dans le courant de cette année, un grand navire appartenant au Soudan avait chargé sur la côte de Malabar une cargaison de canelle, de gingembre et d'autres épices, et pris à son bord un grand nombre d'Indiens désireux de faire le pèlerinage de la Mecque. Ce vaisseau fut rencontré et attaqué par Gama et coulé à fond après un combat acharné[2]. La nouvelle de ce revers excita la fureur de Qansou Ghoury que de nouvelles persécutions contre les Maures d'Espagne avaient

---

1. R. *Fulin*, Il canale di Suez e la Repubblica di Venezia, *dans* l'Archivio Veneto. *Venise, 1871. tome II, part. 2, pages 184 et suivantes.*

2. « Gama ayant fait aiguade et pourveu aux vivres de la flotte en ce lieu, print la route des Indes, et comme il approchoit de terre, il descouvrit une grande navire, equippée de tout ce qui estoit necessaire pour la guerre. Elle appartenoit au sultan d'Egypte et estoit partie de Calecut chargée de poyvre, gingembre, canelle et autres marchandises de prix, et faisoit voile vers la Mecque, pour y descharger grand nombre de passagers qui y alloient en pelerinage pour voir le corps de Mahumet. Gama la fit incontinent assaillir. Les Arabes et Egyptiens resisterent beaucoup plus vivement que l'on ne sçauroit croire, et s'acharnerent tellement les uns contre les autres que le combat dura jusques au lendemain matin, encore qu'une aussi grande flotte n'eut affaire qu'à une seule navire, car les Portugalois ne la vouloient pas mettre à fond avant que de l'avoir pillée, et les autres voyans que l'on demandoit leur vie, la vouloyent vendre bien cher. Mais finallement, ilz furent forcez par les Portugallois qui coupperent la gorge à plus de trois cens, sans espargner autres personnes que les petits enfants, pillent ce grand vaisseau et y mettent le feu puis apres. » Histoire de Portugal contenant les entreprises, navigations et gestes memorables des Portugallois..... par J. Osorius, evesque de Sylves en Algarve, et Lopez Castagnede *mise en françois par S. G. S. (Simon Goulard Senonois.) Paris, 1587, fol. 60 v°.*

déjà vivement mécontenté. Il chargea Fra Mauro di San Bernardino, gardien du couvent du mont de Sion, de se rendre en Europe, d'exposer ses justes plaintes au pape Jules II, au doge, ainsi qu'aux rois d'Espagne et de Portugal et de leur demander réparation de ses griefs. Fra Mauro et les deux religieux qui l'accompagnaient arrivèrent à Venise au mois d'avril 1504. Ils furent reçus par le sénat, et déclarèrent qu'ils étaient chargés de demander au pape et aux autres souverains la cessation des hostilités des Portugais dans l'océan Indien et la mer Rouge, et l'abandon de leur monopole du commerce des épices; ils devaient aussi réclamer la fin des persécutions contre les Maures que le roi d'Espagne voulait contraindre à embrasser le christianisme. S'il n'était pas fait droit à ces demandes, le Soudan était déterminé à faire mettre à mort tous les chrétiens étrangers résidant dans ses États et à raser l'église du Saint-Sépulcre ainsi que le couvent du mont de Sion[1]. Le conseil des Dix fut chargé de répondre au nom de la seigneurie à Fra Mauro que les expéditions des Portugais dans l'Inde ne portaient pas au commerce de Venise un préjudice moindre qu'à celui de l'Égypte, mais

---

1. Chronica de la provincia de Syria, Terra Santa de Gerusalen, par Juan de Calahorra. Madrid, 1684, in-fol., livre IV, chap. XXXI, pages 336-340.

Le Soudan, pour faciliter le succès de la mission de Fra Mauro, lui avait permis d'entrer, avant son départ, dans le Saint-Sépulcre et d'en emporter un fragment de marbre blanc veiné de violet, ayant à peu près trois palmes et demie de longueur sur une demie de largeur. Fra Mauro le partagea en cinq morceaux qui furent donnés par lui au pape Jules II, à la reine Isabelle de Castille, au roi de Portugal, au cardinal Carvajal qui avait le titre de Sainte-Croix en Jérusalem et au cardinal D. Francesco Cisneros.

INTRODUCTION

que la seigneurie ne pouvait, à ce sujet, prendre aucune mesure; elle ne pouvait pas, non plus, consentir à écrire au roi d'Espagne en faveur des Maures, et encore moins au roi de Portugal. On se réservait du reste de donner à Fra Mauro à son retour de plus amples explications[1].

Le pape Jules II se montra fort ému des menaces du Soudan et chargea Fra Mauro de lettres pour les rois de Portugal et d'Espagne. Nous ne connaissons pas la réponse de Ferdinand; mais dans la sienne, le roi Emmanuel suppliait Sa Sainteté de ne point s'alarmer de ces déclarations comminatoires : il nourrissait, disait-il, l'espoir que Dieu bénirait ses armes et qu'il pourrait, un jour, s'emparer de la Mecque et détruire le tombeau de Mahomet à Médine. Il suppliait seulement Sa Sainteté de faire régner la concorde parmi les princes chrétiens et de les inviter à unir leurs efforts aux siens pour atteindre un but aussi louable. Il remit à Fra Mauro sa lettre avec une somme considérable destinée au pape.

A son retour en Égypte, Fra Mauro présenta au Soudan la lettre pontificale; Qansou Ghoury ne donna pas suite à

---

1. *Lorsque le sénat donnait cette réponse à Fra Mauro, il attendait le résultat des démarches qu'il avait chargé Bernardino Giova de faire auprès du Soudan pour les intérêts du commerce. Nous voyons dans la minute des instructions données à cet agent que les Vénitiens avaient songé à proposer l'ouverture d'un canal reliant la mer Rouge à la Méditerranée...* « *Videlizet che cum molta facilita et brevita de tempo se potria far una cava dal mar Rosso che mettesse a dectrura in questo mare; de qua come altre volte etiam fu rasonado de far.* » Il canale di Suez e la repubblica di Venezia *dal prof.* R. Fulin, *dans l'*Archivio Veneto. *Venise, 1871, tome II, 2ᵉ partie, page 195.*

La réponse du conseil des Dix à Fra Mauro est rapportée par Priuli, Diarii e diaristi Veneziani, *page 175; elle se trouve aussi dans l'*Archivio Veneto, *p. 202.*

ses menaces, mais il fit équiper une flotte à Suez, et son mécontentement se traduisit en nouvelles avanies dont le poids retomba principalement sur les négociants vénitiens. Il voulut les obliger à acheter ses marchandises à un taux et à des conditions qui auraient été désastreux : le commandant des galères Ser Polo Calbo, ayant refusé de les embarquer et étant sorti du port sans autorisation, essuya le feu du château d'Alexandrie. Le consul et tous les négociants furent arrêtés, chargés de chaînes et conduits au Caire. On les enferma dans la prison de la Massara où le consul, son chapelain et Ser Alvise Bragadino moururent de la peste. Les marchandises des Vénitiens furent confisquées en Égypte et en Syrie et vendues à l'encan au Caire.

L'irritation du Soudan était rendue plus vive par la perte de l'un de ses navires chargé d'une riche cargaison et pris par les chevaliers de Rhodes dans les eaux de Chypre. Il était convaincu que les Vénitiens avaient favorisé cette capture. La situation était si tendue et le péril tellement grand pour le commerce de Venise, que le sénat se détermina à envoyer au Caire un négociateur spécial pour rétablir les relations sur l'ancien pied. On avait songé d'abord à accréditer un ambassadeur, mais cette idée fut abandonnée et on fit partir pour l'Égypte un secrétaire ducal chargé d'aplanir toutes les difficultés et de consentir toutes les concessions qui seraient acceptées par les négociants. Alvise Sagadino fut désigné pour remplir cette mission, mais il mourut pendant le cours des négociations et l'arrangement dont il avait posé les bases fut abandonné.

Qansou Ghoury, de son côté, avait intérêt à ne pas laisser se prolonger une situation qui portait un grave préjudice à ses revenus. Il prit le parti d'envoyer un ambassadeur à Venise et il désigna pour remplir cette mission son grand drogman Tangriberdy, émir de quarante lances. Celui-ci s'embarqua, avec une suite nombreuse, à Alexandrie sur une galère vénitienne qui le conduisit à Chypre. Il devait s'y arrêter jusqu'à ce que le grand maître de l'ordre de Saint-Jean lui eût envoyé un sauf-conduit pour se rendre à Rhodes où il devait réclamer la restitution du navire et de la cargaison appartenant au Soudan, et racheter un certain nombre de captifs musulmans détenus dans les prisons de la Religion. Tangriberdy, ennemi déclaré des Vénitiens, fut accueilli de la manière la plus flatteuse par Aimery d'Amboise; il passa quelques jours à Rhodes, comblé de prévenances, et au moment de son départ, le grand maître lui fit de riches cadeaux et le conduisit lui-même à bord de la galère. Le sénat ne voulut point rester en arrière et malgré les sentiments bien connus de Tangriberdy, on lui fit à son arrivée à Venise une réception solennelle. Pendant tout le temps de son séjour, ses dépenses furent payées par le trésor public et, à la conclusion de la convention qu'il était venu négocier, il reçut de la part du doge des présents considérables. Tangriberdy partit de Venise à la fin du mois de juillet 1507[1]*. Des pèlerins prirent passage sur la galère qui le ramenait à Alexandrie, et deux d'entre*

---

1. Cf. les Diarii di Marino Sanuto, année *1507*, tome VII. Venise, 1882, *passim*.

eux, Martin de Baumgarten et Georges, prieur du couvent des chartreux de Chemnitz, nous ont laissé une relation de leur voyage¹.

La convention signée par Tangriberdy ne releva pas le commerce aux abois; le Soudan, dont les revenus subissaient une diminution considérable, s'adressa au doge, comme à un allié intéressé autant que lui à l'anéantissement de la marine portugaise. Il demanda au sénat des bois de construction, de l'artillerie et des maîtres afin de pouvoir équiper une flotte destinée à chasser de la mer Rouge et des côtes de l'Inde les escadres du roi Emmanuel. L'opinion publique à Venise trouvait justifiées les demandes du Soudan. Une commission dite des Épices, formée pour rechercher les moyens d'atténuer les effets de la crise commerciale, exposait ses vues dans des mémoires remis au conseil des Dix et correspondait avec les agents établis dans le Levant. Elle rédigea pour le consul d'Alexandrie des instructions dans lesquelles étaient indiqués les moyens que devait employer le Soudan pour ses armements, sans que la République se trouvât compromise par un appui trop apparent.

---

1. *La relation de Baumgarten fut publiée dans les dernières années du XVI*ᵉ *siècle* : Martini à Baumgarten in Braitenbach, equitis germani nobilissimi et fortissimi peregrinatio in Ægyptum, Arabiam, Palaestinam et Syriam, *etc. Nuremberg, 1594, in-4. Celle de Georges, prieur de Chemnitz, a été insérée par Pezius dans son* Thesaurus anecdotorum novissimus, *tome II, 3ᵉ partie, col. 455-640. Georges de Chemnitz nous apprend que lorsque Tangriberdy débarqua à Alexandrie, l'amiral gouverneur de la ville et le consul des Vénitiens allèrent le recevoir sur le port. A son arrivée au Caire, il reçut la visite des émirs et même celle du calife.*

« *Nous traiterons en première ligne, y était-il dit, la question de l'artillerie. S. E. le Soudan pourra nous acheter les métaux nécessaires pour fondre les canons et, en s'adressant au Grand Seigneur, il obtiendra autant de maîtres artilleurs qu'il en désirera. Que Dieu pardonne au grand drogman Tangriberdy! Lorsqu'il était ici, il lui aurait été possible de faire pour cet objet, les demandes les plus utiles; mais le Soudan doit être assuré, qu'en s'adressant au Grand Seigneur, il atteindra le but qu'il se propose, et si comme nous n'en doutons pas, l'argent n'est point épargné, rien ne viendra à manquer. Il en est de même pour les maîtres mariniers; on en trouvera un grand nombre en Turquie et ailleurs. Quant à ce qui concerne les bois de construction, on pourra, outre ceux que fournit le golfe d'Ayas, en avoir encore par l'intermédiaire des Ragusais. Ceux-ci sont tributaires du Turc, et ils ne refuseront pas d'aller à Segna pour s'y procurer des rames et des lances; ils diront aux Turcs qu'elles sont destinées à leur usage, et nous ferons en sorte que nos navires n'apportent aucun obstacle à leur transport. Si, ajoutaient les commissaires, S. E. le Soudan insiste pour que nous lui procurions des maîtres pour son artillerie et pour ses navires, tu pourras lui insinuer comme venant de toi, qu'il lui serait loisible d'envoyer à Candie ou partout où il lui plaira un émissaire secret qui agira en payant largement, comme c'est le cas en pareille circonstance.* » Le conseil des Dix trouva cette lettre trop compromettante et refusa de l'envoyer; il se borna à recommander au Soudan de faire venir des bois du golfe d'Ayas et pour le reste, de s'adresser au Grand Seigneur[1]. Après quelques atermoiements, Qansou Ghoury adopta ce parti et envoya à Andrinople, où se trouvait alors le sultan Bajazet, un ambassadeur chargé de lui offrir de riches présents et de lui demander son aide et son secours pour anéantir les Portugais, ces ennemis de la foi musulmane, qui menaçaient de détruire les villes saintes de l'islamisme.

Le pieux Bajazet considéra comme un devoir sacré la défense du Hedjaz; il s'empressa de donner les matériaux nécessaires pour la construction de trente galères et accorda, en outre, trois cents pièces de canon en fer, cent cinquante mâts, trois mille rames et les voiles en nombre suffisant pour l'armement projeté. Il y joignit un cadeau de huit navires. Les matériaux devaient être débarqués à Alexandrie ou à Damiette et transportés à Suez où la flotte serait équipée et armée sous la surveillance d'officiers turcs. Une escadre placée sous le commandement du fameux Kemal Reïs devait partir de Constantinople pour protéger ce convoi. Bien que l'entreprise de la mer Rouge parût hérissée de difficultés et que le succès en semblât douteux, la nouvelle de l'assistance fournie à Qansou Ghoury fut, cependant, accueillie avec joie à Venise « parce qu'elle était désirée par le Sénat qui espérait voir la République en tirer un grand avantage[2]. »

---

1. R. *Fulin*, Il canale di Suez e la Republica di Venezia *dans* l'Archivio Veneto. *Venise, 1871, tome II, 2° part. pages 191-192.*
2. « *Et era etiam molto desiderata da li padri Veneti, perchè ritorneria in grandissimo loro beneficio.* » (Diarii di Priuli, *page 210.*)

Les espérances conçues ne tardèrent pas à s'évanouir et des événements désastreux assaillirent l'Égypte et les colonies franques. Cinq barques françaises chargées de draps légers du Languedoc, de toiles et d'autres marchandises, étaient arrivées à Alexandrie et, après avoir vendu leurs cargaisons, elles avaient pris à bord comme passagers, des Mogrébins et leurs familles qui se proposaient de retourner dans leur pays. Ces barques furent capturées près de Castelrosso et conduites à Rhodes par des galères de la Religion[1]. *Le grand maître les relâcha immédiatement, mais il retint prisonniers les Mogrébins dont il confisqua les marchandises évaluées à quarante mille ducats. On insinua au Soudan, en lui donnant cette nouvelle, que les patrons des bâtiments français avaient commis un acte de trahison en prévenant le grand maître de leur départ et qu'ils étaient de connivence avec lui pour partager le butin fait sur les Mogrébins*[2]. *Qansou Ghoury, dans un transport de fureur, ordonna d'arrêter Philippe de Peretz ainsi que tous les*

[1]. Item : *Scriveno come galie tre di Rodi verso Castel Ruzo preseno et trovano le cinque nave de' Francesi e Napoletani, veniano di Alexandria con specie, l'una di bote 400, l'altra 350, su lequal erano sacchi di leno 2600 et magrabini 84 et l'anno condute à Rodi e dischargate, sotto specie le andavano a fondi et cargano quelle su le nave di la religion. Item : nomina la nave franceze presa la nave Fugaza... Come quella armada havia prexo le cinque nave francese venute di Alexandria, et tolto Mori numero 84 Magrabini et merchadantie di Mori e le altre nave lassate andar, come piu difusamente scrivero di soto.* » (I Diarii di Marino Sanuto. Venise, 1883, tome XI, p. 394.)

[2]. « *La quale nova pervenuta a le orechie del gran sultan se era molto turbato; et se diceva questo essere proceduto cum intelligentia de le sopradicte barze francexe et capitanei francexi cum il gran Maestro di Rodi, per essere una medema natione: et tradito questi Magrabini, et partito il butino fra loro.* » (Priuli, Diarii, page 220.)

Français résidant à Alexandrie; on les mit aux fers, et leurs marchandises représentant une valeur considérable, furent mises sous sequestre.

Cet événement détermina aussi la disgrâce de Tangriberdy; il fut privé de sa charge et de ses biens, jeté en prison et remplacé par un renégat de Vérone qui avait reçu le nom de Younis, lors de sa conversion à l'islamisme.

Philippe de Peretz était un homme prudent et avisé; il avait une longue expérience du pays, et savait que les accès de colère du Soudan étaient passagers et qu'on réussissait toujours à les calmer par des sacrifices pécuniaires. Il entama donc des pourparlers, mais ses propositions avaient à peine été faites que l'on apprit le désastre subi par la flotte égyptienne.

Vingt-huit galères et des navires de transport avaient, sous le commandement du neveu du Soudan, quitté Alexandrie pour se rendre dans le golfe d'Ayas afin d'y charger des bois et des munitions de guerre. Aimery d'Amboise avait été prévenu du départ de cette flotte et savait qu'elle devait ensuite opérer sa jonction avec celle de Kemal Reïs, alors mouillée à Gallipoli. Il fit partir de Rhodes dix galères et quelques fustes. Les navires égyptiens étaient à

---

1. « Et il sultan havea facto retenir il consolo di Cathelani cum tuti li forestieri, maxime francexi quali erano in Alexandria cum le loro robe per bona summa di danari et posti tuti in cadena segondo il solito del paexe. Tamen, perche il sopranominato consolo de Cathelani era molto prudente et saputo et pratichò longamente del paexe et molto cognosciuto, sapendo molto bene queste furie moresche, cum bone parole et cum la sua dexteridade havea adaptato et conzato questo garbuglio... » (Priuli, Diarii, page 220.)

l'ancre dans les parages d'Alexandrette lorsqu'ils furent attaqués par l'escadre de l'Ordre. L'action ne fut pas longue; les équipages égyptiens peu aguerris n'opposèrent qu'une faible résistance; quelques galères furent brûlées, d'autres coulées à fond; le reste fut pris et conduit à Rhodes[1].

La nouvelle de ce désastre exaspéra le Soudan : par ses ordres, tous les navires francs furent saisis dans les ports de l'Égypte et de la Syrie; tous les marchands étrangers établis dans ses États furent arrêtés, chargés de chaînes et conduits au Caire et toutes leurs marchandises furent confisquées. Les religieux latins furent expulsés des sanctuaires; le gardien du mont de Sion fut mis à la question et contraint de livrer quatre mille ducats cachés dans la sacristie ainsi que des ornements sacerdotaux et des pièces d'argenterie d'une valeur de cinq mille ducats[2].

---

1. Sanuto donne le texte de la lettre adressée le 8 septembre au doge de Venise. Diarii, tome XI, pages 570-571. Aimery d'Amboise, dans une réponse adressée au roi d'Angleterre le 28 septembre 1510, donne aussi quelques détails sur ce combat : «... armatam ad sinum Jaziœ destinavimus. Ad quem, divina cooperante gratia, post decem dierum navigationem pervenit. Et in loco dicto Scalderona, sultani classem, die XXIII mensis Augusti nuper prœteriti, anchoris subnixam et nostrum adventum prœstolantem, invenit et statim ad manus ventum est. Seb. Paoli, Codice diplomatico del sacro militare ordine Gerosolomitano. Lucca, 1737, tome II, page 174. Cf. Jacomo Bosio, Dell'istoria della sacra religione et illust.ma militia di S. Giovanni Gerosolomitano, tome II, pages 593-594 et Baudouin, Histoire des chevaliers de l'ordre de Saint Jean di Hiérusalem. Paris, 1659, in-fol. pages 182-183.

2. « Et per tutte quelle banda del soldano, in ogni loco dove si trovano mercanti, tanto Venetiani, quanto Catalani et Ragusei et altra natione christiana, tutti sono mesi sotto la guardia, tanto mercanti, quanto persone. Et el sepolcro di Hpto fu messo a sacco, scovando tutto suo valore, tanto argento, altari et altre robe; et el guardiano dello sepolcro fu fatto crucificato su la croce, martorizandolo giorni 3 continui per recular lo suo havere ascosto per lori. Dove fu rivelato

Les Vénitiens mirent un grand empressement à faire représenter au Soudan que les actes dont il avait si justement à se plaindre avaient été commis par les Français leurs ennemis et que pour leur part, ils les déploraient vivement. Une grosse somme offerte au Soudan le convainquit de la sincérité des regrets des Vénitiens, et ceux-ci recouvrèrent leur liberté et rentrèrent en possession de leurs marchandises sequestrées. Ils se flattaient de l'espoir que les événements qui venaient d'avoir lieu tourneraient à leur profit et qu'ils seraient les seuls à pouvoir, à l'arrivée des galères, se livrer à des transactions commerciales. Tout le négoce se trouverait ainsi concentré entre leurs mains[1].

Philippe de Peretz, enfermé dans la prison de la Massara, était traité avec la plus grande rigueur; mais son expérience et l'habitude qu'il avait de traiter avec les musulmans, l'empêchaient de se laisser aller au découragement. La haine dont il était animé à l'égard des Vénitiens lui assurait l'aide de Tangriberdy, et si nous en croyons Priuli, Philippe de Peretz était connu du khalife[2]. *Il fit dire à Qansou Ghoury que, dans les circonstances actuelles, il*

---

ascosti soterati 4 milia ducati contai et in sacristia fu trovato di argentaria, valuta di cinque milia ducati. » (Annales Ragusini anonymi et Annales Nicolai de Ragnina dans le tome XIV des Monumenta spectantia historiam Slavorum meridionalium. Agram, 1883, pages 96 et 275.)

1. « Et li merchadanti Veneti quali praticavano a questo viagio erano molti contenti di questa nova et che li forestieri fusseno posti in pregione e ruinati et in disgratia del signor soldan e de tuto el paexe : perche restando soli a questo viagio potranno molto meglio fare il facto loro et merchadantare cum piui avantagio assai. » (Priuli, Diarii, page 221.)

2. C'est, je crois, le sens qu'il faut donner aux mots notus Pontifici employés par Priuli. « Et il consolo di Cathelani quale era molto sagaze, prudente et

serait utile de recourir aux bons offices du roi de France, le souverain le plus puissant de la chrétienté. Louis XII avait réduit la République de Venise à la dernière extrémité : il avait pour vassal le grand maitre de Rhodes, et le frère de celui-ci, Georges d'Amboise avait été son ministre; le grand maitre n'oserait donc pas repousser l'invitation qui lui serait faite de rendre les prisonniers Mogrébins et les galères capturées dans le golfe d'Ayas. Tangriberdy alla même jusqu'à faire produire des lettres supposées qui auraient été envoyées de France et annonçaient que Louis XII expédiait à Rhodes un envoyé chargé d'amener un arrangement entre le grand maitre et le Soudan[1]. Ces nouvelles calmèrent Qansou Ghoury qui prit la résolution de s'adresser d'abord directement à Aimery d'Amboise. L'embargo avait été mis à Alexandrie sur cinq navires ragusais; l'un d'eux fut désigné pour conduire à Rhodes deux religieux franciscains chargés de faire connaitre au grand maitre les réclamations du Soudan. Ceux-ci échouèrent complètement dans leur mission. Aimery d'Amboise leur déclara qu'il ne consentirait jamais à restituer les navires de la flotte égyptienne tombés

---

praticho del paexe, ut supra dicitur, fu per il soldan posto ne la prexone nominata la Massera; tamen, era notus pontifici. » (Priuli, Diarii, page 221.)

1. « Il sultan molto indegnato havea facto retenir il consolo de Cathelani et il turziman Tangavardi, perche li apareva essere stato deluxo da loro. Tamen, loro, chativi et sagaci pratichi del paexe et cognoscendo la natura del soldan li havea dato intendere, cum lettere ficte de Franzia, come el roy de Franzia quale era il primo signore di christiani come veramente a hora era, mandava uno suo ambassador al soldan per adaptare et conzare questa mastellata : et havea mandato etiam uno suo ambasador al gran maestro de Rodi, quel era francexe et vasalo del roy et che li faria restituire il tuto. » (Priuli, Diarii, page 233.)

en son pouvoir et qu'il ne relâcherait pas sans rançon les prisonniers Mogrébins.

Un marchand ragusais fut alors envoyé en France porteur de lettres pour le roi et d'un acte confirmant pour les Français la liberté du commerce dans les ports de l'Égypte et de la Syrie et accordant aux pèlerins l'autorisation de se rendre en Palestine et d'en visiter les sanctuaires. Le marchand ragusais fut bien accueilli à la cour de France. On vit, dans la démarche du Soudan, une marque du prestige du roi et une preuve de la décadence de l'influence des Vénitiens en Orient. Louis XII avait déjà, en 1499, envoyé Messire Guillebert Chauveau dit Montjoye, roi d'armes de France, auprès du sultan Bajazet pour se plaindre de la violation de la paix et prier le sultan de faire cesser les incursions sur le territoire vénitien[1]. Bajazet aurait désiré

---

1. « Le roy se trouvant à Milan depescha en faveur des Vénitiens ses hérauts Montjoye Saint-Denis et Saint-Michel au Grand Turc pour se plaindre de ce qu'il avait rompu la paix contre la foy et le prier de faire raison du dommage que son armée leur avait fait, autrement il luy denonçoit la guerre. Les hérauts allèrent à Rhodes, et de là furent addressez par le cardinal grand maistre qui manda demander sauf-conduit pour eux par un courrier Rhodiot nommé Manoli à Constantinople et pour un ambassadeur qu'il y vouloit envoyer pour traiter la confirmation et renouvellement de la paix; et le sauf-conduit venu, fit acheminer les hérauts et l'ambassadeur par la Lycie, et là où ils furent rencontrez par des gens de cheval qui les conduisirent à la Porte, et furent defrayez allans et retournans. Ils furent bien receus par le grand Seigneur qui leur donna des robbes de drap d'or et des pièces de veloux et de la vaisselle d'argent et les renvoya avec lettres au roy, au duc de Venise et au cardinal grand maistre, par lesquelles il rendoit raison de ce qu'il avoit rompu la paix avec les Vénitiens, monstrant comme eux mesmes l'avoient enfrainte en diverses façons les premiers. » (Baudouin, Histoire des chevaliers de l'ordre de Saint-Jean, page 165.)

Messire Guillebert Chauveau était à la fois roi d'armes de France et de

nouer des relations avec Louis XII, mais ce prince n'accueillit point les ouvertures qui lui furent faites. Il dirigea, au contraire, contre les Turcs quelques expéditions maritimes qui demeurèrent infructueuses, et celle qui avait pour but la conquête de l'île de Mételin aboutit à un désastre[1].

L'arrivée d'un envoyé du Soudan produisit en France une impression favorable. « L'on peut aussi montrer, dit Claude de Seyssel, les lettres du grand Souldan occupateur de Surye et d'Égypte et d'une grande partie d'Arabie, escriptes en son langaige Arabic, par lesquelles il desire estre amy du dict roy Loys, luy faisant plusieurs grandes offres et usant de plusieurs gracieux langaiges, ce qu'il n'a pas accoustumé de faire à nul autre prince[2]. » La déclaration du Soudan relative à la liberté du trafic et du pèlerinage de la Terre Sainte fut solennellement publiée à Lyon pendant la foire de Pâques, et il fut, de plus, décidé que le roi enverrait un ambassadeur en Égypte. Messire Guillebert Chauveau fut tout d'abord désigné pour remplir cette mission. Nous avons vu plus haut qu'il avait déjà été envoyé

---

l'ordre de Saint-Michel. Baudouin en fait à tort deux personnages distincts. On conserve à la Bibliothèque nationale des reçus de Guillebert Chauveau qualifié de « Roy d'armes des Françoys et de nostre ordre. »

1. Cf. sur l'expédition de Mételin la chronique de Jean d'Auton, publiée par M. P. Lacroix. Paris, 1834, tome II, pages 43 et suivantes.

Le souvenir de ce désastre s'est conservé en France pendant de longues années. « Seigneur, dist le compaignon, mon vray et propre nom de baptesme est Panurge, et à présent, viens de Turquie où je fus mené prisonnier lorsqu'on alla à Metelin à la mal heure; et voluntiers vous racompteroys mes fortunes qui sont plus merveilleuses que celles de Ulysses. » (Rabelais, Pantagruel, éd. Janet, livre II, page 57.)

2. Claude de Seyssel, Histoire de Loys XII roy de France. Paris, 1615, in-4, page 54.

à Constantinople auprès du sultan Bajazet; en 1509, il avait porté à Venise l'ultimatum de Louis XII, et si nous nous en rapportons au témoignage de Jean Marot, il montra, en cette dernière circonstance, des appréhensions peu dignes du caractère dont il était revêtu.

> Montjoye part, et sans dilation,
> Abandonna palais et tabernacles;
> Ne demanda faire collation,
> Craignant trouver pour sa refection,
> Quelque morceau d'esprouveur de triacle[1].

Il est probable que les avis de Florimond Robertet firent revenir le roi sur ce choix et le déterminèrent à désigner un de ses secrétaires, André Le Roy, qui avait déjà rempli avec succès plusieurs missions diplomatiques[2].

La sécurité de la colonie vénitienne, qui avait cru pouvoir profiter de la disgrâce des nations rivales, ne fut pas de longue durée. Les relations entre Qansou Ghoury et Châh Ismayl étaient, à cette époque, empreintes d'un sentiment de profonde méfiance, et les succès militaires des Persans dans les provinces avoisinant le nord de la Syrie provoquaient de la part du gouvernement égyptien une surveillance jalouse et incessante.

---

1. Jean Marot de Caen : Sur les deux heureux Voyages de Genes et Venise victorieusement mis à fin par le treschrestien roy Loys, douziesme de ce nom, pere du peuple. Paris, 1532, in-4. fol. 23.

2. J'ai indiqué, page 3 de la relation de Thenaud, les différentes négociations dont André le Roy fut chargé.

En 1521, il est désigné comme valet de chambre de François Iᵉʳ et commis au paiement de ses menues dépenses. Dans un acte passé en 1524 il se qualifie :

INTRODUCTION

Au mois de mai 1511, le gouverneur de la ville de Birèdjik, située sur l'Euphrate, arrêta un Chypriote de Famagouste nommé Nicolin Surier, ainsi qu'un homme qui l'accompagnait. Ils venaient de Perse et étaient porteurs de dépêches adressées à la Seigneurie, à Tommaso Contarin et Pietro Zen, consuls l'un à Damas, l'autre à Alexandrie ; ils réussirent à faire disparaître quelques lettres, mais conduits à Alep, ils y furent soumis à la question et les procès-verbaux de leurs interrogatoires furent envoyés au Caire avec les papiers trouvés sur eux[1]. Les relations de Contarin et de Zen avec la Perse excitèrent d'autant plus les soupçons de Qansou Ghoury, qu'un parent du premier avait été ambassadeur de Venise à Tauriz[2] et que la famille du second s'était rattachée par une alliance au sultan Ouzoun Hassan[3].

« Chevalier, seigneur de Guynes, commissaire ordinaire de la guerre. » Bibliothèque nationale, pièces originales, vol. 2580, page 50.

1. On peut consulter sur cet incident les lettres de Contarin et de Pietro Zen, insérées par Sanuto dans ses Diarii, tome XII, col. 234-239, et la Repubblica di Venezia e la Persia, par M. G. Berchet, Turin, 1865, pages 26-27.

Pietro Zen aurait eu à Damas une conférence secrète avec l'ambassadeur persan revenant de Venise.

2. La relation du voyage d'Ambrosio Contarini parut pour la première fois à Venise en 1487 sous le titre de : Questo e il viazo di Misier Ambrosio Contarin ambassador de la illustrissima signoria de Venesia al signor Uxunecassan re di Persia; elle a été réimprimée en 1533 et insérée en 1543 dans les Viaggi fatti da Venezia alla Tana, publiés par les Aldes, puis dans le premier volume des Navigations de Ramusio. On en trouve une traduction française dans le Recueil de divers voyages curieux faits en Tartarie, en Perse et ailleurs, imprimé à Leyde en 1729, et à La Haye en 1735, in-4.

3. Caloyani, empereur de Trébizonde, maria sa fille Despina à Ouzoun Hassan. Trois autres de ses filles épousèrent l'une un Cornaro, l'autre un Priuli et la troisième Caterino Zen, qui fut ambassadeur en Perse en 1472.

Caterino Zen avait rédigé une relation de son voyage. Elle disparut au

Le Soudan considéra la correspondance des deux consuls avec des Persans comme un crime de lèse-majesté et un complot ourdi contre la sûreté de ses États. Il les fit arrêter et conduire au Caire chargés de chaînes ; les marchands vénitiens subirent le même sort et tous leurs effets furent placés sous scellés.

Cette nouvelle avanie, en arrêtant toutes les transactions commerciales, portait un coup fatal à la colonie. Celle-ci fit connaître au sénat sa lamentable situation et le pria d'obtenir du doge une lettre par laquelle on donnerait au Soudan les satisfactions propres à rétablir les relations.

Les négociants informaient, de plus, la seigneurie que Qansou Ghoury attendait avec la plus grande impatience un ambassadeur de Louis XII. On lui avait assuré que le roi de France était le souverain le plus puissant de la chrétienté, et l'arrivée d'un envoyé de ce prince lui semblait un honneur d'autant plus grand que jamais ambassade française n'avait paru au Caire. Il avait donc le ferme espoir que les bons offices de Louis XII feraient accueillir ses réclamations par le grand maître de Rhodes. Le sénat apprenait en même temps que l'on équipait à Narbonne une grosse nef à bord de laquelle André Le Roy devait prendre passage. Les marchands vénitiens réclamaient avec instance l'envoi d'un personnage considérable, car le Soudan avait déclaré qu'il

moment où l'impression en était achevée. Niccolò Zen le jeune composa, à l'aide des lettres qu'il avait entre les mains, les Commentarii del Viaggio in Persia di M. Caterino Zeno il K. et delle guerre fatte nell' Imperio Persiano dal tempo di Ussuncassano in quà. *Venise, 1557, in-12.*

ne traiterait qu'avec un ambassadeur autorisé à lui accorder toutes les satisfactions qu'il croyait devoir réclamer. Le sénat fit choix, dans sa séance du 11 novembre 1511, de Domenico Trevisan[1] et le chargea d'aller négocier au Caire le rétablissement des relations de commerce et d'amitié. Il devait aussi, bien que ses instructions n'en fassent pas une mention spéciale, obtenir la réinstallation des religieux latins dans les couvents et les sanctuaires de la Palestine et faire assurer la sécurité des pèlerins qui se rendraient en Palestine. André Le Roy était chargé de la même mission.

---

1. Peu d'hommes d'État vénitiens ont eu une carrière aussi active que celle de Domenico Trevisan. Il fut, en 1485, envoyé en mission auprès du duc de Milan, Jean Galeas Marie Sforza, puis auprès du pape Innocent VIII. La même année, il félicita l'empereur Frédéric et son fils Maximilien couronné roi des Romains. Il se rendit en 1491, à Constantinople, en qualité d'ambassadeur auprès du sultan Bajazet, et en 1495, il fut envoyé à Florence pour porter à Charles VIII les félicitations de la Seigneurie ; à son retour, il alla prendre à Faenza la tutelle d'Astone Manfredi que son père, en mourant, avait mis sous la protection de Venise.

En 1497, il fut chargé d'une mission en Espagne auprès du roi Ferdinand. L'année suivante, il fut nommé podesta de Crémone dont la République venait de faire la conquête ; puis en l'année 1500, il fit un voyage en France pour féliciter Louis XII au sujet de la conquête de Naples. En 1501, il fut nommé podesta de Padoue et, en 1503, il se rendit en ambassade auprès de Jules II. Il fut, cette même année, créé procurateur de Saint-Marc. En 1505, Trevisan se rendit au camp de Louis XII qui était venu en Italie pour recouvrer la ville de Gênes. En 1509, il fut chargé de négocier avec Jules II pour le disposer à conclure la paix avec la République et en 1511, il retourna trouver le souverain pontife à Bologne, et puis à Rome. En 1512, il partit pour l'Égypte afin de traiter avec le Soudan ; l'année suivante, il félicitait de la part du doge, Léon X sur son exaltation au trône pontifical.

En 1514, étant sage du conseil, Trevisan fut élu reviseur et provéditeur de l'armée, et en 1515, chargé d'apaiser les différends qui s'étaient élevés parmi les commandants vénitiens ; il se rendit ensuite en France en qualité d'ambassadeur. En 1521, nous le voyons sur les rangs pour obtenir le pouvoir suprême et, cette même année, être élu généralissime de la mer et envoyé avec la flotte à Candie que l'on

En 1490, les religieux Géórgiens, établis près de Jérusalem au couvent de Sainte-Croix, avaient revendiqué la possession de la moitié du Calvaire et du passage conduisant à l'autel sur lequel les Latins célébraient la messe. Ils avaient réclamé aussi l'espace sur lequel se trouvent les tombeaux de Godefroy de Bouillon et du roi Baudoin. Leurs prétentions n'avaient point été admises et une sentence, rendue dans le courant de l'année 896 (1490), par les cadis des quatre sectes orthodoxes, les avait déboutés de leurs demandes[1].

En 1511, le roi de Géorgie voulut mettre à profit les rancunes de Qansou Ghoury contre les Latins. Il fit partir pour Jérusalem un envoyé chargé de réclamer l'annulation du jugement rendu en 1490 en faveur des religieux de Terre Sainte. Un commissaire spécial expédié du Caire fit comparaître devant le tribunal le P. Francesco Soriano, gardien du couvent du mont de Sion, le vicaire de Terre Sainte, le supérieur du couvent de Sainte-Croix et le drogman de la communauté géorgienne.

De nouvelles informations furent faites; le jugement rendu en 1490 fut annulé et une nouvelle sentence mit les Géorgiens en possession de la moitié du Calvaire et de la porte donnant accès aux autels, sur lesquels les diffé-

---

craignait de voir attaquée par les Turcs qui allaient assiéger Rhodes. Trevisan était un ami des lettres; il commença ses études classiques à cinquante ans et à soixante-dix ans, il se mit à étudier le grec. Trevisan parvint à un âge très avancé et mourut le 28 décembre 1536.

Son tombeau se trouve dans l'église de San-Francesco della Vigna.

1. Chronica de la provincia de Syria y Terra Santa de Gerusalen, por Juan de Calahorra. Madrid, 1684.

rentes communions célébraient leurs offices. Ce nouveau jugement fut rendu dans le courant du mois de Rebi oul ewwel 918 (mai 1512)¹.

Qansou Ghoury était persuadé que le sénat et les consuls vénitiens favorisaient les intérêts du Sofy et que la Seigneurie voulait se soustraire au paiement du tribut dû pour l'île de Chypre; on lui avait fait croire, d'un autre côté, que l'intervention d'André Le Roy lui ferait restituer les navires capturés dans le golfe d'Ayas et obtenir du grand maître de Rhodes toute satisfaction au sujet des Mogrébins pris à bord des barques françaises.

Les circonstances étaient donc particulièrement difficiles pour l'ambassadeur de Louis XII et pour celui de la république de Venise.

Les lettres écrites du Caire et de Candie par le fils de l'ambassadeur Marc Antonio à son frère Piero, nous apprennent que, peu de temps après son arrivée, André Le Roy attendait de Rhodes une réponse au sujet des réclamations du Soudan et des concessions qu'il espérait devoir être faites par Aimery d'Amboise et le chapitre de l'ordre². Cette démarche n'eut aucun résultat, car quelques

---

1. Chronica de la provincia de Syria, pages 368-369. On peut consulter pour se rendre compte de l'état du Calvaire, Viaggio di Venetia a Hierusalem, 1523, f° 25, et le Voyage de Furer de Haymendorf, édition de Nuremberg, 1646, p. 187.

2. « Vene (l'orator francese) di Alexandria cum una bella compagnia de homeni de la sua nave quali, stati per qualchi zorni, sonno ritornati in Alexandria; è l'ambassador restato cum pocha brigata e aspettava risposta da Rodi, intravegnando l'armada del signor Soldam, che fo presa dal armada di Rodi. » (Lettera di ser Marc' Antonio Trevisan data in el Cayro à dì... di luio 1512. Diarii de Sanuto, tome XV.)

mois plus tard, l'ambassadeur français dut se rendre lui-même à Rhodes en laissant au Caire son fils comme otage[1].

La réserve que Trevisan observa vis-à-vis du grand maître pendant son court séjour à Rhodes est un indice du peu de succès de l'intervention d'André Le Roy; elle témoigne également du soin que mettait l'envoyé de Venise à éviter tout ce qui aurait pu exciter les susceptibilités du Soudan.

L'union et la concorde ne paraissent pas avoir régné parmi les membres de l'ambassade française; dès les premiers jours, Philippe de Peretz et son frère Pierre, capitaine de la nef la Katherine, qui avait amené André Le Roy et se donnait comme chargé par le roi d'une mission spéciale, profitèrent, au dire de Thenaud, des audiences accordées par le Soudan, pour traiter de leurs affaires particulières au grand détriment du bien public. Marc Antonio Trevisan prétend aussi qu'André Le Roy fit preuve d'une grande hauteur dans ses revendications des Lieux Saints. Les négociations traînèrent tellement en longueur que des personnages qui avaient fait le voyage d'Égypte abandonnèrent l'ambassadeur pour aller à Jérusalem ou retourner à Rhodes.

Nous ne possédons aucun document officiel relatif à l'am-

1. « Et poi el consolo di Chatelani uso tol astutia chel fense el predito orator francesi si oferse andar a Rodi a operar con el gran Maistro chel restituerave l'armada de sua signoria e eussi e andato a Rodi, lassando suo fiol al Chayro per obstato fino al ritorno suo; et al zonzer nostro a Rodi intesono che tre zorni avanti, dito orator era partito per tornar al Chayro et che il gran Maistro non li havera voluto dar l'armada ne cossa alcuna, ma ben havea dona aldito orator le tre mori che erano sta prexi su l'armada. » (Lettera di Marc' Antonio Trevisan data in Candia a di settembrio 1512, dans les Diarii de Sanuto, vol. X, V.)

bassade d'André Le Roy : seuls Thenaud et Le Maire de Belges nous en ont conservé le souvenir[1].

Jehan Thenaud, gardien du couvent des cordeliers d'Angoulême, était un des protégés de Louise de Savoie et de son fils François d'Angoulême. Louise de Savoie voulut profiter de l'envoi d'un ambassadeur en Égypte pour charger Thenaud de se rendre à Jérusalem, de prier pour elle dans les sanctuaires des Lieux Saints et, à l'exemple des rois mages, de déposer en son nom sur la crèche du Sauveur à Bethléem, de l'or, de l'encens et de la myrrhe. Le comte d'Angoulême, de son côté, désirait que Thenaud fît le voyage de la Perse pour recueillir des renseignements exacts sur la puissance du Sofy dont les conquêtes fixaient alors l'attention des princes chrétiens; ceux-ci voyaient en lui un conquérant destiné à abattre la puissance des Ottomans. De Perse, Thenaud devait aller aux Indes. Ce projet ne put être mis à exécution; il fut entravé par l'ambassadeur du roi de Géorgie qui se trouvait alors à Jérusalem.

Le récit du voyage d'outremer nous offre le plus vif intérêt. Confié aux soins de François de Bonjean, Thenaud s'embarqua sur la nef mise à la disposition d'André Le Roy. La présence à bord de marrans et la conduite de certaines personnes lui inspirent d'amères réflexions et semblent l'avoir déterminé à débarquer dans le premier port d'Italie où la nef la Katherine irait relâcher. Il voulait

---

[1]. M. Heyd a consacré quelques lignes à l'ambassade d'André Le Roy et à celle de Trevisan. (Heyd, Geschichte des Levantehandels. Stuttgard, 1875, tome II pages 484 et 530.)

passer l'hiver dans ce pays, mais le sentiment public y était tellement excité contre les Français qu'il résolut de continuer son voyage, et il s'embarqua à Castellamare sur un navire ragusais en destination d'Alexandrie.

Pendant les quelques jours passés à Catane, il constata que les Siciliens étaient « les plus mauvais François de toute l'Italie. » Il débarqua à Alexandrie le 2 février et le 25 mars, premier jour de l'année 1512, il arriva au Caire en compagnie de l'ambassadeur français.

Je n'analyserai pas les épisodes de son voyage au mont Sinaï et à Jérusalem en traversant le désert, ni ceux de son retour à la suite d'une princesse persane, tante de Châh Ismayl[1], non plus que les détails de son séjour à Damiette et à Rhodes. Thenaud intercale dans sa narration, à propos

---

1. *Cette princesse était une des filles de Ouzoun Hassan ; Cheikh Hayder, père de Châh Ismayl, avait épousé Alemchâh, autre fille de ce prince. Selon l'auteur de la vie du Sofy, placée à la suite de la* Fleur des histoires de la terre d'Orient, *Châh Ismayl aurait, après la prise de Tauriz, tué sa mère qui lui reprochait d'avoir violé le tombeau et fait brûler les restes de son oncle maternel. Cependant un agent du grand maître de Rhodes, Manoli Tricon, qui se trouvait en Perse en 1510, parle de cette princesse comme étant encore vivante. Elle aurait donc été tuée par son fils en 1511, et sa sœur aurait dû à cette époque s'exiler de Perse.* « Et pour ce qu'il ne pouvoit autrement se venger de son oncle, frère de sa mère, qui avoit occis son père, il fit rompre son somptueux sepulchre et le fit tirer dehors, et fist brusler les os et jetter la poudre au vent et fit du tout destruire le dit sepulchre, tellement qu'il n'y demoura aucune enseigne de sepulture, laquelle chose ayant sceu sa mère, qui estoit sœur dudict oncle, vint à son fils Sophy, et le reprint de sa cruauté lequel porta si griefvement la dicte reprehension qu'il fist tuer sa mère en la place, ou (ainsi qu'on dit) luy mesme l'occist de sa main... Quant est de l'article que les premieres nouvelles ont apporté, c'est à sçavoir que Sophy occist ou fist occire sa mère, cela nous semble bien estrange. et semble que Manolitricon dit en sa lettre qu'elle vivoit encores quand Sophy fut baptizé. »(Les fleurs des histoires de la terre d'Orient. *Lyon, 1585, pages 193-194 et 204.)*

du retour des pèlerins au Caire, une assez longue description de la Mecque, des cérémonies du pèlerinage ainsi que de la ville de Médine et du tombeau de Mahomet. Je dois faire observer que tous ces détails sont empruntés au voyage de Ludovico Varthema qui était enrôlé dans l'escorte chargée de protéger la caravane partie de Damas au mois d'avril 1503, année dans laquelle les cérémonies du pèlerinage eurent lieu dans les derniers jours du mois de mai. La date de l'incendie de la mosquée de Médine, telle que Thenaud la donne, confirme encore mon dire; il prétend que cet incendie eut lieu depuis douze ans en ça. Or, ce désastre arriva en 1481, douze ans, précisément, avant l'arrivée de Varthema dans le Hedjaz[1].

Thenaud rédigea son Voyage et itinéraire d'outremer après l'année 1523, car il mentionne dans son récit la prise de Rhodes par le sultan Soliman.

Déjà, en 1508, il avait composé et dédié à Louise de Savoie un précis historique intitulé : La Margarite de France ou chronique abregée des rois qui ont regné és Gaules depuis Samothes-Dis fils de Japhet jusques à Charles VIII inclusivement, dediée à madame la comtesse d'Angoulesme par Jehan Thenaud, frere mineur. M. Feret de Fontette, qui avait examiné cet ouvrage, en a donné la notice suivante : « Ce manuscrit est entre les mains de M. Mercier, abbé de

---

[1]. Itinerario de Ludovico de Varthema Bolognese... Rome, 1510, in-4, fol. XIIII-XXI. Une traduction latine a été publiée à Rome en 1511 et on compte, de 1510 à 1520, cinq éditions italiennes du voyage de Varthema.

Saint-Léger de Soissons. On apprend du prologue qui suit la table des articles, que cet ouvrage a été fait la onzième année du règne de Louis XII, c'est-à-dire en 1508. L'auteur le soumet à la correction de monseigneur François de Molins qu'il appelle son précepteur et indicateur, et qui paraît être chargé de l'éducation de François d'Angoulesme, fils de la comtesse Louise de Savoie et depuis roi sous le nom de François Ier. Cet ouvrage est divisé en trois traictés dont les deux premiers, qui forment environ le tiers de l'ouvrage, ne sont presque que des extraits des faux ouvrages de Bérose, Manethon, etc., publiés en latin, environ vingt ans auparavant, par Annius de Viterbe L'auteur a cru rendre un grand service; il dit que : « voyant nos chroniqueurs ne traicter que des princes gaulois et françois depuis Pharamond comme si aultres n'eussent esté par devant, il a voulu produire en lumiere et en langaige maternel l'antique noblesse et vetuste histoire de nostre dicte nation et gent par laquelle evidemment l'on pourra cognoistre comment la monarchie de France n'a cedé ni donné lieu ès monarchies d'Assyrie, Perse, Grece et Rome en vetusté et proesse, mais les a surmontées,... les aultres huy defaillantes et annichilées, la nostre seule demeure entiere et inconcussible. » Chacun des traités ou parties, ajoute M. de Fontette, commence par sept considérations avant la chronique des rois; et après les faits qui concernent chaque roi, l'auteur indique les hommes illustres de leur temps et les principaux faits étrangers[1]. »

1. Bibliothèque historique de la France, 1768-1778, tome IV, page 358.

INTRODUCTION

Thenaud revient aussi sur sa Margarite de France *dans la préface de la* Lignée de Saturne. « *Après que je, Jehan Thenaud, de vous serf et de mon ordre le mineur ai parachevé la* Margarite de France *en laquelle est traicté du gouvernement des Gaules dès aprèz le déluge jusques à la destruction de Troye, et dès la destruction de Troye jusques à Julle Cesar, et dès Pharamond jusques au temps present, laquelle à ma superillustre et tresredoubtée dame, madame votre dive mere ay dedié.* »

Peu de temps après avoir achevé la Margarite de France, *Thenaud présentait au comte d'Angoulême sa* Lignée de Saturne *qu'il semble avoir calquée sur la généalogie des dieux de Boccace.* « *Il me vint en vouloir, dit-il, dans sa dédicace, mettre par escript (et en mesme langaige que ne faisoye que parachever), ce qui demouroit encores imprimé en ma memoire de la science poeticque à laquelle, en mes jeunes ans, avoys quelque peu vacqué, laquelle avoys longtemps a, delaissée pour ma profession et vocation à laquelle semble repugnante, pour nous en faire quelque passe temps d'un jour ou heure, car sçay que en histoire et poeticque science, si bien vous estes adonné que n'avez vostre pareil. Bien faictes, mon tresglorieux et superillustre seigneur et prince à qui Dieu et nature ont donné superexcellente formosité et beauté digne d'empire, puissance selon l'aage merveilleuse, profonde intelligence, faconde, eloquence, indole promettante grandes choses non seulement à vostre (à cause de vous tresheureux) pays Angoulesmoys, mais à toute la chrestienté pour laquelle regir estes né.* »

La Lignée de Saturne *est divisée en quinze chapitres relatifs à Saturne, Rhea, Jupiter, Juno, Neptune dieu des eaux, Pluto, Cerberus chien infernal, Proserpine, Apollo premier filz de Jupiter, Mercure second filz de Jupiter, Pallas ou Minerve deesse de Sapience et fille de Jupiter, Venus, Liber aultrement dict Bacchus, Hercules, Perseus.*

Au retour de son voyage dans le Levant, Thenaud reprit dans son couvent d'Angoulême le cours de ses travaux littéraires; François Ier*, après son sacre, dit-il, lui avait ordonné*

> De s'occuper aux livres visiter
> Et à studieux exercice usiter
> Pour vous donner pour occupation
> De mes escriptz quelque recreation.

Après la naissance du Dauphin, il présenta à Louise de Savoie le Triumphe des vertus. *M. Paulin Paris a, dans les* Manuscrits françois de la Bibliothèque du roi, *consacré deux notices à ce singulier ouvrage. Je n'en donnerai point ici l'analyse et me bornerai à renvoyer le lecteur aux extraits publiés par ce savant. Je crois cependant devoir citer le passage dans lequel Thenaud évoque le souvenir de son pèlerinage au couvent de Sainte-Catherine du mont Sinaï.*

« Comment l'explorateur de paradiz terrestre qui vieult veoir les triumphes de vertuz, faict sa contemplation au mont Sinay et comment il fut conforté et endoctriné par une nymphe, ainsi qu'il dormait au lieu susdict. »

INTRODUCTION

LXXV

« *Aprèz divers climatz, terres, nations, provinces et regions visitées, de ennuy travaillé et de travail ennuyé, en celuy an que l'on disoit estre de la creation du munde sept mil sept cens et unze et de la recreation d'icelluy, mil cinq cens et douze, me transportay en celluy sainct et hault mont d'Arabie la petreuze (par cosmographes nommée Melanes et par les saincts docteurs Sinay ou Oreb), duquel comme d'une treseminente specule où estes au guette, contemplay les sept climatz de la terre, et oultre l'equinocial, sept aultres qui nous sont presque incogneuz.* »

Si nous nous en rapportons aux vers de Thenaud adressés au roi François Ier dans sa dédicace de la Cabale celeste,

> Et puis le tiers dont luy rends humble grace,
> C'est de m'avoir ottroyé lieu et place
> Davant vos yeux pour pouvoir présenter
> Le petit don qu'il vous pleut accepter,
> En si bon vueil et tant begnin couraige,
> Par cy devant de mon debile ouvrage
> Intitulé des triumphes morales
> Appropriez aux vertus cardinalles,

ce poème aurait été composé après le Triumphe des vertus[1]. « *Thenaud, dit M. Paulin Paris, suppose que l'esprit*

---

1. *Pour nostre tresserenissime, auguste et treschrestien roy Françoys, la saincte et treschrestienne Cabale metrifiée et mise en ordre par le plus humble de ses serfs frere Jehan Thenaud; en laquelle sont contenues les sacrées et ierarchalles fontaines de toutes vertuz infuses. Ensemble, plusieurs secretz de theologie et philosophie.*

Ce manuscrit, qui a fait partie de la Bibliothèque du château de Cognac, est conservé aujourd'hui à la Bibliothèque nationale sous le n° 882 du fonds français. Cf. La Bibliothèque de Charles d'Orléans comte d'Angoulême au château

de Charles d'Angoulême apparoit à son fils : qu'il lui explique sa façon d'exister dans l'autre monde, le système des hiérarchies célestes, et enfin la filière des rapports qui sont établis entre les dominations angéliques et les hommes. Telle est la Cabale chrétienne sur laquelle nous nous garderons bien de nous étendre. »

Je me bornerai, de mon côté, à citer les vers dans lesquels Thenaud se plaît à reconnaître la protection que Louise de Savoie lui avait accordée soit pour ses études, soit pour son voyage en Égypte et dans la Terre Sainte.

> Le second poinct dont je le remercie,
> Est de m'avoir donné eur en ma vie
> Que par secours de la superillustre
> Qui de vertus sur toutes porte lustre
> Plus que Pallas, vostre divine mere
> Qui m'a aydé de volunté libere,
> Parvenu suis à quelque bien savoir
> Tant par escriptz que pays loingtains veoir
> Dont j'ay bien eu souvent cause et matiere
> Tant par prescher qu'en mainte autre maniere.

Thenaud nous apprend, en outre, dans la relation de son voyage, qu'il avait étudié « les Fleurs des histoires de la terre d'Orient de Hayton. » Plusieurs éditions du texte de cet ouvrage abrégé et remanié ont paru dans le cours du XVIe siècle[1]. J'ai recherché si ce travail ne pouvait pas

---

de Cognac, publiée par M. Ed. Sénemaud. Paris, 1861, appendice, pages 72-73. P. Paris, Les Manuscrits françois de la Bibliothèque du roi. Paris, 1848, tome VII, pages 78-82.

1. Je ne citerai point le texte qui fait partie de l'Histoire merveilleuse, plaisante et recreative du grand empereur de Tartarie, imprimée en 1529

être attribué à Thenaud ; mais le style de la préface, et celui des additions dans lesquelles il est question de la levée du siège de Vienne en 1529, est d'une grande simplicité et n'a aucun rapport avec celui de notre auteur.

Thenaud avait fait aussi une traduction française des épitres de Saint-Paul et il se proposait de la publier. La mort l'a peut être empêché d'exécuter ce projet, car cet ouvrage n'a point été imprimé et j'ignore si le manuscrit existe dans une des bibliothèques de la province ou de l'étranger.

Les archives de la ville d'Angoulême ne possèdent aucune pièce relative à Thenaud. La liste des supérieurs du couvent des Cordeliers qui s'y trouve conservée commence seulement en l'année 1540. Nous ignorons donc la date de la mort de Thenaud, et ses ouvrages, et en particulier son Voyage d'outremer, nous ont fourni seuls quelques détails sur sa vie.

Les documents relatifs à l'ambassade de Domenico Trevisan en Égypte et à ses négociations sont plus nombreux. Nous possédons la relation de Zaccaria Pagani, les instructions du doge Leonardo Loredan, deux lettres écrites l'une du Caire au mois de juillet, l'autre de Candie au mois de septembre 1512, par le fils de l'ambassadeur, Marc' Antonio à son frère Piero et insérées par Sanuto dans le tome XV

---

d'après le manuscrit conservé aujourd'hui à la Bibliothèque nationale pour Jehan de Sainct-Denys. J'indiquerai les trois éditions en caractères gothiques de format in-4, publiées par Philippe Le Noir et Denys Janot sous le titre de : Les fleurs des hystoires de la terre d'Orient compillées par frere Haycon seigneur de Corc et cousin germain du roy d'Armenie par le commandement du pape. Cet ouvrage a été réimbrimé à Lyon en 1585 pour Benoit Rigaud.

de ses *Diarii*, et enfin le texte des articles de la convention de 1512.

Zaccaria Pagani appartenait à une famille noble de Bellune; il quitta sa ville natale pour se fixer à Venise et s'attacher à Andrea de Franceschi, secrétaire ducal qui utilisa ses services dans les différentes missions dont il fut chargé par le sénat [1]. Le seul fait biographique relatif à Zaccaria Pagani qui soit connu est mentionné par M. le commandeur N. Barozzi, dans la préface placée en tête de la relation du voyage d'Égypte. En 1514, deux ans après son retour d'Égypte, Pagani fut envoyé avec Antonio Piloni par le conseil de Bellune auprès du général Alviano, commandant les forces vénitiennes pour solliciter, en faveur de cette ville, un secours qu'il réussit à obtenir.

La relation de l'ambassade de Domenico Trevisan auprès du sultan Qansou Ghoury m'a paru digne d'être traduite; c'est le journal exact des incidents du voyage et du séjour au Caire de cet ambassadeur. Si Thenaud nous fait connaître les divergences qui éclatèrent parmi les personnes qui accompagnaient André Le Roy et leur découragement, Pagani nous apprend, au contraire, que les marchands vénitiens se groupèrent autour de Trevisan et contribuèrent par tous les moyens en leur pouvoir à rehausser

---

1. Au retour de son ambassade Trevisan se plut à louer devant le sénat les services rendus par Andrea de Franceschi. « A di 25 (octubrio 1512) ser Domenego Trivixan el cavalier, procurator venuto orator dil soldan ando in renga et fe la sua relatione qual duro do horre et referi tutto quello ho scripto qui avanti. Disse il suo viazo et laudo ser Madalin Contarini sopracomito et Andrea de Franceschi suo secretario. » (M. Sanuto, Diarii, tome XV.)

l'éclat de sa mission et à contribuer à son succès. Thenaud constate en effet, avec tristesse, que l'ambassadeur de la Seigneurie, arrivé au Caire après celui de Louis XII, avait mené à bonne fin sa négociation pendant que celle d'André Le Roy était à peine entamée.

Nous trouvons en outre, dans les lettres de Marc' Antonio Trevisan, quelques détails omis par Pagani. Ainsi les huit trompettes et les dix arbalétriers débarqués de la galère pour figurer dans le cortège de l'ambassadeur avaient été habillés d'écarlate aux frais de la colonie vénitienne d'Alexandrie[1]. *Marc' Antonio fait aussi une description enthousiaste du palais qui avait été mis à la disposition de son père; le sultan Qaitbay l'avait fait bâtir pour la sultane mère de son fils Melik en Nassir Mohammed dont le règne éphémère fut si agité. L'ambassadeur fit tendre dans ce palais les tapisseries qu'il avait apportées de Venise, et il accueillit avec la plus large hospitalité tous ceux qui vinrent lui faire visite*[2]. *Les*

---

[1] « ... e per honor de la nation nostra, questi consoli e merchadanti volseno in Alexandria che fusse ampliato il numero de la fameglia, siche tolseno di galia i otto trombeti e tamburlo grande et circa dieci balestriari, quali sono sta vestiti dai cotimi, de scharlatin habiti a la grecha con cafetani. » (Letera di Marc' Antonio Trevisan data in Chayro a di... di luio 1512, dans les Diarii de Sanuto, tome XV.)

[2] « Introno ad alozar al Chairo in una caxa propinquo al castelo dil Sig^r. fata preparar per sua signoria, qual e nel Chayro come a Venecia quella di ser Zorzi Corner procuratore: fu fata far per il soidan vechio Chait Bey a instanzia de la soldanessa sua moier, madre dil soldaneto. La qual fabrica è de una spexa extrema et tuta salizata in ogni canto de marmori porfidi e serpentini come a la chiexa di San Marco, e molto meglio lavorati che e nostri, soffita tutta d'oro con lavori a la Damaschina con intaglij, ne hanno sparagnato spexa alcuna, fino a li lochi comuni sono salizati di porfidi e soffita d'oro. E superbissima e non era possibile chel signor soldan potesse far mazor demostrazion di honorificentia

marchands vénitiens jugèrent que, dans les circonstances où l'on était placé, il importait que la Seigneurie se montrât plus généreuse et plus magnifique que le roi de France. Il fut donc décidé que les présents apportés pour les grands fonctionnaires égyptiens seraient ajoutés à ceux destinés au Soudan et les négociants firent les frais des cadeaux qui furent offerts à la femme du Soudan et aux dignitaires de la cour.

Pagani se montre réservé sur l'incident de Pietro Zen ; mais Marc' Antonio Trevisan rapporte les termes d'une conversation qui eut lieu entre son père et le Soudan, à propos du Sofy et du consul de Damas. Les détails m'en ont paru assez curieux pour devoir être mis sous les yeux du lecteur.

« L'audience particulière accordée à l'ambassadeur, écrit Marc' Antonio, dura trois grandes heures. Pendant tout ce temps, l'ambassadeur se tint constamment debout, la toque à la main. Les affaires du Sofy formèrent le sujet principal des plaintes du Soudan ; il en parlait avec une animosité endiablée. L'ambassadeur faisait tous ses efforts pour détruire ses soupçons et lui donnait des raisons qu'il serait trop long

---

per honorar un ambasador di questo di averlo alozato in una caxa facta far per un soldan. Fu adornata per l'orator con le sue tapezarie che sono cussi nove in quelli paexi et molto apreziate da Mori et li piacevano assai. Et li consoli e merchadanti hanno trovato tapedi da terra grandi, ch'è un triumpho a intrar in questa caxa. Trombe continuamente coffeti e muschatello a tutti questi signori che continue vieneno a visitation. » (Litera de Marc' Antonio dal Chayro, etc. Diarii, tome XV.)

1. « ... Unde parse a sti consoli et merchadanti che il presente deputado al signor soldam fusse pocho et non cussi honorificho come si richiedeva, deliberano de ampliarlo et tuor tutto il presente banno portato de li e darlo al signor soldam e per li altri signori poi proveder et comprar altri panni di seda de li et a presentarli et cussi fu fatto. » Litera etc.

d'exposer dans cette lettre. Il affirmait qu'en toutes les circonstances notre gouvernement avait agi avec la plus grande sincérité et qu'il professait pour sa seigneurie les sentiments d'un fils pour son père. Le Soudan, fixant Trevisan, s'écria : « Je suis certain que la Seigneurie de Venise est innocente, mais, ajouta-t-il en se tournant du côté de Pietro Zen, ce chien a voulu user de trahison vis-à-vis de moi, et peu s'en est fallu qu'il ne provoquât une rupture[1]. » En disant ces mots le Soudan était agité par une violente colère. L'ambassadeur essayait par de bonnes paroles de lui prouver l'innocence du consul, mais l'emportement du Soudan était si vif que rien ne pouvait l'apaiser. « Ambassadeur! continua-t-il, sais-tu comment les choses se sont passées? Si tu es venu ici en qualité d'envoyé de la Seigneurie, et comme ambassadeur de vérité, je te verrai et t'écouterai toujours volontiers; mais si tu es venu pour défendre des voleurs et protéger mes ennemis, ne reste pas dans mon pays, va-t-en sous la garde de Dieu et emmène tes marchands[2]! » En présence d'une pareille irritation, l'ambassadeur commença à carguer les voiles. « J'ignore, répondit-il au Soudan, quelle

---

[1] « ... et steteno a questa audientia tre grosse hore, l'orator sempre in piè con la bereta in mano; breviter el fundamento di le sue lamentazion fureno sulle cosse del Sofi, con un animo indiavolato... et voltase sopra il consolo di Damascho ser Piero Zen decendo; sto cane a voluto tradir il mio stado, per lui quasi che non son venuto ale rote con la signoria et se messe a intrar in colera grandissima. »

[1] « Si tu e venuto qui per ambasador, sa tu come sta el fato, si tu e venuto qui per ambasador de la signoria e ambasador de veritate, vedero e te aldiro sempre voluntiera, se tu e venuto qui per defender ladri e mij nemici, non sta più nel mio paexe e va con Dio e mena via i toi merchadanti. » (Litera di Ser Marc' Antonio Trevisan, etc.)

a été la conduite de ce consul, mais je puis affirmer la sincérité et la pureté des sentiments professés à ton égard par mon gouvernement. Si tu es persuadé du contraire, tu peux disposer de ma vie. Mais il faut, s'il te plaît, supposer que le consul t'a offensé par ignorance, car je ne puis admettre que ce soit par méchanceté! La Seigneurie de Venise lui fera supporter la peine de ses fautes. Il me semble expédient de le remettre entre mes mains; je le conduirai à Venise. On y procédera sur sa conduite à une enquête minutieuse, et si elle prouve qu'il a agi avec malice, il sera fait une justice telle que le monde entier connaîtra nos sentiments à ton égard. » Le Soudan se tourna alors du côté de l'ambassadeur et lui demanda de promettre que la Seigneurie rendrait contre Pietro Zen une sentence le condamnant soit à la peine capitale, soit à la prison perpétuelle, soit au bannissement des provinces et des terres soumises à la domination de Venise. Trevisan répondit qu'il était impossible à un ambassadeur d'engager son gouvernement à rendre une sentence définitive contre un accusé sans l'avoir entendu. Il pouvait seulement promettre qu'il serait fait bonne justice.

Trevisan obtint par ces assurances, que Pietro Zen lui serait livré afin d'être interrogé par lui et, dans une audience qui lui fut accordée quelques jours après, pour apaiser la colère du Soudan, il mit lui-même la chaîne au cou du consul de Damas.

Dans cette entrevue, Qansou Ghoury avait encore récriminé avec colère au sujet du tribut de Chypre et de certains articles de la convention conclue en 1507 par Tangriberdy qu'il traita de ribaud et accusa d'avoir trahi ses intérêts[1].

Trevisan réussit à triompher de toutes les difficultés que lui suscitait le caractère violent du Soudan; au reste, la face nouvelle prise par les affaires de Venise et les revers subis par les Français en Italie facilitèrent le succès de sa mission et la chancellerie du Soudan lui remit au mois de juillet 1512 les capitulations qui, jusqu'à la conquête ottomane, assurèrent la situation des Vénitiens en Égypte.

Après les avoir reçues, Trevisan demanda que les pèlerins latins fussent, de nouveau, admis dans le Saint-Sépulcre et que les religieux de Terre Sainte fussent réintégrés dans les couvents et dans les sanctuaires dont ils avaient été expulsés. Qansou Ghoury avait refusé cette faveur à André Le Roy, mais il fit droit à la requête de l'ambassadeur vénitien et en le congédiant avec les paroles les plus flatteuses, il lui dit de disposer de Pietro Zen comme de son esclave; il permit même à ce dernier de retourner à Damas, d'y reprendre possession du consulat et d'y régler toutes ses affaires[2].

---

1. *Poi il signor Soldan disse ½el dava cargo al suo coza che fusse insieme con l'ambasador e di le cosse di Cypro, del suo tributo, che l'era sta inganato e che non li veniva observati li soi capitoli e similmente dei capitoli che avea fato Tangrivandin con la Signoria zercha la merchadantia digando che Tangrivardin era un ribaldo.*

Les articles de cet acte ont été insérés par Marin dans la Storia del commercio dei Veneziani. Venise, 1796-1800, tome VII, pages 288 et suivantes.

2 ... *Et expediti tal capitoli l'orator ando dal soldan et domandoli de gratia che i frati de Jerusalem fosseno liberati et che potesseno ritornar a le sue devution ai soi lochi, e che la nostra galia de pelegrini potesse venir al suo viazo con*

INTRODUCTION

J'ai reproduit, pour la relation de Thenaud, le texte de l'unique édition publiée entre les années 1525 et 1530. Ce volume, imprimé en caractères gothiques, se compose de soixante-quatre feuillets; on n'y trouve mentionnés ni la date, ni le nom de l'imprimeur. Il a pour titre: Le voyage et itinaire (sic) de oultre mer faict par frere Jehan Thenaud, maistre ès ars, docteur en theologie et gardien des freres mineurs d'Angoulesme.

Et premierement dudict lieu d'Angoulesme jusques au Cayre.

On les vend à Paris en la rue neufve Nostre Dame, à l'enseigne Sainct-Nicolas[1].

J'ai eu sous les yeux, pour la traduction de la relation

---

i pelegrini justa il consueto. Sua signoria fu contenta e compiacete l'ambasador con questa condition ch'el voleva che l'aprir del Sancto-Sepolcro fusse diserito fino al zonzer de la nostra galia de pelegrini al Zafo, si che i frati di Jerusalem sonno andati ai soi lochi santi di Jerusalem; e sta bella concession hessendo sta negata al orator francese ..

Voici, au rapport de Marc' Antonio Trevisan, les paroles adressées à son père par le Soudan au sujet de Pietro Zen : *Voglio che da mi tu te parti con el tuo cuor piu satisfato che da nenialtro signore che tu sia sta. Te dono el consolo di Damascho per tuo schiavo; fa que che te piace di fati soi, che tutto e remesso a ti solo... Et veneno in Damiata et ser Pietro Zen con loro el qua monto in uno gripo li in Damiata e passo a Famagosta per andar a Damascho.* (Litera de ser Marc' Antonio.)

1. L'enseigne de Saint-Nicolas était celle de la boutique de Jehan de Saint-Denys.

Le Voyage d'outremer est cité par La Croix du Maine dans sa Bibliographie, mais il défigure le nom de Thenaud et l'appelle Thanoud. « Frère Jean Thanoud, maistre ès ars, docteur en théologie, gardien des frères mineurs ou cordeliers d'Angoulesme. Il a escrit le Voyage de Hierusalem imprimé à Paris chez la veuve de J. Sainct-Denis. » La Bibliothèque du sieur de la Croix du Maine. Paris, 1584, in-fol. page 267.

de Pagani, le volume publié à Venise en 1875 par les soins de M. le commandeur N. Barozzi[1] *et le manuscrit ayant fait autrefois partie de la collection de M. P. Maresio Bazolle et qui se trouve aujourd'hui en ma possession. Ce volume de cent sept pages est orné de deux dessins en couleurs attribués à Cesare Vecellio et représentant l'un le Soudan Qansou Ghoury assis sur un mastabé, ayant à ses pieds son sabre et son bouclier, l'autre des émirs et des dignitaires de la cour.*

J'ai placé dans l'Appendice la traduction du sauf-conduit donné par le gouverneur d'Alexandrie, l'émir Khoudaberdy et celle des deux lettres adressées par le Soudan à Domenico Trevisan et au doge Leonardo Loredan.

J'ai ajouté les instructions données à l'ambassadeur : elles sont un modèle de précision et de prévoyance et méritent à ce titre, une attention particulière. J'en possède le texte original ; il se compose de dix feuillets de peau de vélin dont le premier, entouré d'un encadrement à la plume du meilleur goût, est orné des armoiries peintes de Domenico Trevisan. L'écriture en est des plus soignées.

Ces documents ne sont pas les seuls souvenirs qui nous restent des deux ambassades envoyées en Égypte en 1512. Le Musée du Louvre possède un tableau placé jadis dans le cabinet de Louis XIV et qui, jusqu'à ces derniers temps, a

---

[1]. Viaggio di Domenico Trevisan ambasciatore veneto al gran sultano del Cairo nell' anno 1512 descritto da Zaccaria Pagani di Belluno. *Venezia, 1875, VIII et 62 pages. Ce volume, tiré à un petit nombre d'exemplaires, a été distribué en présent.*

passé pour être l'œuvre de Gentile Bellini et représenter la réception d'un ambassadeur vénitien par Mahomet II[1]. *Le*

[1]. Ce tableau fut acquis à Venise par Raphaël Dufresne et apporté en France. Boschini en a donné une longue description; il l'attribue à Gentile Bellini et suppose qu'il représente la réception d'un bayle vénitien par le grand vizir de Mahomet II, le cadi et le mufti.

>   Ma la più bela zogia de st'autor
>   Zà puochi zorni à stà portada in Franza :
>   Istoria grave, de molta importanza,
>   Fata con tuto il spirito del cuor.
>   Questo xè un quadro, che Zentil Belin
>   Fece à Constantinopoli a richiesta
>   Del Bailo : hora la pensa, masi questa
>   Xè pura como l'oro de cechin.
>   Ghè'l sito natural de quela Porta
>   Dove presta l'audientia el gran visir
>   Ghè'l Bailo èl Dragomano con quel gestir
>   Che'l uso del paese a fin comporta.
>   El visir stà sentà sun el Sofà
>   Con le gambe incrosae ; così el mufti.
>   El terzo sul Sofà xè'l gran cadi
>   Tuti vestij de bianco in maestà,
>   Circonda come tanti consegieri
>   Numero grando dei so' religiosi
>   Nomi Turcheschi à proferir scabrosi.
>   . . . .
>   Si vede in perspetiva un' armoria
>   De fabriche diverse che inamora,
>   E una moschea la qual xè in stato ancora,
>   Che fù la gèsia di santa Sofia
>   Ghe xè cameli, cervi, simie, e tante
>   Diversità di cose curiose,
>   D'habiti e de persone capriciose
>   De la più belle, che habita el Levante.
>   Quel monsù Rafael D'Ufresne degno
>   D'ogni honor, d'ogni gloria e reverentia el dessegno
>   Che a messo in stampa con gran diligentia
>   Del Vinci con la vita anca
>   Ghe sortè d'incontrar st'alta ventura

INTRODUCTION LXXXVII

caractère de l'architecture, les minarets, les armoiries peintes sur les murailles, les palmiers, le costume et la coiffure du sultan et ceux des dignitaires, enfin, tous les détails accessoires auraient dû faire rejeter une pareille attribution.

Un examen attentif ne peut laisser subsister aucun doute : le tableau porté au n° 60 du catalogue de l'école italienne représente Trevisan reçu en audience par le Soudan Qansou Ghoury ayant, assis à sa gauche, le Devadar et l'émir Kebir ; le grand drogman, l'émir Younis dont il est si souvent question dans la relation de Pagani, se tient debout devant lui à la droite de l'ambassadeur[1]*.*

On savait que Gentile Bellini avait été, en 1479, envoyé à Constantinople par la Seigneurie et qu'il avait travaillé pour le sultan Mahomet II ; on a supposé qu'il s'était représenté lui-même dans cette cérémonie, et on a pris pour son portrait celui du jeune Marc' Antonio Trevisan dont la coiffure rappelle la sienne. On a fait de ce tableau une gravure au trait qui est placée à la fin du second volume de l'Histoire du règne de Mahomet II, empereur des Turcs, *publiée en 1681, par Guillet*[2]*. Une autre planche a*

D'haver sto quadro con somo gusto
Che xè stimado e xè balsemo giusto
Del più ecelente che habia la pitura.

La carta del navegar pitoresco, opera di Marco Boschini. *Venise, 1660, in-4, pages 30-31.*

1. Notice des tableaux exposés dans les galeries du Musée national du Louvre, par le vicomte Both de Tauzia. *Paris, 1877, page 56.*

2. *Guillet consacre quelques pages au séjour de Gentile Bellini à Constantinople et aux tableaux qu'il peignit pour Mahomet II, il ajoute au sujet de celui que l'on croyait représenter l'audience donnée par ce prince à un ambassadeur vénitien :* « Il y a, à Paris, dans le cabinet du roy, un tableau de la main de Belino, qui

été exécutée pour la Turquie, publiée en *1843* par MM. Jouannin et Van Gaver.

Nous possédons plusieurs portraits gravés du sultan Qansou Ghoury. *Paul Jove en a placé un dans ses* Elogia virorum bellica virtute illustrium, veris imaginibus supposita quæ apud musœum spectantur. *Boissard l'a fait reproduire par Théodore de Bry, dans ses* Vitæ et icones sultanorum Turcicorum, principum Persarum, *éditées à Francfort-sur-le-Mein en 1596 et dont une seconde édition a été donnée par Johann Ammon sous le titre de* : Wahre Abbildungen der Türckischen Kayser und Persischen Fürsten, so wol auch anderer Helden und Heldinnen von dem Osman bis auf den andern Mahomet... Wie dann auch vorher eines jeden wandel kürtzlich mit Versen beschrieben durch Georg Greblinger alias Seladon von Regenspurg. *Franckfurt, 1648.*

Cesare Vecellio a aussi placé le portrait de Qansou Ghoury dans son ouvrage intitulé Degli habiti antichi et moderni di divers parte del mondo libri due, *édité à Venise en 1590*[1]. *Nous le retrouvons encore dans les*

---

s'est peint luy-mesme, tel qu'il estoit, quand il fut introduit dans le serrail. On y voit le Baile des Vénitiens, vêtu en sénateur qui présente Belino à deux visirs assis sur un sofa auprès d'une porte gardée par des Janissaires. La situation du lieu de cette audience prouve que le mot de Porte *exprimé chés les Turcs par le mot* Capi *marque la cour des Ottomans.* » Histoire du règne de Mahomet II, *etc.* Paris, 1681, tome Ier, pages 509-510.

1. *Une seconde édition augmentée d'un certain nombre de planches a paru à Venise en 1598. Une troisième vit le jour en 1664 sous ce titre :* Habiti anti-

Ritratti et elogii di capitani illustri, *publiés à Rome en 1635, par Pompilio Fotti.*

Un portrait de Domenico Trevisan, peint par le Titien, avait été placé au palais ducal, dans la salle du grand conseil; il a été détruit pendant l'incendie de 1574.

Enfin, on remarque dans le Triomphe des vertus *et dans la* Cabale celeste *(manus. de la Bibliothèque nationale, fonds français, numéros 6809 et 882) deux miniatures; dans l'une d'elles, Thenaud est représenté offrant son ouvrage à Louise de Savoie; dans l'autre, il reçoit dans une chambre du château de Cognac, les révélations que lui fait l'âme de Charles d'Orléans, père de François I*^{er}.

J'ai fait reproduire, pour la relation de Thenaud et celle de Pagani, le portrait de Qansou Ghoury donné par P. Jove et Boissard, ainsi que la planche de Vecellio représentant les costumes de quelques-uns des fonctionnaires de la cour du Soudan.

Thenaud donne une énumération intéressante des villes et des châteaux de l'île de Rhodes. J'ai ajouté pour l'élucider une carte de cette île tirée d'un exemplaire du Liber insularum *de Buondelmonti, exécuté dans le cours du XV*^{e} *siècle, et qui fait partie de ma bibliothèque.*

Les différentes éditions des voyages de Breydenbach, d'Arnold de Harff et de Belon sont ornées de gravures[1]; *le lec-*

---

chi overo raccolta di figure delineate dal gran Titiano et da Cesare Vecellio suo fratello, conforme alle nazioni del mondo.

MM. Firmin Didot ont en donné une nouvelle édition en deux volumes de ces figures avec une traduction française du texte italien.

[1]. *Bern. de Breydenbach,* Sanctarum peregrinationum in montem Syon ad

teur pourra les consulter pour avoir une idée des costumes égyptiens à la fin du XVᵉ et pendant la première moitié du XVIᵉ siècle.

15 avril 1884.

venerandum Christi sepulchrum in Jerusalem atque ad montem Synai ad divam virginem et martirem Katherinam opusculum. *Moguntiæ, 1486;* et *les deux éditions de la traduction française publiées à Lyon en 1488 et 1489.*

Les observations de plusieurs singularitez et choses memorables trouvées en Grèce, Asie, Judée, redigées en trois livres *par P. Belon, Paris, 1553.*

Portraits d'oyseaux, animaux, serpens, herbes, arbres, hommes et femmes d'Arabie et d'Egypte observez *par P. Belon. Paris, 1557.*

Melik el Achref, sultan Qansou Ghoury
(1501-1517)

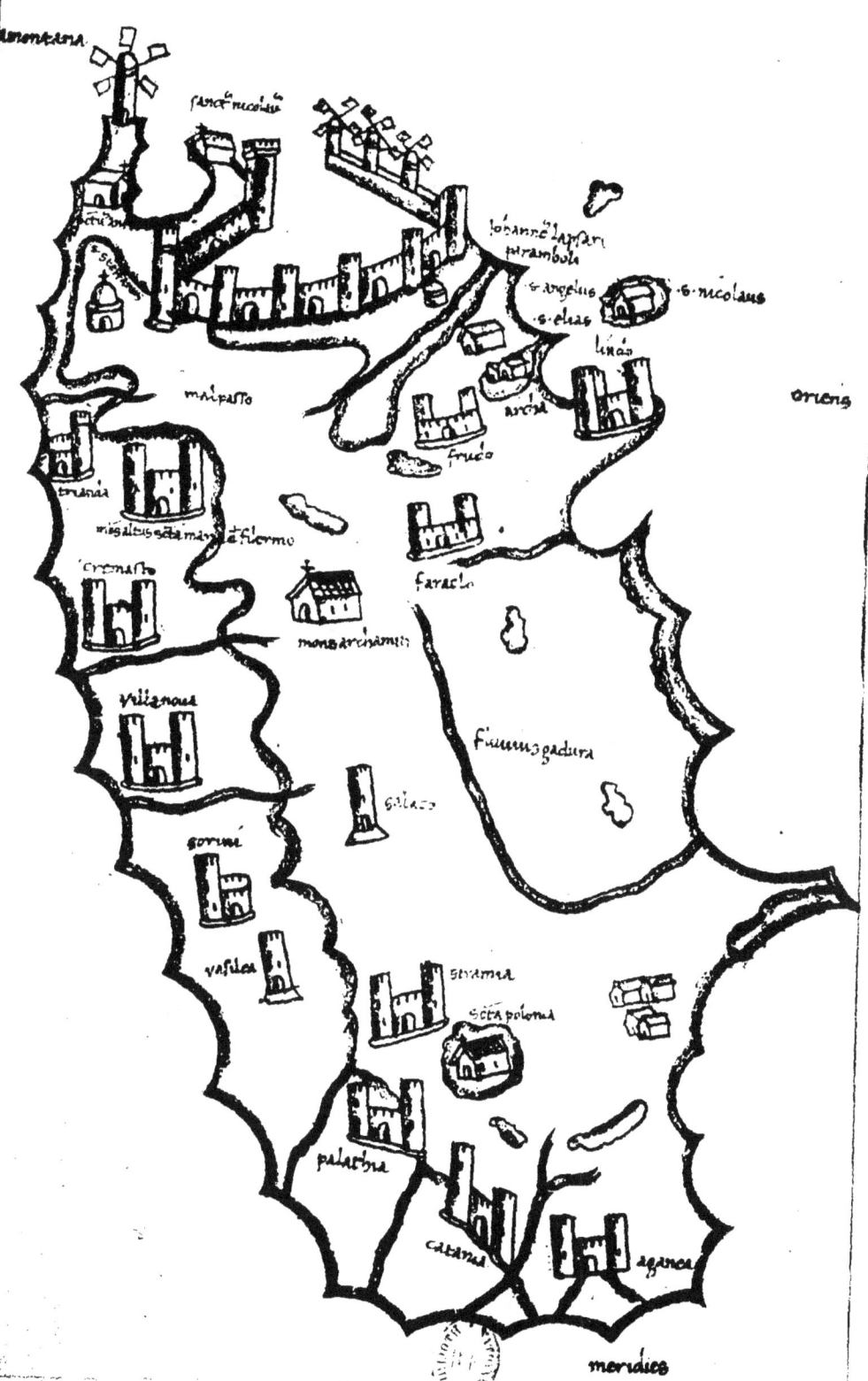

LE VOYAGE ET ITINERAIRE

DE

FRERE JEHAN THENAUD

CHAPITRE PREMIER

PREMIÈREMENT DUDICT LIEU D'ANGOULESME JUSQUES AU CAYRE.

RECOMMENDATIONS et veux faictz és glorieulx sainctz Ausonne et Cibart patrons de la cité et ville d'Angoulesme[1], partis dudict lieu le second jour de juillet, l'an mil cinq cens et unze pour faire les voyages

---

1. Saint Ausone, disciple de saint Martial de Limoges, fut le premier évêque d'Angoulême. Saint Cibar (Eparchius) naquit à Périgueux. Il vint à Angoulême sous l'épiscopat d'Aphthone et vécut pendant trente-neuf ans dans une cellule, se livrant à la prière et à toutes les austérités de la vie ascétique. Il mourut le 1er juillet 581.

d'oultremer, c'est assavoir de Hierusalem, du mont Sinay et du Cayre.

Et par ce que mon treshault, trespuissant et tresillustre seigneur à present treschrestien et tresserenissime roy et empereur de la sacrée monarchie Gallicane[1] m'avoit mandé passer à Alenczon où estoit ma superillustre dame, tresexcellente fleur productive de sa sacrée majesté[2] pour sçavoir de rechief et entendre ses vouloirs et mandemens, fuz audict lieu d'Alenczon le dix huyctiesme dudict moys de juillet. Et y demouray jusques au vingt deuxiesme qui estoit le jour de la Magdaleine; et me donna pour adjoinct, ma susdicte dame, ung secretaire de ma tresvertueuse dame la duchesse d'Alenczon sa tresinclite fille[3], nommé maistre Françoys de Bonjan[4], laquelle fist pourvoir de or, argent, en tresbonne quantité et de toutes aultres choses necessaires à voyager, tant pour luy que pour moy, lequel me fut aussi gracieux, loyal, amy et

---

1. François, comte d'Angoulême, sacré le 25 janvier 1515.
2. Louise de Savoie, fille de Philippe, comte de Bresse et depuis duc de Savoie et de Marguerite de Bourbon, avait épousé à Paris, en février 1488, Charles d'Orléans, comte d'Angoulême. Cette princesse mourut en 1531.
3. Marguerite d'Angoulême, fille de Charles d'Orléans et de Louise de Savoie, sœur du roi François Ier, épousa en 1509 Charles, dernier duc d'Alençon et de Berry, dont elle n'eut pas d'enfants. Elle épousa en secondes noces, en 1527, Henri d'Albret, roi de Navarre, et mourut au château d'Odos en Bigorre, le 21 décembre 1549.
4. François de Bonjean, secrétaire et contrôleur général des finances de Marguerite d'Angoulême, devint en 1518, notaire et secrétaire du roi. Il mourut en 1529. Il avait épousé Marie, fille de Jean Cueillette.

secourable que fut Achates à Eneas, Pithias à Damon, Amelie à Amicus et Damis à Apolonius, si que n'eusse peu trouver compaignie aultre meilleure que la sienne.

D'Alenczon, fismes chemin par le Mans, Vendosme et Bloys; aussi par Bourges, Moulins, Lyon et Vienne, si que le septiesme d'aoust fusmes à Sainct Vallier[1]. Là estoit mon susdict tresredoubté et souverain seigneur duquel ouys et receus ses commandemens. Et entre aultres choses, vouloit que fisse mon effort pour aller en Perse veoir Sophy et sçavoir quelle estoit sa court[2]; ce que deliberay faire, mais maintes choses me empeschoyent le susdict voyage. Congié prins de sa tresillustre seigneurie et treshaulte majesté, allay vers Valence où estoit le Roy nostre sire qui avoit despeché lettres à ung sien secretaire et de mondict seigneur, nommé maistre André le Roy[3], homme remply de toute verité,

---

[1]. Saint-Vallier est un bourg du Dauphiné, entre Vienne et Valence. Le comte d'Angoulême s'était rendu auprès de Louis XII qui résida dans le Lyonnais et dans le Dauphiné, depuis le mois d'avril jusqu'au mois de novembre 1511, époque à laquelle il revint à Blois. (*Itinéraires des rois de France* dans les *Pièces fugitives pour servir à l'histoire de France*, par le marquis d'Aubais, Paris, 1759, tome I, page 101.)

[2]. Châh Ismayl, le fondateur de la dynastie des Séfévy. Ce prince venait de conquérir le Khorassan. Il régna de 1500 à 1523.

[3]. André le Roy, pourvu sous Louis XII d'une charge de notaire et secrétaire du roi, fut, en août 1501, nommé par le cardinal d'Amboise, trésorier ordinaire et extraordinaire des guerres au royaume de Naples. Le roi le confirma dans ces fonctions le 2 avril 1502. Il fut chargé, en 1503, pendant les derniers temps de l'occupation française, de négocier à Rome avec

et de louables vertus plain, pour porter lettres au Souldan d'Egipte et de Babilloyne¹ qui detenoit en prison le gardien² et les religieux de Hierusalem, lesquelz avoit osté du Saint Sepulchre en le fermant à tous les Latins; qui semblablement detenoit le consul des Françoys et Castellans, Phelippes de Peretz³ avecques plusieurs marchans et marchandises qui se trouverent en ses terres, païs et seigneuries, après ce que les nobles chevaliers de Rhodes (inconcussibles coulompnes de la foy) eurent deffaict son armée de mer, bruslé nefz, occis mammelus et capitaines, au gouffre de la Iace, par le vouloir et mandement de treshonnorable seigneur messire

---

le Pape. François Iᵉʳ l'envoya en mission auprès des cantons suisses, et il y était encore en 1516. André Le Roy était parent de Guyon Le Roy, seigneur de Chillon, vice-amiral et capitaine du château de Gênes.

1. Melik el Achraf Aboul Nasr Qansou Ghoury avait été proclamé sultan par les émirs et les milices en 1500, après le meurtre de Thouman-Bay. Il mourut d'apoplexie pendant la bataille qu'il livra à Sultan Sélim, à Merdj Dabiq près d'Alep, le 24 août 1516.

2. Le gardien du couvent de Sion était un Vénitien, frà Francesco Soriano, qui avait déjà exercé cette charge de 1493 à 1496.

3. Philippe de Peretz ou di Paretes était depuis longtemps consul des Français et des Catalans à Alexandrie. Priuli parle avec éloges de son caractère et de son expérience. Lorsque la nouvelle de la destruction de la flotte égyptienne à Layas parvint au soudan, ce dernier le fit arrêter, enchaîner et conduire au Caire où il fut jeté dans la prison appelée *massera* (le pressoir). « Et il console de Chatelani quale era molto sagaze, prudente et astuto, et praticho nel paexe, *ut supra dicitur*, fu per il soldan posto ne la prexone nominata massera : *tamen* era *notus* Pontifici et passata la consueta furia de Mori, et dormito alquanto sopra la nocte, se adaptarà et conzerà il tuto *cum* danari. » (*Diarii e Diaristi Veneziani*, studii del prof. Rinaldo Fulin. Venise, 1881, page 221.)

Aymeri d'Amboise, grant maistre dudict Rhodes[1], car ledict Souldan s'estoit complainct au Roy, disant sadicte armée avoir esté prinse et deffaicte soubz umbre de paix et saufconduict (qui n'estoit pas vray). Et le prioit comme prince treschrestien pourveoir à ce que par ceulx de Rhodes foy et promesses fussent gardées et que de ses dommaiges et interestz il fut satisfaict. Et, en ce faisant, luy faisoit offre du Sainct Sepulchre.

Audict ambassadeur presentasmes lettres de Monseigneur et Madame, portantes recommendations pour que de luy fussions supportez et secouruz, si besoing en estoit.

Le xi⁵ dudict moys, partismes de Valence avecques ledict ambassadeur et son train; et sur le Rosne, oultrepassasmes plusieurs lieux; puis descendismes en Avignon et à Terrascon pour veoir le corps de

---

1. Aimery d'Amboise, frère du cardinal Georges d'Amboise, était grand-prieur de France, lorsqu'il fut élu grand-maître de l'ordre de Saint-Jean de Jérusalem, le 10 juillet 1503. Il fit son entrée à Rhodes l'année suivante et y mourut le 13 novembre 1512.
Une flotte égyptienne de vingt-trois navires, chargée de bois, d'artillerie et de munitions de guerre avait mouillé dans le golfe de Layasso. Ces bois et les canons devaient être transportés à Damiette et de là à Suez, où le sultan Qansou Ghoury se proposait de construire et d'armer des vaisseaux destinés à éloigner les escadres portugaises de la mer Rouge. A l'instigation des chevaliers portugais, dix-huit galères de Rhodes attaquèrent les navires égyptiens le 21 août 1510, en incendièrent quelques-uns et s'emparèrent des autres qui furent conduits à Rhodes.
(R. Fulin, *Diarii e Diaristi Veneziani*, pages 213-214; Baudouin, *Histoire de l'ordre de Saint-Jean de Jérusalem*. Paris, 1659, pages 182-183.)

Saincte Marthe; et en Arles pour veoir le corps de Sainct Anthoine. Et le xviiᵉ dudict moys, fusmes à Aiguesmortes, duquel lieu partist le jour en suyvant la grant nef de Rhodes pour s'en retourner en Levant. Audict lieu d'Aiguesmortes et de Montpellier demourasmes longtemps, attendans la Katherine nef de Monsieur de la Trimoïlle estre chargée[1]. Ce qu'il ne peut estre faict que la Toussainctz ne fust passée, qui nous fut à grant ennuy et despens.

En icelluy lieu, ne veismes chose digne de memoire fors que près Maguelonne, vint mourir un poisson mulart, que aulcuns nommoient organne, qui ne peut veoir hors de l'eaue, à cause d'aulcunes grandes escames que l'eaue supportoit, qu'il a sur les yeulx, lequel estoit de grandeur et grosseur merveilleuse; en la gueule et ventre duquel ung homme droict estoit à son aise.

Le vendredy xiiiiᵉ jour de novembre, environ viii heures au matin, l'aide du Sainct Esprit premierement invocqué, feismes voile. Le nombre estoit

---

[1]. Je n'ai pu me procurer de renseignements sur une nef de M. de la Trémoïlle, appelée *la Katherine*. M. le duc de la Trémoïlle a bien voulu me faire savoir qu'il existe, dans les archives de Thouars, des comptes et des pièces relatifs aux réparations et à l'équipement d'une nef qui portait le nom de *la Gabrielle* et appartenait à Gabrielle de Bourbon, dame de la Trémoïlle, vicomtesse de Thouars, princesse de Thalmond, femme de Louis II de la Trémoïlle.

M. Célestin Port a réuni les faits relatifs aux relations des ports du Languedoc avec l'Orient dans son *Essai sur l'histoire maritime de Narbonne*. Paris, 1854.

tant d'ambassadeurs, pelerins, marchans que officiers de navire, jusques à deux cens cinquante.

Entre aultres, estoient trois ou quatre Juifz qui prindrent la tocque jaulne si tost que fusmes en Alexandrie, qui est le signe par lequel on les cognoist, comme on faict les Mores à la tocque blanche, et les chrestiens à la tocque perse. De marrans pires que Juifz[1], mariez en Avignon, à Montpellier et alentour, ayans leurs parens et affins en Turcquie, Alexandrie et au Cayre, estoit grand nombre, car le capitaine dudict navire et Valeriolle l'escripvain leur estoyent aydans et non sans cause. Ceulx cy emportent, par chascun an, és infidelles et hors du royaulme, grande robe de contrebande, mesmement d'argent blanc, car audict navire en avoit pour plus de cent mille ducatz. Avecques ce, font assavoir és ennemys et adversaires tous les secretz de la Chrestienté et du royaulme auquel sont aussi utiles que regnardz en poullailliers; mais ilz ont esté soustenuz d'aulcunes gens de court qu'ilz aveulloient à force de dons. Lesdictz marrans sont juifz qui faignent estre chrestiens, gardans leurs cerimonies quant ilz peuvent.

Le xvie de novembre, après que eusmes oultrepassé

---

[1]. On désignait sous le nom de marrans les juifs convertis au christianisme. M. G. Saige a donné quelques détails sur leur condition dans son ouvrage : *Les Juifs du Languedoc antérieurement au XIVe siècle*. Paris, Picard, 1881. pages 20-23.

les Trois Mariez¹ (que saluasmes de trois ou quatre coups d'artillerie), fusmes ès isles de Yeres où mismes l'ancre.

Et le jour ensuyvant, prinsmes la volte de Corce pour ne toucher en Cecille, ni ès aultres lieux qui nous estoient suspectz à cause des Espaignolz et Veniciens contre lesquelz avions guerre. Mais, le dix huictiesme dudict moys, se esleverent troys vents contraires qui tellement esmeurent la mer et tourmenterent la nef trop chargée et mal gallefectée que cuydasmes perir. A ceste cause, nous convint jecter maintes charges de graines d'aspicq² et de papier en mer, et tirer vers Gennes; si que le vingtiesme prinsmes port en Vaye³ à 11 milles de

---

1. Les Trois-Maries, les Saintes-Maries ou Notre-Dame de la Mer est le nom d'une bourgade qui, selon la légende, aurait été fondée par Marie Jacobe, Marie Salomé et leur servante Sara. On prétend aussi que Maximin, Lazare et Marie-Magdeleine auraient débarqué en ce lieu. L'église, dont la construction remonte au xe siècle, était un lieu de pèlerinage très fréquenté. (Lentheric, *Les Villes mortes du golfe de Lyon*, Paris, Plon, 1883, pages 410-416; l'abbé Faillon, *Monuments inédits sur l'apostolat de sainte Marie-Magdeleine en Provence et sur les autres apôtres de cette contrée, saint Lazare, saint Maximin, sainte Marthe et les saintes Marie Jacobe et Salomé*, Paris, 1848, 2 vol. in-4.)

2. Les graines d'aspic (*pseudonardus*) se récoltaient principalement dans le Languedoc. On les exportait dans le Levant où l'on en fabriquait une huile très inflammable.

3. Au lieu de Vaye, il faut lire Vade. Vado (*Vadis portus, Vada Sabata, Sabatium*) est un petit port situé à quinze kilomètres et demi au nord-est de Savone. On remarque à Vado une très ancienne église placée sous le vocable de saint Genesius. Avant de passer sous la domination des Génois, Vado avait été possédé en fief par la famille des marquis del Caretto, puis par celle des marquis de Panzone.

Saone[1]; et nous vouloient les commerches arrester. Là, prins terre et congié de l'ambassadeur et de toute la compaignie, deliberant passer l'yver en Italie; puis me retiray à Saone et à Gennes qui lors se tenoient pour le Roy. Et là estoit gouverneur, magnifique seigneur monsieur de Champdenier[2], et admiral, le chevaleureux capitaine Pregent, à present grand prieur de sainct Gilles[3], duquel euz et

---

1. Savone est située à dix milles au nord-ouest de Noli. C'est dans cette ville qu'avait eu lieu, en 1507, l'entrevue entre Louis XII et le roi Ferdinand de Naples. Les papes Sixte IV et Jules II sont nés à Savone.

2. François de Rochechouart, seigneur de Chandenier, chambellan du roi, sénéchal de Toulouse et gouverneur de Gênes.

3. Prégent de Bidoulx. « Estoit pareillement venu en iceluy temps (avril 1507) ès ryvieres de Gennes ung nommé Pregent de Bidoulx avecques huyt galleres pour le roy, lequel de plaine arryvée, non seulement infesta les deux ryvieres de Levant et de Ponant, maiz vigoreusement, en despit de ceulx de ladicte ville, entra dedans le port d'icelle à ensignes desployées et avecques l'artillerie batant la ville, et fist troys tours par dedans ledict port. » (*Cronaca di Genova scritta in francese*, publiée par M. C. Desimoni. Gênes, 1879, in-4, page 115.) Prégent de Bidoulx succéda, dans la charge de grand prieur de Saint-Gilles, à frère Charles Lallemand de la Roche-Chinard. Il fut gouverneur de l'île et du château de Lango et prit part à la défense de Rhodes contre Sultan Soliman. (*La grande et merveilleuse et trescruelle oppugnacion de la noble cité de Rhodes... redigée par escript par excellent et noble chevalier frere Jacques, bastard de Bourbon...* Paris, 1527, fol. 9 v°.)

On a publié en 1513, *Le double des lettres envoyées en court par Pregent capitaine des gallées du Roy nostre sire, en son armée de mer. Imprimé à Rouen par congié de justice et les vend on en la rue Nostre-Dame.* (4 ff.) Dans cette lettre, écrite au Conquet le xxviie jour d'avril, Prégent rend compte du combat soutenu par lui, près du cap Saint-Matthieu, contre une escadre anglaise commandée par lord Howard qui perdit la vie dans cet engagement. « Monsieur, vostre Seigneurie a sceu comme il a pleu à la Royne me donner un sifflet avec sa chayne. En recompense, je luy envoye celluy dudict admiral; non pas son sifflet d'honneur, mais celluy par quoy il commandoit. Il ne poyse pas tant comme celluy que ladicte dame m'a donné, mais il

recueillys maintes beneficiences et gratuitez, tant en ses galléez que en nostre couvent de Saincte Marthe où avoye esté logé.

En celluy temps, passerent à Gennes messieurs les evesques de Lyon, Rhodes, Engoulesmes et Maguelonne qui venoient d'ung concile commencé à Pise[1] esquels fut monstré le sainct Creal qui est le vaisseau auquel Nostre Seigneur mengea l'aigneau pascal, que l'on dit estre d'esmeraulde si tresbelle que toutes aultres près ledict joyau perdent leur lustre[2]. Nouël passé, par petits vaisseaulx de pes-

---

me semble qu'il est plus riche pour son service. J'envoye à madame Claude la dépouille dudict admiral millort Harwat. Je ordonneray ces jours cy de faire paindre le lieu où a esté ledict combat, et je l'envoyrai au Roy incontinent. »

1. François de Rohan, archevêque de Lyon, avait succédé, en 1501, à André d'Epinay; il mourut le 13 novembre 1536. François d'Estaing, évêque de Rodez, occupa le siège épiscopal en 1501; il remplaça François de Polignac et mourut le 1er novembre 1529. L'évêque d'Angoulême était Antoine d'Estaing; il avait succédé à Hugues de Bause en 1506, et il mourut en 1523. Le siège épiscopal de Montpellier était depuis le viiie siècle établi à Substantion ou Maguelonne. Il fut occupé de 1498 à 1529 par Antoine Pellicier, ambassadeur à Venise de 1539 à 1542.

M. J. Zeller a publié un volume intéressant sur les négociations de ce prélat. (*La diplomatie française vers le milieu du XVIe siècle, d'après la correspondance de Guillaume Pellicier*. Paris, Hachette, 1881.)

Le concile de Pise fut réuni à l'instigation de Louis XII. Jac. Lenfant en a écrit l'histoire sous le titre de *Histoire du concile de Pise et de ce qui s'est passé de plus mémorable depuis ce concile jusqu'à celui de Constance*. Amsterdam, 1731, 2 vol. in-4.

2. Le *Sacro Catino*, rapporté de Césarée en 1101, est conservé dans la sacristie de l'église cathédrale de Saint-Laurent; selon la légende, il aurait été offert à Salomon par la reine de Saba, et il aurait contenu l'agneau pascal pendant la cène du Sauveur. Ce vase est en ce verre oriental dont Nassiri Khosrau donne la description dans son *Sefer Namèh*. Paris, Leroux, 1881, page 152.

cheurs pour gaigner pays me feis porter en la riviere de Gennes de port en port, c'est assavoir à Camouche¹, Portefin², Rapallo³, Cistre⁴ et Cinqterres⁵. Si que avecques mains perilz et dangiers, vins le premier jour de janvier à Porteveue derniere ville de Levant appartenant ès Genefvoys⁶. Le IIIIe dudict

---

1. Camogli, à vingt-deux kilomètres à l'est de Gênes et à moins d'une demi-heure de marche de Recco : une partie de la ville de Camogli porte le nom de l'*Isola*, parce qu'elle était autrefois entourée par les eaux. Le château de Camogli, qui s'élevait sur un rocher, avait été, en grande partie, démoli par les Génois en 1460.

2. Portofino est le nom d'un promontoire formé par un immense rocher qui s'élève à une hauteur de 588 mètres au-dessus du niveau de la mer. Le grand nombre de dauphins qui fréquentent ces parages lui avait fait donner, dans l'antiquité, le nom de *Portus Delphini*. La flotte génoise, commandée par Spinola, fut battue et brûlée par celle des Vénitiens près de Portofino.

3. Rapallo, dans la province de Gênes et l'arrondissement de Chiavari, possédait encore, au XVIe siècle, des fortifications qui la mettaient à l'abri des coups de main des pirates barbaresques. En 1494, un corps de troupes aragonais débarqua à Rapallo et s'établit au pont d'Annibal ou del Boato, pour disputer le passage aux Français. Ceux-ci les attaquèrent, les défirent et mirent Rapallo à feu et à sang. L'année suivante, les Français, qui avaient évacué Naples par mer, débarquèrent à Rapallo : ils furent mis en déroute par les Génois dont l'escadre commandée par Spinola le More brûla, à *Porto di Langano*, les navires qui les avaient amenés. Dragut pilla et brûla Rapallo en 1549.

4. Sestri Levante (*Segesta Tiguliorum*) est un bourg de l'arrondissement de Chiavari, dont la moitié est bâtie à l'embouchure du Promolo, et l'autre, située sur un rocher, est entourée par un mur flanqué de deux tours.

5. Cinq terres : on donne le nom de *Cinque terre* à cinq districts situés entre la pointe del Mesco et celle de Montenero. Ces cinq districts portent les noms de *Monte Rosso, Vernassia, Corniglia, Manarola* et *Rio Maggiore*.

6. Il faut lire au lieu de Porteveue, Portevenere. Portovenere est l'ancien *Portus Veneris*, dans l'arrondissement de Levante, à douze kilomètres de la Spezzia. La ville est entourée d'une muraille flanquée de trois tours. Portovenere, après avoir appartenu aux Génois et aux Pisans, fut cédé, en 1426, par Philippe Marie, duc de Milan, en échange de Calvi et de Bonifacio, à Alphonse d'Aragon. Les habitants chassèrent les troupes de ce prince en 1444.

moys, partismes de Porteveue à la minuict, et oultrepassasmes environ les huyt heures de matin Pise et, au soir, fusmes à Ligorne[1] port de Florentins, où je fus interrogué par le capitaine du lieu, de ma venue, allée et d'aultres nouvelles. Dés Porteveue, s'estoit joinct à moy ung Pigmontois banny et essorillé, qui disoit vouloir aller à Romme ou à Naples, embastonné de toutes armes, duquel ne me tenois seur en façon quelconque, car à chascune heure, ne demandoit fors occasion de malfaire ou que je prinse à luy debat, duquel me convint soustenir la charge et ennuy jusques à Naples. A Ligorne, trouvay ung galleron de Genefvoys qui alloit à Naples auquel entray à haste, en cuidant qu'il fust prouveu de vivres ; mais en luy n'avoit fors biscuyt et oygnons ; parquoy, les trois premiers jours que fuz en icelluy, pour ma non acoustumance de telle vie, demeuray sans boire ni menger. Mais le vi^e jour dudict moys, prismes port à Sainct Estienne (où jadis perit la Mermande nef de France)[2], et ung de noz nautonniers qui levoit, de nuict, boys avecques aultres, se escarta et le jour après, fut trouvé mort et presque devoré des loups. Là descendy et fuz en une petite ville qui est à six milles de là, en terre

---

1. Livourne.
2. Porto San Stefano, l'ancien *Portus Domitianus* et *Portus Trajanus* sur la côte nord de Montargentario. (*Memorie sul Montargentario ed alcune altre sui paesi prossimi*, dal Cav. Sebastiano Lombardi. Florence, 1866.)

des Senois nommée Dorbelles[1] pour querir vivres, où trouvasmes venaison à force que acheptasmes.

Le septiesme de janvier, dès la minuict, fismes voille, et oultrepassasmes le port Hercules[2], Cornette[3], Civitat Vieche[4] et la fluvière de Romme où veismes les gallées du Pape.

Le neufviesme, eusmes tourmente telle qu'il nous convint prendre port en l'isle de Ponce[5], moult petite, (c'est assavoir de xv milles de circuyt seullement), mais moult renommée pour celluy fameux Pylate, seigneur d'icelle isle, qui iniquement sentencia Nostre Seigneur à mort. En la dicte isle souloit estre

---

1. Orbetello, à quarante-quatre kilomètres au sud de Grossetto, est bâtie sur une langue de terre s'avançant dans un étang salé qui s'étend jusques près de Montargentario. Orbetello était, jusqu'en 1452, un fief des Orsini. A cette époque, ils cédèrent cette ville à la république de Sienne.

2. Port'Ercole, l'ancien *Portus Herculis*, dans l'arrondissement de Montargentario.

3. Corneto (*Cornetum, Cornuetum, Castrum Inui*) s'élève sur la rive gauche de la Marta, à cinq kilomètres de la mer. Elle est éloignée de vingt kilomètres de Civita-Vecchia. C'est à Corneto que Grégoire XI débarqua en janvier 1376, après avoir quitté Avignon.

4. Civita-Vecchia.

5. L'île de Ponza a un périmètre d'environ vingt kilomètres; elle est entourée d'écueils fort dangereux; le port qui s'ouvre au nord est formé par un môle et une pointe de terre appelée *Punta della Madonna*. Le château qui a trois étages, est situé au sommet de la *Punta della Madonna*.

Les roches avec voltes dont Thenaud parle plus loin, sont des grottes artificielles qui subsistent encore de nos jours. Elles sont l'ouvrage des Romains et sont disposées de manière à pouvoir y prendre des bains.

C'est dans les eaux de Ponza qu'eut lieu, en 1436, le combat naval dans lequel les Génois, commandés par Torelli et Biaggio Assareto, firent prisonniers Alphonse d'Aragon et les principaux seigneurs aragonais, siciliens et napolitains.

une ville avecques ung riche port et plusieurs eglises et temples grans et spacieux faictz en roch; mais il a esté reduict en desert par les pirates. En ceste isle se prent foyson de poyssons, cailles et sacres. Là demouray quatre jours avec le castellan qui a la garde de la tour du port, et ses bombardiers qui sont là mis de par le Pape. En icelluy temps, à la syme d'ung roch, le castellan trouva une spelonque en laquelle estoient six ou sept belles sepultures dignes pour princes. Près d'une abbaye ruynée sont roches avecques voltes, où chascune nuict, l'on voyoit fedes, lutins et fantasmes.

Le XIIIe jour dudict moys, dès la seconde garde, feismes voille et oultrepassasmes Gayette[1], l'isle de Biencheterre[2], Hisques[3] et Bayes[4], si que de tresbonne heure fusmes à la tresfamée et gentille cité de Naples, non sans cause appellée de maints le paradis ou jardin d'Ytalie. Et là demouray tant pour

---

1. Gaëte avait été en partie détruite par un tremblement de terre en 1456. Ferdinand d'Aragon fit réparer ses fortifications et agrandir son château. Cette ville fut prise par les troupes françaises en 1495 et évacuée l'année suivante.

2. Biencheterre est la transcription très altérée du nom de Pandataria. L'île de Pandataria ou Ventelone se trouve au nord-ouest d'Ischia, dans le golfe de Gaëte. Elle a un bon port défendu par une tour, mais il ne peut recevoir que de petits navires.

3. L'île d'Ischia était, à la fin du XVe siècle et au commencement du XVIe, gouvernée par Inigo d'Avalos, à la famille duquel elle appartenait. Le roi Ferdinand II se réfugia à Ischia, lors de l'invasion de son royaume par Charles VIII.

4. Baïa, l'antique Baiæ.

me reposer, pour visiter le pays et attendre passaige, cinq jours, lesquelz passay en tresbonne sorte par le beneficence de seigneur Jehan du Plest, marchand de Montpellier.

Parce que à Castel de mer[1] estoit une nef de Ragousoys chargée de nouzilles jusques à la montance de sept mille ducatz qui alloit en Alexandrie, me transportay avecques ung Genefvoys nommé Loys du Pont audict lieu de Castel de mer, et paction faicte pour mon passaige et provision de mes vivres, entray en icelle. Ladicte nef de Ragouze fist voille du port de Castel de mer, le xxvme jour de janvier, feste de la conversion Sainct Paul, en prenant la route de Messine, et le xxix dudict moys, par nuyct, apperceusmes le feu des isles de Volcan Bouchamet et Strongille que l'on dict estre cheminées d'enfer et les forges de Vulcain[2]. Puis, le len-

---

1. Castellamare appelé aussi *Castellamare di Stabia*, sur la côte du golfe de Naples, fait partie de la Principauté Citérieure. Il est situé à cinq milles de l'embouchure de la petite rivière de Sarno. Le port est défendu par un très ancien château.

2. « Et premierement prendray Strombol jadis Strongile, ainsi nommée pour ce qu'elle est de figure ronde, et est toute pleine de feu, à la fumée duquel les nautonniers cognoissent quel vent doit regner. Un peu plus oultre, on voit Lipari esloignée de trois ou quatre lieuës de la Sicile, en ayant trois de circuit. Quant à feux ou flammes, elle n'en jette plus ainsi qu'elle faisoit jadis. Elle fut pillée l'an mil cinq cens quarante-quatre par Barberousse corsaire du Turc. Près de Lipari est Vulcan, isle toute pierreuse, deserte et pleine de feux la nuit, et le jour on ne voit que fumée. Après voit on les Sallines... puis voyez Alcur et Philecure, puis Ustique que les anciens ont appellée Senestre, à cause qu'on la laisse à gauche, naviguant de Lipari en Sicile. » (Thevet, *Cosmographie universelle*. Paris, 1575, tome II, fol. 754 r° et

demain au soir, oultrepassasmes le Far de Messine où sont les deux fameux perilz de mer Scilla et Caribdis, et veismes la cité de Messine la plus antique cité de Cecille.

Au meilleu de Cecille est le mont Ethna que ceulx du pays nomment Gybel qui souloit brusler, mais puis vingt ans en ça n'y a feu, pour ce que la matiere (comme je croy), est consommée. Là demouray unze jours, èsquelz furent si grandes pluyes, ventz et tremblement de terre, que plusieurs maisons ruynerent. Les Siciliens sont plus maulvais Françoys que aultres qui soyent en Ytalie. Là, visitay à Cathaine le corps Saincte Agathe, le jour de sa solempnite où estoit une tresgrande assemblée, et là, on avoit bon marché de marthes et de maintes peaulx[1]. Le XIIe de febvrier, voille fut faicte pour consommer nostre voyaige lequel fut (la bonté divine aspi-

---

v^o.) Bouchamet est la traduction arabe du mot Senestre : Abou chamèh ou Bou chamèh signifie celui qui tient la gauche. Cette dénomination date de l'époque de la domination des Arabes en Sicile.

1. « Allant encore le long de la mer, visitant l'estendue d'une plaine abondante, vous venez à la noble ville de Cantane, loin d'Enne quelques deux lieuës et demie et bastie le long de la mer, en forme d'un demy cercle avec un port ample et capable de plusieurs vaisseaux, bien qu'il n'y ait point guère grand trafic... C'est à Cantane que on tient en grande reverence le corps de la vierge saincte Agathe qui y fut martyrisée et en estoit native. Et est le temple dedié à ceste vierge fort magnifique qui avoit esté basti auparavant en l'honneur de Cerès tant honorée jadis par toute la Sicile. » (Thevet, *Cosmographie*, tome II, f° 749, v^o.) La description la plus complète de Catane se trouve dans le *Lexicon topographicum Siculum*, ed. Vitim. Amico et Statella, Ord. S. Benedicti. Catana, 1760, in 4°, tome III, pages 149-167.

rante) si prospere que, en quatre jours, oultrepassasmes le goulfe de Venise sur lequel veismes maints
petits poissons voller qui avoyent aelles comme
souriz chauves, et d'aultres grans comme balaines.
Mais le xviie survint fortune et tourmente, si que de
nuyct, nous convint prendre port en l'isle de Iacinthe[1] qui ne fut sans dangier, et lors perist près de nous
une fuste de Rhodes. Le jour ensuyvant, allay veoir
l'isle et la ville en laquelle estoit moult bon marché de vivres mesmement de vin de Romanie qui

[1]. L'ile de Zante. Cette ile est aussi désignée sous le nom de Lesante. Thevet, qui la visita, y vit le mausolée de Cicéron et des livres laissés par saint Louis. « J'ay descouvert le tombeau de ce grand et fameux orateur Cicéron vray père de l'éloquence latine, en une chapelle au souterrain de laquelle avoit esté trouvé quelques ans auparavant une sepulture assés bien proportionnée soit en longueur ou en largeur faite à l'antique, soustenüe de quatre petis piliers de marbre à la Dorique. Et pour nous gratifier, le lieu nous fut ouvert (tenans cela comme chose précieuse et des plus rares que l'on sçauroit voir), où nous vismes trois urnes de verre espoisses de deux doigts, ayant chascune deux pieds ou environ de hauteur pleines de cendres, très bien estouppées, et scellées contre lesquelles estoient escriptes ces trois lettres M. T. C. Lors me vint en memoire que, ce que les Grecs et Latins insulaires m'avoient dit et asseuré estoit vray-semblable, sçavoir que c'estoient les cendres de ce grand orateur romain Ciceron le corps duquel fut là apporté après estre occis, binglé et reduit en cendre à la maniere des anciens... C'est en ce mesme lieu où je vis aussi une Bible fort richement couverte et estoffée, escrite à la main sur de fin parchemin en langue françoise, de quoy je fus fort estonné. Elle estoit couverte de velours rouge, toute figurée, dorée et azurée. Et on me dit qu'elle estoit là depuis que le Roy sainct Louis passa en Levant pour la deffence des chrestiens, lequel y laissa ceste Bible et aultres livres saincts en nostre langue. » (André Thevet, *Le Grand Insulaire*, manus. de la Bibliothèque nationale, 15453, tome II, fol. 29 r° et v°.) Wolfgang Müntzer de Babenberg qui s'arrêta à Zante en 1556, nous apprend que le tombeau de Cicéron fut découvert en 1546, lorsque l'on creusa les fondations du couvent des Franciscains. *Ryssbeschreibung*, Nürnberg, 1624, page 5.

là croist. Mais si tost que l'on sceust que estoye françoys, fuz conduict au Potestat du lieu[1], là mys pour la seigneurie de Venize à laquelle ledict lieu appartient, qui convocqua son conseil et les patrons des gallées qui venoyent d'Alexandrie pour ouyr quelles responces feroye à leurs demandes ; lesquelles, Dieu mercy, furent telles que d'eulx ne recueilly fors grande humanité et charité, combien que moult me persuadissent retourner à Venize, me asseurant le passaige de Hierusalem estre tellement gardé que n'y pourroye aller ; mais demouray stable en mon propos, et me retiray en nostre nef.

Le xxme jour dudict moys de febvrier, fismes voille et oultrepassasmes Modon, Cytharée[2] où fust ravie Heleine et est Citrin[3] où perist jadis la nef de M. de Rabastien en venant du Mothelin[4].

---

1. Le provéditeur de Zante était Gerolamo Bernardo. Il exerça ces fonctions de 1509 à 1513. (*Reggimenti*, Cod. Correr cité par M. Rinaldo Fulin dans ses *Diarii e Diaristi Veneziani*. Venise, 1881, page 218, note.)

2. L'île de Cérigo.

3. Philippe de Clèves, seigneur de Ravestein, gouverneur de Gênes pour le roi Louis XII, dirigea l'expédition contre Mételin. Jean d'Auton a raconté, en grand détail, les péripéties de cette tentative désastreuse et les causes qui la firent échouer. (*Chroniques de Jean d'Auton*. Paris, 1834, tome II, pages 61-74). Hadji Khalfa nous apprend que Mételin fut défendue par Hersek Oglou Ahmed Pacha et par le gouverneur général de l'Anatolie, Sinan Pacha. (*Histoire des guerres maritimes des Ottomans*, Constantinople, 1141 (1728) fol. 10 r°.) Philippe de Clèves était le neveu de Marie de Clèves, mère de Louis XII ; les historiens turcs lui donnent, en raison de sa parenté avec le roi, le titre de Qralzadèh (fils de roi ou prince du sang).

4. « Le navigage des chrétiens, fut le jour de Sainte-Catherine, entre le cap Saint-Ange et l'île de Cythérée ; et là survint une tourmente tant im-

Et le xxiiime que cuidions oultrepasser Candie, jadis nommée Crete, nous convint (pour le vent contraire), aller en ung lieu nommé Bon Port duquel est faict mention és actes des Apostres[1], où achep-

pétueuse, que toutes les navire et galères cuidèrent périr et profonder, car par la force du vent et du flot des vagues enflées de la mer, tous les vaisseaux furent épars et dispers les uns des autres et si loin, que onc puis, tous ensemble ne se trouvèrent; et là eut moult à faire, car ladite tourmente dura ledit jour dès le midi jusques au lendemain au matin; dont par le croulis des navires, plusieurs malades et blessés moururent là dedans, et furent jetés en mer. Ce fut chose bien piteuse, car avec ce, deux navires allèrent à fond comme pourrez ouïr.

Messire Philippe de Ravestain, avec les gentilshommes françois qui là étoient, étoit dedans une navire, nommée la Lommeline, et bien six cents hommes, lesquels, sitôt que la tourmente les prit, firent jeter tous leurs ancres en mer pour cuider arrêter la navire; mais, soudainement, cordes furent rompues et mâts brisés, et tous eux tant lassés que plus n'en pouvoient, dont aucuns d'eux pour supporter le travail se couchèrent sur les coites et les couvertes de leurs lits de camp, et laissèrent leurs vies branler aux dangers de fortune, qui conduisit leur navire par tourmente, jusque dans l'île de Cytherée; et là, sur les deux heures de nuit, contre un rocher eurent le choc tel, que le château du devant de leurdite navire fut parti et acravanté, et la carène froissée et rompue, dont tout à plein entra l'eau dedans, et là furent noyés plus de deux cents hommes. Le seigneur de Ravestain et les gentilshommes françois qui étoient couchés sur le haut et aux deux côtés de la navire se levèrent hâtivement après le heurt, l'un en chemise, l'autre déchaux et l'autre nu; et ainsi aux rais de la lune qui était claire, approchèrent le rocher, et là ainsi comme ils purent se grippèrent contre icelui, et tant firent qu'ils sauvèrent leur vie et eux garantirent et gagnèrent terre. De six cents hommes qui là étoient deux cents ou environ échappèrent, les autres périrent. » (*Chroniques de Jean d'Auton publiées pour la première fois en entier* par P. L. Jacob, bibliophile. Paris, 1834, tome II, pages 65-67).

1. Le Bon Port (Bonus Portus) dont il est fait mention dans les Actes des Apôtres, chap. XXVII, v. 8, est situé sur la côte méridionale de la Crète non loin de la ville de Thalassa dont l'emplacement n'est pas exactement déterminé. Selon Flaminio Cornelio, il y a, dans le district de la Canée, un village qui porte le nom de Bon Port, et c'est là, je crois, que mouilla la galère à bord de laquelle se trouvait Jean Thenaud. « In territorio Cydo-

tasmes malvaisie, poullaille, chevreaulx et aultres provisions pour là faire nostre karesme prenant. Et buscherent les marins deux ou trois jours, car là sont grandes forestz d'oliviers et ciprés.

Là, fut trouvée en fouissant la terre une teste d'homme mort en laquelle tomberent trois ou quatre hommes si comme en une citerne; les moindres dens avoyent plus de demy pied en carré, dont en ay veu une, et ceste chose certifie le tresexcellent orateur et historien Sabellic[1].

Le vingt sixiesme de febvrier, saillismes dudict lieu ayant vent à poupe si tresfort, que nonobstant toutes les voilles ployées, pour une nuict fismes six vingtz milles. Et le vingt et neufviesme dudict moys au matin, decouvrismes le Pharillon d'Alexandrie, les montaignes, tours, musquettes et piramides d'icelle, et vismes hors du port la nef de la Trimoïlle que n'avoye veu dés Vaye et Gennes, qui là estoit arrivée le soir avant vespres, à laquelle mismes l'ancre, car elle n'osoit entrer au port sans saufconduict;

niæ seu Caneæ Monasterium in loco Boni Portus seu ad Bonos Portus qui vicus est insulæ, notus ex Actibus Apostolorum, C. XXVII quo appulit Sanctus Paulus apostolus, dum Romam vinctus duceretur. » (*Creta Sacra*, Venetiis, 1755, p. 224.)

1. *M. Antonii Sabellici rerum Venetarum ab urbe condita historia*. Venise, 1487, in-fol. Il existe de cet ouvrage une traduction italienne imprimée pour la première fois sous le titre de : *Chroniche che tractano de la origine de Vendi e del principio de la cità e de tutte le guere da mare e terra facte in Italia, Dalmacia, Grecia e contra tuti li infideli. Composte per lo excellentissimo misere Marco Antonio Sabellico e volgarizate per Matheso Visconte de Sancto Canciano*.

esquelz bateaux furent envoyez d'une nef à l'autre pour parlementer. En l'ung d'eulx me mis pour aller veoir M. l'ambassadeur, maistre Françoys de Bonjehan et toute la belle compaignie à laquelle me convenoit joindre. Là sceu comme aulcuns de ladicte nef estoyent demourez en Rhodes, mesmement monsieur le baron d'Estaing[1]; et bientost que fuz en icelle, survint le viguer de Castres qui avoit esté envoyé vers l'admiral, garny du saufconduict, parquoy fismes voile pour entrer au port. Mais ainsi que l'ancre eut esté mise, nostre nef de la Trimoïlle donna contre terre si grans coups que cuidions qu'elle se rompist et estre tous perduz.

Les Mores et Turcqs qui estoyent en terre et qui n'en cuidoyent pas moins, vindrent à si grant foulle au navire pour le piller que eusmes grande peine à les mettre hors; mais ladicte nef fut recullée facilement sur ladicte ancre. Pour cestuy inconvenient, la nef ne tira artillerie pour saluer la ville, mais le tout fut remis au lendemain, qui fut le IIIe de febvrier auquel jour prinsmes terre, tyrantes les nefz de la Trimoïlle, de la Vacquerre qui appartenoit au Consul et la Ragusoise, grande quantité de bombardes. Au devant de nous vint l'admiral d'Alexandrie bien monté, accompaigné de mammeluz pour

---

[1]. Gaspard d'Estaing, fils de Guillaume ou Guillot d'Estaing et d'Anne, fille de Raimond, seigneur d'Esparon, épousa, en 1517, Françoise de Voisins et mourut sans postérité.

nous recueillir, qui fist dire par son truchement qui estoit juif comment le Souldan estoyt moult joyeulx dont ung si grant et puissant prince que le Roy de France qui avoit subjugué toutes les Italies avoit envoyé devers luy, et que fussions aussi asseurez comme si nous estions en France.

Toute la nuit, sur les fondictz des Castellans et Genefvois l'on avoit fait feuz de joye[1]. L'ambassadeur fist par ledict truchement remercier l'admiral plus de cinquante mille voltes. Après ce, nous fusmes conduictz en la maison du consul des Castellans Phelippe de Peretz, auquel lieu estoit un beau banquet preparé, garny de mains bons poissons, confections, fruictz et de bons vins. Les coffres et bagaiges furent conduictz dès le port audict logis par deux cameaulx pour lesquelz furent payez cinquante seraphs d'or, car telle est la coustume. Et vouloyent ceulx de la douanne visiter lesdictz coffres pour recueillir le devoir de l'entrée, ce qui ne leur fut permis.

L'admiral envoya le jour ensuivant à l'ambassadeur presens de poissons et fruictz, esperant en recueillir ung plus grant, selon la mode d'iceluy pays, ce qui fut faict. Et combien que le sien ne vaulsist six ducatz, on luy en fist ung de draps, huiles, miel, cire et fourmaiges qui vailloit près de deux cens ducatz, duquel peu se contenta.

1. Les fondouqs, dont les Italiens ont fait *fondago*, sont les bâtiments qui servent de demeure aux négociants et de lieu de dépôt pour leurs marchan-

Nous demourasmes en ladicte cité d'Alexandrie jusques au xviiie dudict moys de mars.

Et n'est ladicte cité au lieu où premierement elle fut fondée par le monarche Alexandre, mais assez près dudict lieu.

En icelle sont deux petites montaignes artificiellement faictes pour donner enseigne à ceulx qui sont sur la mer; et au devant est la tour et chasteau du Pharillon ainsi nommé pour la tour de Pharus qui jadis estoit nombrée entre les sept merveilles du monde, tant pour sa haulteur que fondement; car elle estoit profundement en mer assise sur trois chancres de voirre, et le feu qui estoit à la syme se voyoit de nuict de trente milles en mer. Mais où jadis estoit une isle, à present l'on y va à pied sec, par terre. Il y a ung vieulx port bien seur près ladicte ville auquel ne permettent les Mores aller les chrestiens, car ilz disent leur pays par icelluy port devoir estre conquis des chrestiens.

En cestuy chasteau est, de par le Souldan, ung admiral qui ne doit jamais permettre celuy d'Alexandrie y entrer. Et ne veult ledict Souldan le chasteau estre aprovisionné fors pour deux jours de peur que ceulx du lieu ayent intelligence à ses ennemis. Combien que Alexandrie soit moult belle, grande et forte de murailles, si est elle toute ruinée par le dedans,

---

dises. Ils portent aussi en Égypte le nom d'okel, et en Turquie et en Syrie celui de khan.

car dès icelluy temps que ung Roy de Chippre, Jacques de Lusignen l'eust gastée¹, oncques puis ne fut totalement ediffiée; et n'y a en icelle plus de deux mille maisons.

Ceste cité est toute creuse et plaine de cisternes pour garder l'eaue que l'on faict venir par dessoubz terre quand le Nil croist. A ceste cause est malsaine, et qui leur trencheroit ledict conduict, la ville seroit bientost perdue². Près la maison de l'admiral est une

1. Le roi Pierre de Lusignan débarqua devant Alexandrie et s'empara de la ville le 10 octobre 1365. Il dut l'évacuer et se rembarquer le lendemain. Cf. *La prise d'Alexandrie ou Chronique de Pierre Ier de Lusignan par P. de Machaut*, publiée par M. L. de Mas Latrie. Paris, 1877, pages 64-110.

2. De tous les voyageurs et géographes du XVIe siècle, Livio Sanuto est celui qui nous donne d'Alexandrie la description la plus complète.

« Alexandrie, dit-il, est une ville de forme carrée, entourée d'un mur percé de quatre portes, dont l'une à l'Orient s'ouvre du côté du Nil, la seconde, celle du Midi, donne sur le lac Ebulchaira (*el Bohairah*); la troisième, celle de l'Occident, est du côté du désert de Barqa; la quatrième, celle de la Marine, donne accès au port. C'est là que se tiennent les gardiens et les officiers de la douane, car il faut payer des droits non seulement sur les marchandises, mais encore sur les espèces monnayées. Il y a encore deux portes, l'une, précédée d'un corridor, conduit à un rocher très bien fortifié situé à l'entrée du port appelé *Mersa el bourdj* (le port de la tour). C'est dans ce port que jettent l'ancre les plus gros navires et ceux dont le chargement est le plus important, tels que ceux des Vénitiens, des Génois, des Ragusais et d'autres de provenances diverses. L'autre port est nommé *Mersa el Silsilèh* (le port de la chaîne). Il est fréquenté par les bâtiments venant de la côte de Barbarie. Les chrétiens paient, soit à l'entrée, soit à la sortie de leurs marchandises, un droit de dix pour cent, et les musulmans cinq pour cent. Les marchandises transportées au Caire par voie de terre ne paient point de taxe.

« Le voisinage du Caire fait du port d'Alexandrie le plus important de toute l'Égypte; on vend dans la première ville une énorme quantité de marchandises. Alexandrie est le rendez-vous des négociants de toutes les parties du monde. Elle n'est cependant pas très peuplée et elle n'offre pas les res-

piramide plus haute que celle qui est jouxte sainct
Pierre de Romme, en laquelle sont engravez plusieurs caracteres, oyseaulx et bestes selon l'antique
mode et les sainctes lettres des Egiptiens. *Item* : hors
a cité sont deux moult sumptueuses coulompnes :
en l'une fist mettre en ung vaisseau d'or Ptolomée
le corps du Roy Alexandre et ordonna sa sepulture
là près dudict Roy. Mais alors que Cesar estoit en
Egypte, il voulut veoir le corps d'Alexandre; et de
celuy de Ptolomée n'en tint compte ne extimation,
en disant vouloir visiter les princes par loz et renom
vivans, et non ceulx desquelz la gloire avecques le
corpz est ensepvelie.

sources d'une grande ville. Alexandrie se compose d'une grande rue qui va de la porte de l'est à celle de l'ouest. Aux environs de la Marine, il y a un petit quartier où l'on voit beaucoup de boutiques et où se trouvent les fondouqs où logent les chrétiens. Le reste de la ville est abandonné et désert. Au milieu de la ville s'élève une butte très haute (*Koum el dik*, la butte du coq), qui ressemble au *Testaccio* de Rome; on y trouve une grande quantité de vases antiques. Au sommet est une petite tour dans laquelle se tient le guetteur qui signale les navires en vue et en informe les intéressés; il reçoit une gratification à cet effet, mais s'il s'endort et néglige son devoir, il est condamné à payer le double de ce qui lui est alloué. Les maisons sont construites sur de vastes citernes soutenues par des colonnes et des arceaux ; celles-ci sont, à l'époque de l'inondation, remplies par l'eau du Nil amenée par des canaux qui passent sous les murs de la ville. Alexandrie est entourée de sables et ses environs sont stériles. Il y a près du canal, quelques petits jardins où l'on récolte des fruits de mauvaise qualité et malsains. A six milles à l'ouest d'Alexandrie, on voit beaucoup de ruines antiques et une colonne remarquable par sa hauteur et son épaisseur. Elle porte le nom de Hemoudelsoar (*Amoud essewari*, la colonne des mâts). » (*Geographia de M. Livio Sanuto distinta in XII libri ne quali si dichiarono le provinzie, popoli, regni, città, porti, monti, fiumi, laghi e costume del Africa*. Venise, 1588, in-fol., f° 104.)

Ung tyrant prince d'Ethiope après qu'il eut degasté Egipte, viola ledict sepulchre, duquel il emporta l'or et mist le corps en sepulchre de voirre dont bien tost après, divinement fut pugny comme sacrilege violateur des sepulchres. Sur l'autre coulompne fist mettre le piteux et chevaleureux Cesar, le chef de Pompée que le Roy d'Egipte (duquel Pompée jadis estoit tuteur) avoit fait trencher pour cuider complaire à Cesar. Au circuyt, sont plusieurs beaux jardins plains de fruictiers, d'herbes, poupons, pateques, cassiers, palmes et aultres choses singulieres.

Au dedans de la ville sont plusieurs eglises comme Sainct Michel et Sainct Marc que tiennent les chrestiens de la sainceture.

Item : Sainct Sabe où sont enterrés les Latins par ainsi qu'ilz payent quatorze ducatz à l'admiral pour droict de sepulture. A l'ocasion de ceste eglise, jadis fut grande contention entre les Veniciens et Genefvois, pour laquelle finer fut determiné qu'elle seroit commune à tous Latins. C'estoit jadis la patriarchalle eglise où prescha sainct Iehan l'evangeliste, sainct Iehan l'aumosnier, Astanase, Origene et plusieurs aultres docteurs, que les Sarrazins n'ont sceu prophaner, car ilz ont voulu faire souvent boucherie d'icelle; mais, en voulant detailler les chairs, ilz se coupoient bras, mains, ou se coupoient les gorges et ventres, comme enragez et demoniaques.

Puis, l'ont voulu faire musquete; mais ceulx qui montoient és tours pour crier à l'oration se gettoient du hault en bas. *Item* : quant l'ont voulu ruiner, n'ont peu pour plusieurs prodiges qui s'apparoissoient. En ladicte ville se monstroyt le lieu du martyre de la glorieuse saincte Katherine, les coulompnes où furent mises les rhoues et la prison.

Item : sont quatre fondictz, deux appartenans és Veniciens, le tiers est pour les Genevois et le quart pour les Castellans. En iceulx sont les logis des marchans et belles chappelles esquelz sont enfermez de nuict les marchans par les Mores. De tout ce qui entroit au port et ville de Alexandrie le Souldan en prent tribut. A ceste cause sa douanne est affermée, par chascun an, deux cens cinquante mille seraphs d'or. Et combien que les chrestiens soient mal traictez audict lieu, toutesfois le prouffict à celuy qui scet le traffic de marchandise est si grant que les marchans ont, tout temps, vouloir de retourner, car ilz gaignent cent pour cent et plus, en marchandises qui icy sont desperées et de peu de valeur. Là aussi sont les pois et mesures plus grandes.

Le jeudy dix huictiesme de mars, aprés midy partismes d'Alexandrie accompaignez de deux mammelus : le bagaige se portoit une partie par mer, l'autre par terre. Par mer se portoient vins, coffres, draps, pelleteries et aultres maintes choses dont debvoit estre faict present au Souldan. Chascune botte de vin qui entroit au Cayre devoit de tribut XIII ducatz, fors celluy des ambassadeurs et de leur train, pour lequel n'est rien payé. A ceste cause, sous l'ombre de l'ambassade, feis porter IIII bottes ou tonneaulx de vin sur lesquelz, oultre ce que donnay és religieux de Hierusalem estans en prison au Cayre, c'est assavoir deux charges et une que retins pour moy, y prouffitay jusques à la montance de L seraphs d'or. Au partir de Alexandrie payoit chascune compaignie XIIII ducatz; un seul autant que dix mille et dix mille ne payent plus que ung. Quand eusmes cheminé environ trois lieues françoyses, deux allars nous arresterent demandans le peage ou caffare. Noz mammeluz disoient que ambassadeurs ne devoient rien ne leur train et monstroient le marson[1] et saufconduyct du Souldan; mais pour rachepter paix, convint après mains cris payer IIII seraphs d'or. Puis, feismes encore trois lieues françoyses et soubz les beaulx palmiers, près un lieu nommé Bouquers prismes place pour passer la nuyct, où fusmes moult persecutez tant de mouchillons dont l'air estoyt plain que de poulz de Pharaon dont le sable estoit cou-

---

1. C'est le mot arabe *marsoum* qui signifie un ordre, un rescrit.
2. Abouqir est un amas de ruines entouré de palmiers, à huit milles à l'est d'Alexandrie, près d'un lac qui porte le nom de Bohaïrah Maadièh. Le cap d'Abouqir, à l'extrémité duquel s'élève une tour, était un point fort dangereux pour les navires venant de la côte de Syrie, et voulant entrer dans le port d'Alexandrie. Les naufrages y étaient très fréquents. (*La Geographia di M. Livio Sanuto*, fol. 105.)

vert. Le jour ensuyvant avant jour, fusmes montez sus asnes et muletz, et aprés un bras du Nil passé[1], fismes telle diligence que l'on fut à midy à Rachet[2]; mais à cause de mon mulet paoureux qui me mist à terre, me convint suivre de loing la compaignie, seul, en grand dangier, et ne arrivay que au soir. Nous demourasmes là iii jours attendans nos besongnes qui estoient sur l'eaue és germes ou gabares

1. Le bras du Maâdièh.
2. Le nom arabe de la ville de Rosette est Rachid.

« Rasid, dit Sanuto, que les Italiens appellent Rosetto, s'élève à trois milles de la mer, sur la branche occidentale du Nil, dans la partie appelée *Errif*. Elle a été bâtie par l'esclave d'un pontife (khalife) qui était son lieutenant en Egypte.

« On voit à Rasid de belles maisons et de superbes palais bâtis sur le bord du Nil. Une grande place est occupée par des artisans exerçant toutes sortes de métiers et par des marchands. On remarque aussi une grande mosquée d'un aspect fort gai dont les portes ouvrent, les unes sur la place, les autres sur le fleuve où l'on descend par de fort beaux escaliers. Au-dessous de la mosquée est le port où s'arrêtent les barques qui transportent les marchandises au Caire.

« La ville n'est point entourée de murs : aussi a-t-elle plutôt l'aspect d'un grand bourg. Autour de Rosette, il y a un grand nombre de bâtiments où l'on bat le riz : on en livre trente mille mesures chaque mois.

Il y a, hors la ville, un grand faubourg où l'on tient un grand nombre de mulets et d'ânes à la disposition des gens qui veulent se rendre à Alexandrie. Ces animaux sont si habitués à faire ce voyage que celui qui les monte n'a point à s'occuper de les guider. Ils le conduisent jusqu'à la maison où ils ont l'habitude d'être remisés. Ils ont une allure si rapide qu'ils parcourent du matin au soir une distance de quarante milles. Ils côtoient de si près le bord de la mer, que souvent l'eau vient mouiller leurs pieds. La ville est entourée de plantations de palmiers et de terres excellentes pour la culture du riz. Les habitants sont polis et accueillants pour les étrangers. Il y a dans la ville un fort beau bain pourvu de fontaines d'eau froide et chaude. Il n'y a point en Egypte de ville qui, sous le rapport de la beauté et de l'agrément, puisse être comparée à Rosette. » (*Geografia*, f° 105.)

(que avions louées pour nous mener sur le Nil, jusques au Caire), ou soubz les palmiers. Et est ladicte ville assise sur le Nil, desgarnie de murailles, combien qu'elle soit de six ou de sept cens maisons, habondante en chairs, poissons, palmes, bledz, vins et aultres choses au corps humain necessaires. Les maisons d'icelle comme aultres d'Egipte sont faictes de terrasse et bricque cuytte au soleil sans aucune couverture, fors branches de palmes clissées.

Là, devant nous fut mené comme en triumphe et procession, un Grec apostat qui se faisoit Mahommetiste et renonçoit la foy catholique; et, à la fin de laquelle procession, fut mené à la musquette et circuncis.

Le fleuve du Nil (en la saincte escripture nommé Gion) est plus excellent, long et fertil que autre fleuve du monde, car il vient des haultz mons et catadupes d'Ethiopie, et attire tant de terre et de lymon avecques soy que icelluy laissé près la mer pour la reverberation d'icelle, faict le pays d'Egypte qui ne seroit que sable comme Lybie ou Arrabie. Son cours dure plus de mille lieues. En icelluy est l'isle de Merre[1] et desdictes montaignes sort ung aultre fleuve qui va vers le midy departant les Se-

---

1. L'île de Meroé, au sujet de laquelle on peut consulter le *Voyage à Meroé, au fleuve Blanc, etc., fait dans les années 1819 à 1822*, par Fréd. Cailliaud. Paris, 1826.

neges[1] affricains. L'eaue de cestuy fleuve feconde toutes choses, comme arbres qui portent ii foys l'an, la terre en laquelle on peult annuellement recueillir v ou vi fruictz successivement; et les femmes selon Bocace, elle prepare les steriles à fecondité. Quant elle se prent au fleuve, pour son espoisseur et chaleur, n'est gueres bonne à boire; mais racise en ung vaisseau de terre au soleil, n'est pas seullement délicieuse, mais salubre et sanne. En cestuy fleuve sont poissons en grande quantité, mesmement mulgectz lesquelz sallez, à grandes pilles sont envoyez par divers pays, comme le haranc de Flandres. *Item :* daulphins, concres, et aultres plusieurs poissons qui se engendrent du lymon, car ay souvent veu poissons qui se engendrent du lymon, en la partie anterieure poissons et en la posterieure lymon. Cestuy fleuve est plain de cocodrilles qui sont dragons aquatiques, longs de xx ou xv couldées, devorans hommes et bestes qu'ilz trouvent à la rive du Nil. Et ay veu les Arrabes menger desdictz cocodrilles. Ceste beste est armée de ongles, dentz, fortes escames et queue en laquelle est seante sa force principalle; et quiconque est gressé du suyf de cocodrille pourra, sans mal, aller entre les aultres.

Item : sont en icelluy tortues si tresgrandes que leurs couvercles couvrent tout l'homme.

1. Les Seneges sont les Zendjs, peuplades des Somalis et tribus nègres de la côte orientale d'Afrique.

Cestuy fleuve croist à la fin du moys de juillet jusques à trente ou XL jours continuelz peu à peu[1]. Par delà le vieulx Cayre que l'on nommoit l'antique Babilonne ou Macer, et jadis Memphiz, est au meillieu d'icelluy une coulompne en ung jardin du Souldan à laquelle on congnoist s'il croist trop ou peu[2], et selon sa croissance moderée, superflue ou petite, l'on congnoist la future fertillité ou charté du pays; ainsi l'on impose le prix és vivres. S'il croist selon qu'il appartient, le Souldan en faict feu de joye et envoye par toutes ses terres, és princes ses amys, celles bonnes nouvelles. Ce fleuve est moult loing navigable et par icelluy viennent chascun jour de Nubie, Thebaïde et de la prochaine Ethiopie nefz chargées de cinges, papegaulz et aultres nouvelletez.

Quant notre bagaige qui se menoit sur mer fut arrivé, partismes en noz germes moult belles et grandes de Rachet en montant le Nil par bon vent, en delaissant plusieurs bourgades à dextre et à senestre.

Le soir, mismes l'ancre en ung lieu nommé Foue[3],

---

1. La crue du Nil commence le 24 juin et non à la fin de juillet, comme le dit Thenaud.

2. Cette colonne est celle du Meqias ou Nilomètre; elle est placée à la pointe de l'île de Raudha en face le vieux Caire. Cf. le mémoire de M. Marcel dans la *Description de l'Égypte*, et Vansleb, *Relation de l'Égypte*. Paris, 1677, pages 64-69.

3. « Foua est une très ancienne ville sur la rive droite du Nil dans le Rif et à quarante-cinq milles de Rosette; elle est bien peuplée, le séjour en est agréable, et on y trouve en très grande abondance tout ce qui est nécessaire à la vie.

et devant noz germes estoyt au port un sancton de la loy Mahommetiste qui ne cessa de prescher jusques près le jour. Sa predication finie, les Mores luy baiserent la main en luy faisant offrende. Dessus Foue est une isle qui n'a pas deux lieues de circuyt, appartenant à la principalle femme du Souldan, qui lui vault annuellement pour l'habondance des sucres, raisins, casses, dactes et aultres fruictz qui se recueillent, cent mille ducatz. Pour ce, la nomment Zezietdeeth, c'est assavoir l'isle d'or [1].

« Les boutiques des marchands et des artisans sont belles, mais les places sont étroites. Les habitants aiment le repos et le plaisir. Les femmes y jouissent d'une si grande liberté qu'elles s'absentent tout le jour de chez elles et ne rentrent que le soir, sans que leurs maris leur adressent le moindre reproche. En dehors de la ville et l'entourant en grande partie, s'étend un vaste faubourg habité par les courtisanes.

« Les environs de Foua sont couverts de vastes plantations de dattiers. Le sol est favorable à la culture de la canne à sucre et du blé. Mais le sucre est de qualité médiocre; c'est plutôt un épais sirop, et il en est de même dans toute l'Égypte. » (L. Sanuto, *Geografia*, f° 104.)

1. « Djeziret edh dheheb (l'île d'or) est au milieu du Nil, en face de Foua. Le sol en est élevé et on y trouve toutes sortes d'arbres fruitiers à l'exception des oliviers. On y a construit un grand nombre de maisons de campagne et de beaux palais, mais les dattiers et les autres arbres forment un bois si épais qu'on ne peut les apercevoir. Le terrain est excellent pour la culture de la canne à sucre et du riz. Les habitants de l'île s'occupent de leurs travaux agricoles et du transport de leurs marchandises au Caire. » (L. Sanuto, *Geografia*, f° 104.)

« Elle (Foua) est beaucoup plus grande que Rosette, à l'opposite de laquelle y a une grande isle cultivée de cannes à succre, de sycomores, palmiers, colocasses et toutes sortes de légumes et bleds et de riz qui, entre autres choses, est de grand revenu à Egypte. » (P. Belon, *Les observations de plusieurs singularitez et choses mémorables trouvées en Grèce, Asie, Judée, Egypte, Arabie, et autres pays estranges*. Paris, 1588, page 224.)

CHAPITRE DEUXIESME

DU CAYRE ET DE LA COUR DU SOULDAN, ET COMMENT EN ICELLE FUSMES RECEUPTZ ; ET ICI EST FAICT MENTION DE LA MECQUE.

Le xxv de mars, jour de Nostre Dame auquel l'eglise Gallicane commençoit à compter mil cinq cens et XII, veismes au matin les pyramides et sepultures des roys d'Egypte qui sont à deux lieues françoyses du Cayre, et peu à peu montasmes jusques au port du Cayre nommé Boulac[1]. Audict lieu, vint à nous ung admiral de par le Souldan avecques certains mammeluz, chevaulx et asnes

---

1. « Boulaq est un très grand faubourg qui s'élève sur le bord du Nil, à environ deux milles des murs du Caire. Il y a, à Boulaq, environ quatre mille feux et un grand nombre de moulins mis en mouvement par des bêtes de somme. Boulaq est habité par de nombreux artisans et négociants en grains, en huile et en sucre. On remarque sur la rive du Nil de magnifiques maisons ; il y a aussi de fort belles mosquées et des medressèhs fréquentés par des étudiants. Le chiffre des barques qui abordent à Boulaq, après la récolte des céréales, dépasse celui de mille. On trouve là des postes de douaniers chargés de prélever les droits sur les marchandises venant d'Alexandrie et de Damiette. » L. Sanuto, *Geografia*, fol. 106 v.

pour nous conduire au logis que nous avoit assigné le Souldan, que avoit faict bastir ung sien secretaire sur une fosse du Nil, auquel six ou sept belles salles pavées de marbre, porphyre, serpentines et aultres riches pierres assises par singulier art, avecques les murailles encroustées de mesmes, painctes d'or et d'asur et riches couleurs ; les portes estoyent ornées d'yvoyre, ebene et aultres singularitez ; mais l'ouvraige surmontoit tousjours la matiere. Esdictes salles, mesmement és basses, estoyent fontaines par lesquelles venoient des baingz, eaues froides et chauldes par subtilz conduictz. L'on disoit celuy logis avoir cousté à faire quatre vingtz mille seraphs d'or, et que dedans le Cayre en avoit cent mille plus beaulx sans comparaison, dont en veiz plusieurs. Près ledict lieu, estoyent moult sumptueulx et grans jardins plains de tous fruictiers, comme citrons, lymons, cytrulles, oranges, aubercotz, cassiers, et pommes de musez ou d'Adam[1], pour ce que l'on dit estre le fruict duquel Adam oultrepassa le commandement de Dieu ; lesquelz jardins, tous les soirs et matins, sont arrousez de l'eaue du Nil que tirent beufz et chevaulx ; pour ce, il n'est jardin qui ne vaille par an à son seigneur, du moins cinq cens ou mille seraphs d'or. Près ledict Cayre en a plus de mille cinq cens.

---

1. La pomme de muse est la banane nommée en arabe *mouz*.

Les mammeluz et admiraulx qui nous conduirent banqueterent en nostre logis, et s'en allerent tous noyez de vins, car s'ilz n'estoient yvres, n'estimeroient avoir été bien festoyez. Bientost aprez que fusmes au Cayre, survint la grande carvane, c'est à dire compaignie qui estoit allée à la Mecque tant pour le faict de marchandise que pour voyager, qui estoit de cent ou six vingt mille chameaulx. Laquelle estoit conduicte par un grand Mirquebir cousin germain du Souldan et deux cens mammeluz, qui amena grande quantité d'espiceries, drogues, pierres precieuses et odeurs.

Du Caire à la Mecque a chemin de cinquante jours par desers et sables moult dangereulx, car en vent meridional, les sables se meuvent comme vagues en mer; et par le septentrional, se meuvent comme grandes montaignes. Et ne pourroit faire si peu de vent qu'il ne volette tout ainsi comme icy neyge en yver. A ceste cause, sont sur les chameaulx petites tourettes de toilles où les hommes sont receuz.

Item: faut souvent batailler contre les Arabes qui espient à deffaire les carvanes et viennent II ou trois cens mille ensemble, mais cent mammeluz à cause de leurs armes defferont toujours dix mil Arabes, car les Arabes ne sont armez fors d'une javeline et arc. Ils vont presque tous nudz et si sont petits, tanez en couleur, de contemptible stature, ayans voix femenine. Souvent l'on est XII jours sans trouver eaue; à ceste occasion plusieurs meurent de soif.

Mecque après la cité de Medinathabi¹ est de six mil maisons ou environ, destituée de murailles, mais moult forte, à l'occasion des montaignes qui l'environnent en circuyt. A deux journées est ung port de la mer Rouge nommé Zide² auquel viennent les nefz de Indie, Ethiopie, Perse et Arabie la fertille, plaines de marchandises et pelerins qui viennent en si grande quantité mesmement en May (car là sont leurs grands pardons), que en six jubilez de Romme en n'a pas tant. Toutesfoys, la sterilité de la terre assez monstre l'yre et indignation de Dieu sur icelle, parcequelle est salée et rien n'y peult fructifier. L'on n'avoit de bonne eaue à boire à son repas qu'il n'en coustat deux medins qui vallent trois carolus, parquoy, chascun jour, toutes choses necessaires sont apportées dudict port de Zide.

Au meillieu de ceste ville est une grande musquette comme le Colisée de Romme ronde, au circuit de laquelle par le dehors, se vendent les senteurs comme castor, ambre, musc, lignum aloes et aultres maintes choses dont l'air est tout odorant.

---

1. Medinet enneby (la ville du prophète), l'ancienne Yathreb, aujourd'hui Médine.

2. Le port de Djedda est à douze parasanges de la Mekke. La présence des escadres portugaises dans la mer Rouge avait déterminé le sultan Qansou Ghoury à entourer la ville, du côté de la mer et du côté de la terre, d'une muraille fortifiée qui fut achevée en 917 (1511).

On trouve, dans les voyages de Burckardt en Arabie, une description détaillée de Djedda. (*Voyages en Arabie*, traduits de l'anglais par J. B. B. Eyriès. Paris, 1845, tome Iᵉʳ, pages 1-71.)

Et l'on entroit en icelle par plus de cent portes. Au meillieu de la musquete, soubz le couvert, est une tour haulte d'une lance que les Mores disent avoir esté edifiée par Abraham[1], en laquelle l'on veoit, quant une porte d'argent qui là est se ouvrait, deux tonneaulx de basme en quoy est santé la richesse du Souldan de la Mecque qui se dit estre de la lignée de Mahommet. Toutesfoys, il obeyssait à celuy du Cayre[2].

Ceulx qui là veulent gaigner les pardons font neuf processions à l'entour de ladicte tour, et baysent sept boucles à chascune fois, qui sont au circuyt de la tour; puis, vont à une aultre tour au meillieu de laquelle est ung puys profond de soixante brasses, duquel huict hommes tirent eaue mal odorante pour la voyne du salnitre qui là est[3], et sur ung chascun gettent trois brocz de ladicte eaue; et lors

---

[1]. La Kaabah. Les pèlerins doivent en faire le tour sept fois; trois fois en courant très vite, et quatre fois en marchant lentement. Ils doivent, à chaque tour, baiser la pierre noire incrustée dans la paroi du mur, à l'angle nord-est de la Kaabah. Cette cérémonie porte le nom de *Thewaf*. Burckardt a donné de la Kaabah une description fort exacte dans ses *Voyages en Arabie*, traduits par M. J.-B.-B. Eyriès. Paris, 1835, tome Ier, pages 177 et suivantes.

[2]. Le chérif de la Mekke, à l'époque où Thenaud se trouvait au Caire, était Abou Nema Mohammed, de la famille des Beni Qitadèh dont l'origine remontait à l'imam Hassan, fils du Khalife Aly.

[3]. Le puits de Zemzem. La description donnée par Thenaud est exacte. Sans recourir aux textes orientaux, on peut consulter encore les *Voyages en Arabie* de Burckardt, tome Ier de la traduction française de M. Eyriès, pages 190-92.

ilz cuydent estre purifiez et absoubz de tous leurs pechez. Après ce, vont en une montaigne près la Mecque où sacrifient à Dieu et au patriarche Abraham quelques moutons qui sont distribuez aux pauvres qui là sont en nombre moult grant, car ordinairement y sont trente ou XL mille belistres. Aussi tel jour est qu'ilz se distribuent plus de XL mille moutons.

En Medinathaby est une grande musquette en laquelle est le corps Mahommet; en icelle bruslent ordinairement trois mille lampes. Mais avant que l'on entre au lieu où il est (non mie eslevé en l'air et soustenu par pierres de aymens, car il est tombé, et ores est en ung tombeau moult riche qui se peult ouvrir et fermer), l'on trouve les sepulchres de ses aliez, c'est assavoir de son gendre Haly[1] qui fut marié à sa fille Fatome, de Bucabar cardinal qui se apostata de nostre saincte foy pour à luy se joindre, de Othaman et Amumar, capitaines de son armée, et de sa

---

1. Le Khalife Aly, assassiné à Koufah, fut enterré à Nedjef. Les tombeaux qui se trouvent auprès de celui de Mahomet, dans la mosquée de Médine, sont ceux d'Abou Bekr (Bucabar), d'Omar (Amumar) et de Fathimah (Fatome), fille de Mahomet et femme d'Aly. Osman (Othaman), le troisième khalife, n'est point enterré dans le mosquée, mais dans un terrain qu'il avait acheté dans le cimetière de Baqy. Le nom de Baasse me paraît être une corruption de celui de Aychèh, fille d'Abou Bekr et femme de Mahomet. Ses restes ne furent point déposés dans la mosquée, mais dans le cimetière de Baqy. On trouve le plan de la mosquée de Médine dans le *Sefer Namèh* de Nassiri Khosrau, Paris, Leroux, 1882, page 162, et dans le *Khoulacet oul wefa* ou histoire de Médine, par Noureddin Aboul Hassan Semenhoudy, édition du Caire, 1285 (1868), page 162.

femme Baasse. Ilz ont trouvé plusieurs livres où sont les prophanes vies et desloyalles traditions dessusdictes si trescontraires et diverses que entre eulx sont soixante sectes pour lesquelles garder, souvent s'entretuent comme bestes. Aulcuns vont audict lieu offrans tous leurs biens pour seullement veoir le corps dudict prophane Mahommet; ce que ne veullent octroyer les cadiz du lieu, se leur bien ne se monte à plus de cinq mille seraphs d'or qu'il convient donner. Aussi convient qu'ilz promettent qu'ilz auront les yeulx crevez et pochez leur voyage faict, affin que des yeulx dont auront veu celuy à la contemplation duquel Dieu a faict toutes choses visibles et invisibles (selon leur dire), ilz ne voient aultre chose moindre, ce que tollerent et desirent plusieurs folz desquelz en ay veu plusieurs.

Despuys douze ans en ça, ladicte musquete fut fulminée et presque toute bruslée, dont les Sarrazins furent tellement scandalizez que la plus grande partie d'eulx vouloit prendre la foy chrestienne[1]. Mais

---

1. La date donnée par Thenaud pour l'incendie de la grande mosquée de Médine n'est point exacte. A l'aube du treizième jour du mois de Ramazan de l'année 886 (1481), la foudre tomba sur la partie latérale de la mosquée, au moment où les muezzins appelaient les fidèles à la prière du haut des minarets. Tous les efforts du gouverneur de la ville, des serviteurs attachés à la garde du tombeau et des habitants ne purent éteindre l'incendie. Une partie des bâtiments et la bibliothèque furent réduites en cendres, et un certain nombre de personnages de marque périrent dans cette catastrophe. (*Histoire de la ville de Médine* par Noureddin Aboul Hassan Semenhoudy, Caire, 1285 (1868), pages 167, 168.)

subitement les cadiz et sanctons prescherent que pour les grandz et enormes pechez qui se faisoyent au monde, Dieu vouloit totallement les destruire; mais que Mahommet avoit prié Dieu que son ire fut tournée du tout sur sa maison et qu'il pardonnast à sa femme et au peuple et que, en testification et asseurance de sa paction acceptée, la fouldre cheut sur sa musquette.

Quant la carvane du Cayre va en la Mecque, le Souldan envoye drapz d'or et aultres maintes nobles choses pour enrichir le sepulcre de Mahommet[1]. Et le Souldan et les cadiz de la Mecque luy renvoyent l'Alcoran et de l'eaue du puys d'expiation et ung chameau qui seullement porte le dict livre et eaue. Mais, le chameau venu, pour qu'il ne soyt prophané ny à aultres usaiges mis, il est par le Souldan occis, departy et distribué à ses amys pour estre singulierement et solonellement mengé. L'on cognoist tous les chameaulx qui ont faict le voyaige susdict de la Mecque à certaines chesnes que l'on leur mect sur les piedz pour decoration et congnoissance.

Nous passasmes doncques au Caire IIII ou v jours le temps à veoir entrer la carvane dans la ville.

---

1. Les draps d'or dont parle Thenaud n'étaient point destinés au tombeau de Mahomet. Les soudans d'Égypte envoyaient chaque année à la Mekke le *Kiswêh* ou étoffe destinée à couvrir la Kaabah. Elle était, et est encore de nos jours, en étoffe de soie noire et les lettres des versets du Qoran dont elle est décorée sont tissées en fil d'or.

Le IIIIe jour après notre venue audict lieu du Caire, le Souldan nous envoya presens, c'est assavoir moutons à la grant queue; et fault sçavoir qu'il n'est si petit mouton dont en la queue n'ait plus de x livres de chair; aulcuns sont de xxv, xxx et xl livres, au porter et traisner desquelles les moutons travaillent moult : pour ce, on leur faict petites charrettes ésquelles reposent leurs queues, qu'ilz trainent par leurs cornes. *Item :* nous envoya le Souldan oysons, poulaille, beurre, ris, sucres, miel et fruictz. Puis envoyerent les nostres ung beau present au Souldan vaillant deux mille ducatz, tant en vaisselle d'argent, draps de soye, escarlates, draps de layne et pelleteries que linge, et fist donner le Souldan à maistre Pierre Burdelot et Valeriolle qui avoyent conduit les porteurs dudit present vingt seraphs d'or.

Le Souldan donna la premiere audience à l'ambassadeur le vingt et huitiesme de mars qui estoit un lundy. Le soir, quand estoit venu le truchement pour sçavoir combien nous failloit de chevaulx, auquel l'ambassadeur qui sçavoit le nombre de sa famille, en demanda huict.

Perotz de Peretz, capitaine de la nef avecques ses marrans se esleva contre l'ambassadeur en disant qu'il en auroit doncques quatre pour luy, veu qu'il estoit ambassadeur comme luy; et disoit qu'il avoit quelque charge specialle et secrete du Roy pour dire au Souldan, parquoy il seroit preferé ; et peu s'en faillit que, celuy soir, n'y eust en nostre logis grosse noise et effusion de sang. Le jour ensuivant, ledict de Peretz et quatre marrans se saisirent de chevaulx, si que force fut que le prothonotaire de sainct Soubran maistre Pierre du Boys, homme en toutes vertuz et sçavoir consommé, et maistre Pierre de Nouveau que honnorable seigneur, messire Florimont Robertet tresorier de France[1] avait là envoyé, demourassent au logis qui fut tresgrant ennuy à toute la compaignie, autant qu'ilz estoient plus metables et mieulx en poinct que les marrans. Dès le point du jour, fusmes à cheval conduictz par ung admiral, par le truchement du Souldan et cinquante mammeluz. Après ce que eusmes oultrepassé une grande rue aussi longue comme celle de Paris qui est de Sainct Jacques à Sainct Denis, tant continuellement plaine de monde que est la salle du Palais de Paris ès jours que arrestz sont pronuncez, vinsmes au palais du Souldan qui n'est gueres moins spacieulx que la ville d'Orleans, à l'entrée duquel furent tirées deux bombardes ; et estoient plus de cinquante menestriers de divers instruments. Puis que l'admiral de la porte eut esté salué, oultrepassasmes une court en laquelle estoient bien cinq cens mammeluz en

---

[1]. Florimond Robertet, d'abord conseiller à la chambre des comptes du Forez, fut, sous Charles VIII, Louis XII et François Iᵉʳ, trésorier de France et secrétaire des finances. Il mourut en 1522.

ordre, avecques leurs longues robes blanches et tocques rondes vertes et noires, au meillieu desquelz passasmes. Nous oultrepassasmes de rechief une aultre grande court; à l'entrée, estoient plusieurs harnoys et machines pour abbatre murailles, armeuriers et frebisseurs; là estoient mille mammeluz en ordre entre lesquelz nous passasmes. Finablement, fusmes en la IIIe court où estoient environ II mille mammeluz mieulx en poinct que les aultres. Et au chief de la dicte court, sur une haulte pierre richement tapissée estoit le Souldan, assis les jambes ployées, comme sont cousturiers en leurs ouvreurs; à costé de luy estoit un pavillon pour que le soleil ne luy touchast; devant luy estoit la terre couverte de tapis, bien vingt piedz en carré. Sa robe estoit de tafetas jaulne et avoit en sa teste une faciolle de fine toille d'Ynde moult haulte, laquelle faisoit six longues et larges cornes dont deux estoient sur le front, aultres deux à dextre, aultres à senestre. Vers sa partie droicte, sur lesdictz tapiz estoient six grands admiraulx ayans vestemens comme luy, les piedz nudz, et autant vers la senestre. En ladicte court, luy fismes trois porfundes reverences en attouchant du bout des doys la terre, puis les baysans. L'ambassadeur s'aprocha jusques au bout du tapis et non plus; le truchement presenta les lettres du Roy au Souldan, lesquelles passerent premierement par les mains de tous les admiraulx; puis, quant le Souldan eut rompu le seel d'icelle, il en fit à tous monstre. Il envoya par trois fois demander comment se portoit le Roy : combien avoit que estions partis de France, et comment nous avions tant demeuré. Et responces à toutes ses demandes par l'ambassadeur sagement faictes, nous dist que eussions à faire bonne chere, et que estions aussi seurement en ses terres comme en France en noz propres manoirs.

Ceste cité du Cayre mesmement celle qui aujourd'huy se dit le vieulx Cayre, jadis se nommait Memphis, comme dict est, qui estoit la demeurance de Pharaon et encores jusques huy, se monstroit le lieu auquel Moyse fist mains prodiges et signes pour la delivrance de son peuple; puis fust nommée Babiloine de ceulx que Cambises translata de la grande Babiloine d'Assirie en Egypte. A ceste cause, le Souldan se intituloit roy de Babiloine : finablement se nomma Macer et ainsi signifie cité. Ceste cité unie et assemblée est trois foys aussy grande que Paris et peuplée cinq fois plus ; et croy que en ycelle se brusle autant d'huylle qu'il se boyt de vin à Orleans, qui se fait de semence de carthame, car au Cayre sont vingt mille musquettes en chascune desquelles, l'une aydante à l'autre, trois cens lampes ordinairement ardent. Puys, il n'est chambre en toute la cité où soit demeurance, que toute la nuict, la lampe ne brusle : par toutes les rues, sont semblablement lampes et flambeaux toute la nuyct ardans, dont ce n'est merveilles si tant d'huylle consommoit; et jamais n'y eust de chandelle de suif, mais seullement d'huyle et de cire blanche. Ilz sont necessiteuz de bois; pour ce font cuyre leur pain et viandes de fiantes de bestes, de branches de palmiers et de terre meslée avecques paille. Leurs cuysines se font en public ès rues, si sallement que en avions horreur, et là mengent allans et venans. Le vin est moult chier et coustoit trente seraphs la botte, pour autant qu'ilz gastent les vignes pour ce que l'usaige du vin en leur loy est deffendu; nonobstant ce, ilz en boivent sans mesure quant en peuvent finer. Mais dedans le Cayre sont cent mille hommes qui portent à leur cou, en peaulx de chievres, l'eaue à vendre et cinquante mille chameaulx pour la porter ès maisons et ès rues que l'on arrouse soir et matin pour refraichir la ville. A ceste cause, la ville n'est pavée. Toutes choses presque se vendent à la livre comme chair, poisson, huille, myel et fruictz dont est habondance. Sur ladicte cité et au circuit, l'on voit plus de cent mil millans, et n'est licite de les chasser ou tuer, car ilz nectoient la ville et les immundicitez du Nil, qui pour sa grandeur ne pourroit estre nectoyée, car s'il est aulcun cadavre, comme beuf, chameau ou cheval mort, il sera mis en rue ou en quelque lieu de leurs maisons auquel les millans pourront voller, lesquelz descendront en si grande multitude, que deux heures après, ne demourront fors les ossemens. Souvent ay veu qu'ilz ostoient de la main la chair que l'on apportoit de la boucherie quant n'estoit bien tenue et contregardée.

Ceste ville est plus riche que aultre pour la fertillité du pays et habondance de marchans qui y viennent chascun jour. Car y font baasas[1] et halles appropriées à chascune marchandise en particulier, comme la halle d'or et d'argent, la halle des senteurs, des pierreries, des soyes, des toilles, des drogues, des tappiz et ainsi de toutes choses.

Item : sont les baasas et fondictz des nations particulieres comme de Turcqs, Jamien[2], Moresgabins[3], Indiens, Persoys et d'aultres maintes. L'on nous recitoit que dedans le Cayre se trouveroient deux cens marchans riches chascun d'ung million d'or, et deux mille, riches chascun cent mille seraphs, mais ilz n'osent manifester leur avoir et tresor pour la tyrannie quotidianne que faict le Souldan et les admiraulx et mammeluz sur les riches. Ung juif grant amy du Souldan et qui estoit maistre ou fermier de sa monnaye de laquelle donnoit chascun jour mille seraphs d'or, par autant que ès nopces d'une sienne fille avoit faict tuer pour sumptuosité ung girafle, fut rançonné de huict cens mille seraphs, et encores demoura riche.

1. Bazars.
2. Yemenis, habitants du Yémen.
3. Magrabins, originaires des pays du Maghreb, Tunisie, Algérie et Maroc.

Le palais du Souldan et ses jardins est chose en beaulté, richesse et magnificence digne d'admiration. En icelluy sont ordinairement et pour sa garde, levans, boyvans, mengeans, dix mille mammeluz et autant de chevaulx. En la ville, sont bien aultres dix ou vingt mille à chascun desquelz doibt le Souldan, par moys, la valleur de dix seraphs d'or[1]. Sur les mammeluz sont les admiraulx de trente lances, de cent et de mille. Celluy admiral qui a trente mammeluz soubz soy a gaiges de trente mammeluz, et celuy de cent lances autant de gaiges comme cent. *Item* : celuy de mille autant que mille. A ceste cause fault tresgrant tresor au Souldan pour payer et contenter ses gens qui vouldroient chascun jour, si possible estoit, avoir nouveau Souldan pour ce que à l'incroissement du nouveau, chascun mammelu reçoipt cent ou ii cens ducatz[2].

1. Pierre Martyr d'Angheria, ambassadeur de la reine Isabelle et du roi Ferdinand auprès du sultan Qansou Ghoury, nous apprend qu'en 1502 chaque mamelouk recevait tous les mois une paie de six echrefis et un quart, et chaque jour, trois rotls (livres) de viande, du pain pour lui et trois domestiques et une ration d'orge pour deux chevaux. « Cuilibet enim ipsorum pecuniarius census per singulas lunas (a luna namque menses computant) drachmarum auri sex et quadrantis præbetur. Alimoniæ vero quotidiana Mameluchi portio tantum hordei est, quantum duobus equis sufficiat alendis. Carnium autem libræ, eorum more, tres in singulos dividuntur... Panis vero ea datur portio, quæ ipsi et tribus ministris supperat. » (Petri Martyris ab Angheria... *De legatione Babylonica libri tres*. Basileæ, 1533, fol. 84, r°.)

2. Le don de joyeux avènement que chaque nouveau sultan faisait distribuer aux émirs et aux milices s'appelait Nafaqah. Sultan Ghoury, ne pouvant payer une somme aussi considérable au moment où il fut élu, avait

Le revenu du Souldan comme il le faisoit valoir tant d'Egipte, Arrabie et Sirie, estoit montant jusques à ix millions d'or, et l'on disoit que celuy qui pour lors estoit Souldan avoit en ses tresors lx millions d'or; et depuis x ans que estoit Souldan, n'estoit party trois foys du palays de paour que aultre ne prist sa place et ses tresors, et que on luy fist comme il avoit faict à ii aultres qui avoyent esté avant luy Souldans dont l'ung estoit en prison en Alexandrie enchesné par le col corps et jambes [1]. Et chascun Souldan faict bastir une musquée et la dote, près laquelle il edifie sa sepulture magnificque.

Le cymetiere du Cayre est moult grant [2] combien

---

obtenu un délai de huit mois. « Vetus est enim apud ipsos consuetudo, ut quicumque assumuntur in regni habenas, singulis mameluchis drachmas auri centum in strenas, proceribus vero pro cujusque gradu diversa millia, impartiantur. Quod donativum ipsi vocant Naffacà, ultima acuta... Gauro respondent : Bono animo sit : octo se menses, donec ex regnorum proventibus pecuniam colligat, expectaturos suum quisque naflacà, pollicentur. » (*De legatione Babylonica libri tres*, fol. 86, r°.)

1. Des deux soudans dont parle Thenaud l'un est Melik el Achraf Djanboulat qui, après avoir régné pendant neuf mois, fut assiégé dans la citadelle du Caire par les émirs révoltés, fait prisonnier et envoyé chargé de chaînes à Alexandrie (1500). L'autre est Melik el Adil Touman Bay qui régna pendant neuf mois et dix jours. Il fut détrôné et réussit à se cacher pendant quelque temps. Sa retraite ayant été découverte, il fut massacré par les Mamelouks (1501).

2. La grande nécropole du Caire est celle de Qarafah. Elle s'étend au sud et à l'est de la ville sur une longueur de plus d'une lieue. Elle doit son nom aux Qarafah, fraction de la tribu des Beni Ghousn ben Seïf qui y avaient établi leur campement. C'est dans cet immense cimetière que s'élèvent les tombeaux de l'imam Chafey, fondateur de l'une des quatre sectes orthodoxes de l'islamisme, de Oumm Qassim, d'Ibn Thouloun et des grands

qu'ilz soyent plus de cent cymetieres particuliers, pour ce que les Sarrazins veullent estre mys en terre vierge où, pas avant, nulz aultres corpz ayent esté; et le plus grant deplaisir que on leur pourroit faire est monter sur les tombes de leurs deffunctz.

Chascun vendredy, les femmes vont visiter les sepultures de leurs deffunctz sur lesquelles jectent grant quantité de senteurs, comme jasmin, baselic, roses, huylles et eaues odorantes; et disent icelluy jour, les ames des deffunctz se repaistre de senteurs.

En ceste ville du Cayre sont plus de x mille Juifz qui ont leurs rues, sinagogues et marchés[1] et plus de x mille Chrestiens, tant Suriens, Copthes que Jacobites qui ont maintes eglises; entre aultres est Nostre Dame de la Coulompne en laquelle repose le corpz de saincte Barbe que S. Georges delivra du dragon[2]. Aussi de Nostre Dame la haulte où est le

---

personnages morts au Caire. La population s'y réunissait à l'époque de certaines fêtes. Les anciens voyageurs donnent à cette nécropole le nom de « la Caraffe. »

1. Le quartier juif dans lequel se trouvent dix synagogues s'étend depuis le Moristan jusqu'au pont du Mousky. La rue principale porte le nom de *Haret es Seqalibéb* (quartier des Esclavons ou des Slaves).

Les quartiers habités par les chrétiens coptes et grecs portent le nom de *Haret en Noussara* et de *Haret er Roum*.

2. L'église de Nostre-Dame de la Coulompne ou la haute et celle de Sainte-Barbe sont deux églises distinctes. « La première église, dit Vansleb, est celle de Maallaca. C'est une église fort ancienne, magnifique et très claire, et je puis dire que c'est la plus belle que les Coptes ayent en toute l'Égypte. Les Coptes l'ont achetée de Amrou ibn el Ass, comme on peut

corpz de celluy sainct qui fist devant ung Souldan remuer une montaigne d'ung lieu en aultre pour qu'il cogneust la verificacion d'icelluy texte evangelicque : *Si habueritis fidem sicut granum sinapis*, etc.

A deux journées du Cayre est ung pays nommé Menfeluto auquel est ung monastere de Jacobites

voir le contract écrit sur les murailles de cette église de la main propre de ce prince, maudissant tous les Mahométans qui la voudront ravir. A l'entrée de cette église, on y voit sur une des colonnes qui sont à la main droite, une petite image de la sainte Vierge que les Coptes disent avoir parlé à Ephrem, l'un de leurs patriarches, le consolant qu'il estoit fort affligé à cause que Meez le din alla, calife de ce temps, luy avoit commandé de transporter la montagne nommée Djebel il Mocattam qui est derrière le chasteau du Caire d'un lieu à un autre, pour prouver la vérité de sa religion fondée sur les paroles du Sauveur qui dit dans son Évangile : *Si habueritis fidem sicut granum sinapis, dicetis monti huic, transi hinc illuc et transibit et nihil impossibile erit vobis*; le menaçant s'il ne la transportoit pas de détruire entièrement sa nation comme des gens qui professoient une fausse religion et qui ne méritoient pas de vivre parmy eux qui estoient fidèles. Et à cause que cette image a parlé à leur patriarche, le consolant et l'assurant qu'il transporteroit la montagne en dépit des Juifs qui avoient irrité le calife contre eux, ils la tiennent en grande vénération. » (*Relation d'Égypte*. Paris, 1677, in-12, pages 237-238.)

« L'église de Sainte-Barbe où, à ce que me dit mon conducteur, repose le corps de cette sainte, à main gauche de l'Heckel. Elle est grande et fort claire, et à cause de sa clarté, elle me sembla plus agréable que toutes les autres. » (*Relation d'Égypte*, page 239.)

L'église qui renferme les restes de saint Ephrem est celle de Mar Mon cure, dans le quartier du Patriarche. « Elle avoit esté ruinée par les Mahométans et changée en un magazin de cannes à sucre; et elle estoit demeurée en cet estat jusqu'au temps du Patriarche Ephrem, qui du temps du calife Meez le din alla ayant, par un miracle de Dieu, transporté la montagne appellée *Djebel il Mocattam* qui est derrière le chasteau du Caire pour prouver que la religion chrestienne estoit la véritable et celle des Juifs et des Turcs fausse, obtint de ce calife un ordre à la chambre de *Beit il mal* ou *Trésor des biens des défunts* que de ce trésor, on rebâtiroit cette église avec tous ses bâtiments autour. » (*Relation d'Égypte*, page 242.)

que les Mores appellent Elmaroch et nous aultres Sainct Macaire, auquel me fist conduire leur patriarche parlant de grant saincteté et perfection (le scisme qu'il a contre l'eglise Romaine sequestré[1]).

Nous veismes hors du Cayre deux choses dignes de memoire, c'est assavoir les anciennes sepultures des roys d'Egipte que on nommait pyramides qui sont delà le Nil, en Lybie, à deux lieues du Cayre, qui sont nombrées entre les merveilles du monde et non sans cause; car celle de Champnis ou Cheopis qui est la plus haulte et grosse mais la moins sumptueuse à l'accomplissement de laquelle (selon que recitent noz hystoriens), besognerent diligemment II cens mille hommes, XXII ans; et y sont tant de pierres si grosses, pollies et bien assises que je croy que en deux citez comme Paris n'en auroit tant; et toutes les choses les plus sumptueuses du Caire comme pontz, arceaulx ont esté faictz de la pierre que l'on a ostée pour trouver l'entrée d'une qui estoit ouvrée. Je fuz à la syme d'icelle et au dedans avecque Monsieur de Soubran, Maistre Françoys de Bon

---

[1] « La ville de Manfalout, capitale d'un district qui s'étend dans la Haute-Égypte sur la rive gauche du Nil, est à une distance plus considérable du Caire. Au XVIIe siècle, on mettait sept jours pour se rendre de cette ville à Manfalout. Il y avait autrefois, dans ce district, vingt et un couvents et églises. Le couvent de el Mouharraq (el Maroch) est situé non loin de celui des Abyssins sur la rive occidentale du Nil. Ces couvents portent aujourd'hui le nom de Deir el Abiad (le couvent blanc) et de Deir el Ahmar (le couvent rouge). » (Vansleb, *Nouvelle relation*, page 361 ; Quatremère, *Mémoires géographiques sur l'Égypte*, Paris, 1811, tome I, pages 217-219.)

Jehan et plusieurs aultres, mais quant tout fut visité, dismes que l'edifice n'estoit pas seullement digne d'estre nommé merveille, mais incredible. Les deux aultres, dont l'une fut edifiée par le filz du dict Champnis ou Cheopis et l'autre par Rhodopée, ne sont ouvertes. Prés icelle fut faicte la statue de Isis qui se monstroit plus haulte que les tours Nostre Dame de Paris, dont le chief paroist encores[1]. Aultres sepultures se monstrent à sept lieues de là en allant et montant le Nil, esquelles ne fusmes pas.

De l'autre costé du Caire, en allant vers Orient est ung villaige nommé la Matharrée[2], auquel paste ne peult jamais lever, ny pain estre fermenté pour ce que les femmes dudict lieu respondirent à la glorieuse vierge Marie quant s'estoit absentée de Judée pour la persecution d'Herodes, qui demandoit du pain, que leur paste n'estoit levée. Là est ung gros figuier qui se ploya pour luy donner de son fruict quant soubz icelluy estoit assise, duquel les Mores

---

1. Le sphinx auquel les Arabes donnent le monde Aboul Houl (le père de la terreur). Tous les voyageurs européens qui ont visité l'Égypte au Moyen âge en ont donné une description. On peut consulter celle qu'Abdellatif a faite dans la *Relation de l'Égypte*, traduite par M. Silvestre de Sacy. Paris, 1810, pages 179, 180, 225. Vansleb, *Nouvelle relation*, pages 144-145.

2. « La Matarée est l'ancienne Héliopolis appelée par les Arabes Aïn ech Chems (la source du soleil). Le jardin où l'on cultivait les arbres produisant le baume a été décrit par tous les voyageurs qui ont visité le Caire jusqu'à la fin du XVIe siècle. Les musulmans avaient adopté la légende chrétienne relative aux vertus de l'eau du puits de la Matarée. » (Abdellatif, *Description de l'Égypte*, pages 89 et 90.)

se parfument quant sont mallades, en croyant obtenir prompte santé, au devant duquel est une lampe ardante. Cestuy figuier comme aultres d'Egipte porte toutes les saysons de l'an fruictz, non mye ès rameaulx, mais ès vieulx troncz et branches¹. Là près est une fontaine profonde en laquelle ladicte tresglorieuse Vierge refraychisoit le linge de Nostre Seigneur, de laquelle l'eau est tirée pour arrouser le jardin de basme; mais à tel jour qu'elle arriva, l'eaue surcroist par dessus la marzelle, tellement que tout le lieu en est arrousé. Ce que veiz en compaignie de deux mille chrestiens de la saincture, le jour de l'Ascension Nostre Seigneur.

Le basme qui là croist est le meilleur du monde, si que celuy d'Indie ou d'Arrabie la fertille n'est tel. Le bon basme se cognoist à maintes choses: premièrement, car il est ferme et nectoye bientost les playes qui sont fresches. *Item*: il oultrepasse la main quant ung cousté est frotté. *Item*: quant une goutte est mise en eaue, elle descend tout entiere au fond et avec une espingle, toute entiere est remontée. *Item*: si ung faye de poullaille ou aultre chair est gressée, jamais ne pourrist².

---

1. Ce sycomore tomba de vieillesse en 1656 et les religieux de Terre-Sainte en ramassèrent les branches qu'ils conservent dans la sacristie de leur église au Caire. (Vansleb, *Relation de l'Égypte*, page 234.)

2. Prosper Alpin, qui résida pendant trois ans au Caire (1580-1584) en qualité de médecin du consul de Venise, a composé sur le baume un traité auquel il a donné le titre de : *De Balsamo dialogus. In quo veris-*

Pour lors que fusmes audict jardin n'en avoit que ix ou xii seps, car peu avoit que tout estoit gelé, combien que les Mores attribuassent ce à la fedité et puanteur d'aulcuns Juifz qui là avoient esté introduitz en habit simulé, car les Mores ne veullent que Juifz entrent audict lieu.

Les vestemens des Mores sont simples et sans curiosité, faictz de fine toille ou de soye contrepoinctée avecques cothon au meillieu. Bien peu d'eulx portent drap; leurs chausses sont de toille, clouses comme chausses de mariniers, et telles les portent leurs femmes avecques brodequins et patins ou souliers painctz et dorez. Jamais les femmes ne vont par la ville la face descouverte, mais au devant ont quelques toilles qui les couvrent, si qu'elles ne soient regardées ne desirées. Aussi quant les mammeluz sçaivent quelque belle femme ou fille en une maison, ilz entreront en ycelle et dechasseront peres, meres, freres, marys et parens pour mettre leurs iniques desirs à execution. Et combien que plusieurs Souldans ayent travaillé et imposé peines pour abolir celle griefve tirannie, nonobstant ce, de plain midy, vont plusieurs mammeluz la face couverte,

---

sima balsami planta, opobalsami, carpobalsami et xilobalsami cognitio plerisque antiquorum atque juniorum medicorum occulta nunc elucescit. Venetis, 1591. Cet ouvrage a été traduit en français par Antoine Colin de Lyon et il forme la seconde partie de son *Histoire des drogues, espiceries et de certains médicaments simples qui naissent ès Indes et en Amerique*. Lyon, 1612.

qui font grans griefz et oultraiges; et n'est permis ou licite és Mores soy deffendre ou rebeller, mais endurer; car quiconque bat ung mammelu soit à droit, soit à tort, il perdra l'œil et la main.

Souventesfois despuis, fusmes vers le Souldan et traictoit l'ambassadeur la paix entre luy et messieurs de Rhodes, la liberté des pelerins et marchans et le retablissement des freres és lieux sainctz. Mais le consul des Peretz qu'il print pour truchement, parloit au Souldan de ses affaires particuliers, quant on le faisoit parler du faict de l'eglise et du bien public. A ceste cause, plusieurs ennuyez des despences et longue demeure, cognoissans aussi qu'il y avoit quelque fallace et tromperie de tant demourer sans rien faire (car les Venissiens qui estoient venus aprés nous, c'est assavoir le xxviiime de may furent expediez, jouxte leur desir, dés la my juillet), delibererent faire selon que Dieu leur conseilleroit et prendre aultruy party. Ores est il que une carvane allait au Tour, port de la mer Rouge qui est deux journées du mont Sinay[1]. Et pour ce, deliberay pour

---

[1] Les navires chargés d'épices venant de l'Inde et de Djeddah abordaient autrefois à Thor et y débarquaient leurs cargaisons. Elles étaient transportées par caravanes au Caire et à Alexandrie. « Ibi etiam videbatur, dit Baumgarten, nominatissimus ille portus maris rubri *althor* nuncupatus : ad quem omnes naves speciebus refertæ aromaticis ex India applicant, atque ex inde camelis per desertum in Alexandriam delatæ, tandem terra marique in totum pene dividuntur orbem. » (*Peregrinatio in Ægyptum, etc.*, p. 61.; « Touchant la villette de Tor qui luy est opposite, elle est aussy garnie d'un petit chasteau, mais plus joly que celui de Suez, environné seulement

la singuliere devotion que avoie à la glorieuse vierge et martire saincte Katherine veoir iceluy lieu; par quoy, me retiray au logis des caloyers et moynes du dict mont qu'ilz ont au Cayre, où demouray deux jours; puis, avecque aulcuns Arrabes esquelz (par leur conseil) avions marchandé pour nous mener à saincte Katherine et ramener, c'est assavoir Maistre François de Bon Jehan, deux aultres pellerins qui moururent par delà, l'ung au Tour, l'aultre en Alexandrie au retour, et moy partismes du Cayre et vinsmes en ung lieu nommé Hanque, aultrement la Canique. Et croy que en la saincte Escripture, c'est Ramesses[1]. Et là, trouvasmes le bon seigneur de la

---

de quatre tourasses de pierre de taille sans estre aucunement fossoyé et est un peu plus frequentée de chrestiens nestoriens, armeniens, maronites qui y vivent avec les Arabes paisiblement. » (Thevet, *Cosmographie*, fol. 141 v°.) Belon, dans la relation de son voyage, donne une longue description de Thor. Il nous apprend qu'à l'époque où il s'y trouvait (1546) il s'y formait encore des caravanes qui transportaient au Caire « le poyvre, le gingembre, muscades, girofles, laque, sang de dragon et macis. » (*Les observations de plusieurs singularitez et choses memorables trouvées en Grèce, Asie, Judée, Arabie, Egypte et autres pays estranges* par P. Belon du Mans. Paris, 1588, in-4. pages 289-290.) Thenaud donne, plus loin, une description de cette petite ville dans laquelle il s'arrêta à son retour du Sinaï.

1. « Khanqah, grande ville située sur la limite du désert que l'on traverse pour se rendre au Sinaï, est à la distance d'environ six milles du Caire. On y remarque de belles maisons, de superbes mosquées et quelques collèges. L'espace qui la sépare du Caire est couvert de bois de dattiers, mais depuis Khanqah jusqu'au port du Sinaï on ne rencontre, sur une étendue de cent quarante milles, aucune habitation. De Khanqah partent deux grandes routes se dirigeant l'une vers l'Arabie, l'autre vers la Syrie. » (L. Sanuto, *Geografia*, fol. 108.) N. Baumgarten, qui fit le voyage du Sinaï cinq ans avant Thenaud, partit aussi de Khanqah qu'il appelle Alcanica. « Est autem Alcanica

Roche Aymon¹ qui attendoit la carvane au partir. Audict lieu (en grant ennuy), fismes la Feste Dieu et passasmes plusieurs jours.

Le samedy après ladicte feste vint le viguer de Castres en guise de mammelu qui alloit en Hierusalem avecques ung patriarche de Grecz qui me apporta lettres de l'ambassadeur indicatives de maintes choses comme de la journée de Ravenne, de la mort de monsieur de Foucz² et d'ung prodigieux monstre qui nasquit audict lieu; imperatives aussi que allasse à luy pour autant qu'il devoit prendre le voyage de Rhodes, pour traicter l'apoinctement au moyen de quoy avoit esté envoyé, et me mandoit qu'il avoit à me dire certaines choses. Tant pour luy obtemperer que pour mettre mes besongnes en seureté, m'en retournay au Cayre; et cependant, partit la carvane pour le Tour. Puis, je sceu comment une aultre plus grande carvane qui estoit de douze mille chameaulx alloit au Tour; pour ce, fis marché à aulcuns moucherons³ ou vesturiers d'Arabes pour me conduire et raconduire et me mis seul

---

opidum et amplum et populosum admodum, sed, ut reliqua Ægypti, immunitum. Distat duobus nostris a Cayro miliaribus, Nilo et arenoso deserto continguum. » (*Peregrinatio*, page 52.)

1. Antoine de la Roche Aymon, seigneur de Saint Maixent, La Vau et du Breuil. Il avait épousé en 1499 Jeanne de Salainhac (Salignac); il mourut en 1538.

2. Gaston de Foix, duc de Nemours, lieutenant général de Louis XII en Italie, perdit la vie à la bataille de Ravenne, le jour de Pâques de l'année 1512.

3. Le mots moucheron, mauqaron, moulcre sont la corruption du mot

de chrestiens en la carvane des Arabes qui estoit de sept mille chameaulx, laquelle partit le xiiie jour de juing du Cayre.

---

arabe *mekkary* (loueur) qui désigne les muletiers ou conducteurs des bêtes de somme employées au transport des voyageurs et des marchandises.
Dans les relations plus modernes, *mekkary* est tranformé en *moucre*.

CHAPITRE TROISIESME

LE VOYAGE DU CAIRE A SAINCTE KATHERINE ET LE RETOUR AUDICT CAIRE.

Le treziesme de juing de l'an mille cinq cens et douze, partys du Cayre avecques la carvane des Arabes et Mores pour voyager au mont Sinay. Icelluy jour, demourasmes près la ville de Hanque jusques à laquelle le Nil redonde. Le jour ensuivant, entrasmes és desers d'Arabie. Et doibvons sçavoir qu'il y a trois Arabies : La Petreuse, la Deserte et la Fertille.

La Petreuse est celle qui est d'Egipte au mont Sinay et du mont Sinay en Hierusalem et Damas, laquelle est environnée de montaignes èsquelles sont caues, mais non mye és plaines. La principalle ville de ceste Arabie se souloit nommer Petre de laquelle parle Esaye : *Emitte agnum, domine, dominatorem terre de Petra deserti*[1]; mais aujourd'hui se nomme Arach. En toute ceste Arabie n'est chose

---

1. Esaïe, chap. XVI, v. 1.

digne de commemoration fors le mont Sinay que Ptholemée nommoit Melanes, et le mont Casius auquel est le sepulchre du grant Pompée. En ceste, souloient demourer les Moabites et Amonites.

La seconde Arabie est la Deserte au dessus de la Petrée, en tirant vers Perse et Arabie la Fertille que Strabo nommoit Senete pour une ville qui en elle estoit nommée Scene; mais de present est renommée pour la Mecque qui est en elle.

La tierce Arabie se dit la Fertille qui est entre les sins Arabic et Persic en laquelle les Sabeens, Yctiofages et Troglotidez souloient demourer.

Nous fusmes les troys premiers jours sans trouver eaue; mais prés ung port de la mer Rouge qui se dict Suyz, est ung puys saulmatre assez bon pour les chameaulx, mais non pour les hommes[1], auprés duquel demoura toute la journée nostre carvane pour abreuver les bestes, car de là à trois jours, ne se trouvoit eaue fors la fontaine de Moyse qui est peu de chose[2].

---

1. « C'estoit la troisiesme nuict que estions partis du Caire et cheminasmes longtemps la nuict, et arrivasmes à jour ouvert au puiz de Sues où nous demeurasmes tout le jour. Ce puiz n'est qu'à une lieue et demie de la ville et est enfermé en un petit chastelet. L'eau en est salée... L'eau de ce puiz ne sert gueres sinon à abbreuver les chameaux et chevaux, car communément les passans en apportent pour leur provision. » (Pierre Belon, *Les observations de plusieurs singularités et choses mémorables trouvées en Grèce, Asie, Judée, Egypte et autres pays estranges*. Paris, 1588, in-4, page 271.)

2. « Continuans nostre chemin, estans arrivez d'assez bonne heure aux douze fontaines, posasmes là. L'eau en est moult salée et amere et dit on

Plusieurs roys d'Egipte ont voulu trencher de Suys au Nil pour ce que de nostre mer Mediterranee l'on peult naviger en la mer Rouge et de là à la grande mer Oceane qui va ès Indes et Ethiopies; mais, parce que la mer Rouge (qui autrement se dit le Sin Arabic) est plus haulte que la terre d'Egipte, on leur remonstra que seroit la totalle perdition dudict royaulme d'Egipte.

A cestuy port de Suys[1] trouvay ung mammelu

que ce sont les douze fontaines dont il est faict mention en la Bible, car mesmement ils les nomment les fontaines de Moyse. Elles sont du tout en un lieu sablonneux et sterile, en une très grande campagne nitreuse, fort large et spacieuse : et sont distantes l'une de l'autre plus de cinquante pas, non toutefois d'une mesme mesure : car l'une est à cent pas, l'autre à cinquante, tant du plus que du moins. » (P. Belon, *Observations, etc.*, pages 275-276.)

1. « Suez, dit Livio Sanuto, est appelé par Ptolemée la ville des Héros. C'est un triste port de mer où les Mores de Zidem (Djedda) apportaient les épices, les drogues, les pierres précieuses, les perles, l'ambre, le musc et les autres marchandises de prix provenant des Indes. On les chargeait sur des chameaux à destination du Caire, et des négociants les faisaient passer à Alexandrie d'où elles étaient exportées par les Vénitiens et d'autres nations chrétiennes. Ce commerce a entièrement cessé aujourd'hui à cause des escadres portugaises qui entravent les voyages des Mores dans la mer Rouge. Le commerce des épices a abandonné le port de Suez et il a adopté des routes plus difficiles pour les transporter dans nos pays. On met trois jours pour se rendre du Caire à Suez qui est situé au commencement du golfe Arabique ou mer Rouge. A cinquante milles autour de Suez le pays est sterile et désert; on n'y voit ni arbres, ni végétation, ni habitations. On trouve à Suez des chameaux à deux bosses. Le pays est habité par des Arabes chrétiens dont les uns sont jacobites et pratiquent la circoncision; les autres sont melchites et ne sont pas circoncis. Ils observent deux carêmes; l'un à la Noël, l'autre à la même époque que nous. Les uns sont ermites et vivent saintement, les autres sont trafiquants et gens de bien. Suez est privé d'eau. On l'y apporte d'une distance de six milles, et elle est

qui avoit longuement demouré en Languedoc, lequel avoit esté prins par les Mores à Tripolis de Barbarie, puis circuncis et donné à l'admiral d'Alexandrie, qui s'enfuyoit pour trouver moyen de retourner ès terres chrestiennes, lequel me pria le secourir et promist de ne me laisser et me servir de truchement; ce qu'il fist fidelement. Aussi, le feiz conduyre à Rhodes, et là fut reconcilié à l'eglise. Et croy que Dieu, Nostre Dame et saincte Katherine lors me l'avoient envoié pour me secourir ès inevitables dangiers ésquelz j'estoie, lequel faignoit (par mon conseil), estre plus devot en la loy Mahommetiste que nul aultre. Car si nostre entreprinse eust esté sceue, luy et moy eussions esté ars et brulez vifz. A cestuy port faisoit faire le Souldan trente gallées pour empescher le Roy de Portingal de plus aller ès Indies, car il degastoit son trafic de marchandise et celuy de la Mecque. Aussi avoit jà conquis plusieurs choses en Arabie la Fertille, Ethiope et Indie; desquelles gallées jà six estoient faictes, et plusieurs chrestiens estoient enchesnez, reservez pour en icelles ramer et naviger.

tellement salée qu'on a peine à la boire. » (*Geografia di L. Sanuto*, fol. 109.)

« Le Sues, dit Belon, est un lieu moult discommode : par cela il n'est gueres habité... Tout ce qu'on y peut voir est un petit chasteau, faible, à la façon antique, quelque peu eslevé au-dessus d'un petit tertre... Le port y est mal seur; car ce n'est qu'une plage qui n'est defendue de tous vents. » (*Observations*, page 295.)

De Suys près, est une fontaine que Moyse miraculeusement impetra de Dieu, à une journée de là, dont l'eaue avoit esté puysée pour une carvane qui là avoit esté avant nous. Et me convint achepter ung broc d'icelle eaue qui estoyt moytié vase plus infecte que souffre, cinq medins; laquelle rapassée cinq fois par linge estoit encore si puante qu'il nous failloit fermer le nez pour la boire. Aultre eaue n'eusmes de là à trois jours; lesquelz passez, trouvasmes prou eaue bonne et fraische dont fusmes moult resjouis; et d'icelle emplismes toutes nos chievres et vaisseaulx, en demourant un jour entier près icelle pour abreuver noz chameaulx. Puis que nous eusmes passé deux jours, trouvasmes Arabes qui nous guestoyent, lesquelz furent tournez en fuite quant virent nostre carvane si grande. Après ce, coustoyasmes deux jours la mer Rouge aultrement dicte le Sin Arabic. Ceste mer ny la terre près elle (fors en aulcuns petis endroictz), n'est rouge; mais elle se dict en grec Erythrée qui en latin est rouge, à cause d'ung Roy nommé Erithreus qui, en icelle avecques son armée de mer, perit; pour ce, il donna celuy nom au Sin Arabic, Erithrée ou rouge, comme nous lisons la mer Ycarée ou Egée, de Ycarus et Egeus. Sainct Hierosme dit que les Hebreux la nomment Mare Suph qui est à dire mer plaine de joncz et rouseaulx.

En icelle prenois plaisir à pescher sourdons, moucles, castaignes de mer, coural blanc, meres de perles, et me laver, pour ce que noz peres miraculeusement l'avoient passée. Nous fusmes près de demy jour coustoyans ladicte mer. Puis convint, avec dix ou douze chameaulx qui alloient vers le mont Sinay, se separer de la grande carvane qui alloit à l'espicerie au Thour, lesquelz il me convint suyvre; et moult travaillerent les dix ou XII camelliers à me separer de mondict truchement, ce que bien vouloie faire pour leur complaire, mais mon truchement qui cognoissoit leur malice ne voulut oncques. Quant eusmes voyagé un jour et une nuyct entre les montaignes soubz quelques roches, nous prinsmes repos pour faire pasturer les chameaulx. Et se partit de moy celuy Arabe qui me conduisoit pour donner lieu ès aultres de mal me faire; car, combien que chascun jour luy aydasse à baster les chameaulx, lever leurs charges et que luy donnasse de mon biscuyt, si me faisoit il mains oultrages de frapper, souffleter et donner bastonnades, encores donnoit liberté et couraige ès aultres de mal me faire. Si tost qu'il fut separé, vindrent deux Mores dire à mon truchement qui se nommoit en leur langaige Adela[1] : « Dy au chien et filz de chien qu'il nous paye un seraph qu'il nous doibt. » Lequel respondit qu'il n'en feroit rien, car ilz n'estoient que larrons. Lesdictz Mores me prindrent à la barbe pour que leur fisse ouverture de mes besasses où estoient mes vivres;

---

1. Abdallah.

ce que prestement fiz, mais en icelle ne trouverent fors biscuit, oignons et formage si dur et mal odorant qu'il eust chassé les ratz hors d'une maison. Aussi n'avoie porté aultre chose, car elle me eust esté oustée. Puis me demanderent laet, bait[1], c'est à dire chair ou œufz. Esquelz respondy : « memphis, » c'est à dire je n'en ay point[2]. « Oger bon eva memphis atte flux[3]; » c'est à dire : o savate puante, tu dys que tu n'en as point, baille doncques argent. Esquelz feiz responce : « memphis flux, » c'est à dire, je n'ay point d'argent[4]. En parlant, recepvoie tousjours bastonnades, souffletz ou coupz de piedz, car de cela sont grans aulmosniers. Puis, survindrent deux aultres Arabes qui me demandoient chascun six medins à cause d'ung peage que avoye oultrepassé sans payer, et si ne les bailloye, disoyent me mener audict lieu m'enchesner, esquelz feiz responce : « memphis flux. » Pour ce, me despouillerent et deschirerent mes vestements; et affin qu'ilz ne fussent dechirez, me despouillay; mais ilz voulurent que laissasse tout, chausses et soulliers et me firent courir à coups de baston plus loing du susdict lieu que deux gectz d'arc. Et demouray près de trois heures ainsi nud sur le sable, en me recommandant à Dieu

---

[1]. Lahm (viande), beïdh (œufs).
[2]. Ma fich (il n'y en a pas).
[3]. Ya guerbou iza ma fich hat foulous (ô misérable coquin ! si tu n'en as pas, donne de l'argent).
[4]. Ma fich foulous (je n'ai pas d'argent).

et plusieurs sainctz et sainctes ésquelles avoys devotion. Quant voulurent partir, mon mouquaron et vesturier survint faignant estre desplaisant de l'exces que l'on m'avoit faict. Mon truchement aussi print couraige et cria aprés eulx disant: « Vous n'estes dignes d'estre Mores, ne de la saincte loy de Mahommet qui defend larrecin et rompre la foy, car cestuy povre meschant qui est venu par le saufconduict du Souldan est par vous ainsi maltraicté comme s'il estoit meurtrier, combien que congnoissez assez és vivres et vestemens ésquelz n'avez trouvé or ne argent sa povreté, et à ses gestes, sa simplicité. Son maistre est au Cayre qui le tient moult chier, et parle chascun jour au Souldan; et s'il arrive qu'il le perde, il sera mys en peine de sçavoir qu'il est devenu, et serez escorchez tous vifz. » Lesquelz respondirent: « Dy luy que nous le quitterons pour un seraph. » Esquels respond : « Il ne l'a pas; je luy ay presté l'argent deux foys dont j'ay achepté eaue et oignons qu'il m'a promis faire rendre au Cayre. C'est un povre sancton et belistre qui, pour sa loy, s'expose à tous dangiers et perilz; oncques jamais, on n'y pourroit rien praticquer. Et pensez vous que cestuy voyage seul qu'il faict soit l'entreprinse d'ung saige et qui a à perdre. » Si bien sceut mon truchement persuader et deffendre ma cause, que mes vestemens luy furent livrez, qu'il m'aporta descousuz en plusieurs lieux, que reprins. Et de là à deux heures fusmes sur nos chameaulx. Le jour ensuivant, par aultres me fut faict semblable exces. Et me dist le truchement comme ilz avoient tous une foys conclu le tuer et moy pour du moins avoir nos despouilles et mantes desquelles, la nuyct sur les sables, nous nous couvrions, fors ung auquel avoye donné du vin à boire au Cayre qui rompit leur entreprinse. Il ne passa gueres heure, dès le temps que laissay la grande carvane jusques à ce que la trouvasse, que n'eusse ung exces et menasse nouvelle, fors icelluy temps que fuz au monastere de Sinay.

Le vingt deuxiesme de juing, au matin, parvinsmes au desert de Pharaon¹ qui est ung paradis entre les desers, pour cinq fontaines qui font ung ruisseau qui arrouse une vallée longue d'une lieue, et large de deux gectz d'arc, si plaine de palmiers, popons, melons, pateques, cocombres et aultres choses delectables que estoit grand plaisir le veoir. Audict lieu, se monstre plus de deux mille celles des

1. Il s'agit ici non d'un désert de Pharaon, mais de la vallée appelée Ouady'l faran qui est arrosée par les eaux du Serbal et celles des montagnes situées à environ douze lieues au nord. (De Laborde, *Voyage dans l'Arabie Pétrée*. Paris, 1830, in-fol., page 69.)

Belon décrit cette vallée en ces termes : « Le jour venu, nous estions desjà entrez en une grande ouverture entre moult hautes montagnes qui estoient tant à dextre qu'à senestre, quand commençasmes à trouver un beau ruisseau d'eau douce de claire fontaine venant d'une montagne de bien loing... Nous trouvasmes un grand village à l'entrée de ceste bouche, habité d'Arabes, nommé Pharagou... Le village de Pharagou nous sembla plaisant au regard des pays que nous avions cheminé : car il y a bel ombrage de grenadiers, palmiers, oliviers, figuiers, poiriers et autres arbres fruictiers. » (*Observations*, page 280.)

sainctz Peres, d'ung regard, qui sont au dedans la montaigne comme spelonques. Au meillieu estoit une eglise : puis les infidelles y firent une forteresse, mais tout est rompu. Là veismes perdrix grosses comme chappons et maintes habitations d'Arabes.

Puis que audict lieu eusmes reposé trois heures, nous cheminasmes avecques noz chameaulx environ dix heures, et une heure avant jour, fusmes encores sur nos chameaulx.

En ces deux derniers jours, trouvions sur les arbres et roches la manne qui est premierement comme myel bien espoisse et est gluante à la main; mais quant est au soleil longuement, se greve[1]. L'aer au matin est si odorant qu'il m'estoit advis estre en une boutiçque aromaticque.

Après que, le vingt et troisiesme jour dudict moys

---

1. Les Arabes recueillent la manne pendant les mois de juillet et d'août. Belon en parle longuement dans son traité *De arboribus coniferis, resiniferis... item, de melle cedrino, cedria*, etc. Paris, 1550. Il en dit aussi quelques mots dans ses *Observations*. « Les Caloyeres avoyent de la manne liquide recueillie en leurs montagnes qu'ils appellent tereniabin à la difference de la dure. Car ce que les autres Arabes ont appelé tereniabin est gardé en pots comme miel et la portent vendre au Caire qui est ce qu'Hippocrates nomma miel du cedre et les autres Grecs ont nommé rousée du mont Liban qui est differente à la manne blanche seiche. Parquoy estant la manne de deux sortes, l'on trouve au Caire de l'une et de l'autre ès boutiques des marchands exposée en vente. L'une est appellée manne et est dure : l'autre tereniabin et est liquide. » (Page 287.) Tereniabin est composé des deux mots persans *Ter Enguebin*, miel frais ou liquide. Le sieur Morison, chanoine de Bar-le-Duc, a donné quelques détails sur la manne du Sinaï dans sa *Relation historique d'un voyage nouvellement fait au mont de Sinai et à Jérusalem*. Toul, 1704, in-4, pages 91-92. Morison fit son voyage aux Lieux saints en 1699.

de juing, eusmes oultrepassé une montaigne assez pierreuse et penible, et que fusmes en la plaine, de loing descouvry le monastere de saincte Katherine qui est au pied du mont Sinay.

Cestuy monastere est au lieu où Nostre Seigneur s'apparut à Moyse au buysson ardant qui point ne se consommoit. Et est le monastere entre quatre fortes murailles longues de trente brasses ou quarante, et haultes de vingt[1]. Pour y entrer, on laisse descendre un chable de la syme des murailles, en l'anneau duquel on mect les piedz et là on se tient, et par ung tour l'on est monté. Car, s'il y avoit porte basse, les Arabes, qui ne demandent fors à destruire le monastere, y feroient tousjours leur effort. Je demouray au bas plus de quatre heures avant qu'ilz me voulsissent bailler le chable, parce que les caloyers qui sont moynes Grecz hayssent les Latins et sont plains de convoitise et avarice; lesquelz me vouloyent rançonner, combien qu'ilz soyent de vie moult austere. Et croy que s'ilz n'eussent descendu le chable pour ung de leurs caloyers, que ne permisrent les Arabes qui sçavoient leur malice, monter que premierement moy et mon truchement ne fussions montez, encores n'y fussions entrez. Puis que feuz là sus, l'agumenos, c'est à dire le maistre du mo-

---

[1]. La construction du grand monastère du mont Sinaï fut entreprise par Justinien en 529. Avant cette époque, les moines habitaient de petites cellules taillées dans les flancs des rochers.

nastere¹ me mena en la chapelle deputée pour les Latins; et fut deployée une touaille de nates pour sur icelle disner, en laquelle estoyent plus de douze escorpions envelopez; et me presenta pain d'orge fraiz, olives, dactiles, eaue en vin aigre; de vin, n'en peuz pour lors avoir.

Quant ouys le signe pour aller à vespres (pour ce que c'estoit la vigille sainct Jehan), me transportay à l'eglise aussi pour faire ma devotion. Ladicte eglise est belle, faicte avec deux esles. Au bout de la droicte, à costé du grant autel, en ung tombeau de marbre blanc, est le corps de la glorieuse vierge et martyre Madame Saincte Katherine. La couverture est de plomb et de boys de cedre. Devant ceste eglise est une musquete de Mores, que fit bastir ung prieur de leans qui se rendit mammelu quant on lui demanda compte et reliquat de son administration, en laquelle sont les privileges que Mahommet donna ès caloyers, c'est assavoir immunité de tous tributz et devoirs; et sont signez de sa main, plongée en encre et assise sur ledict papier, car aultrement ne sçavoit signer l'ydiot Mahommet².

---

1. Nectaire, patriarche de Jérusalem, donne la liste des igoumènes ou abbés du monastère du mont Sinaï; mais elle présente une lacune qui s'étend de 1358 à 1617.

2. Une copie de cet acte de Mahomet fut envoyée d'Orient à François Hotman, conseiller au parlement de Paris par le père Pacifique. La traduction en fut faite par Gabriel Sionita, professeur de langues orientales au collège Royal et placée, ainsi que le texte, à la suite de la grammaire turque de Du Ryer imprimée à Paris par Ant. Vitray en 1630, in-4.

Puis, quant ouys le signe de la collation, me trouvay avecques les caloyers qui estoient près de quarante; et la benediction faicte à leur mode grecque sur le pain et vin, chascun eust deux foys à boire d'ung vin si tresdelicieulx, odorant, singulier et sentant sa manne, que n'eusse cuidé en aulcune partie du monde se trouver tel vin qui surmontoit, sans comparaison, pigment et ypocras. Collation faicte et complyes dictes, me retiray au lieu des Latins et me suivoit l'agumenos qui apportoit des noix, pommes et poires; lequel me demanda qu'il me sembloit de leur nebith, c'est à dire vin. Auquel feiz responce que si saincts Onuffre, Ylarion et Macharée qui avoient faict leur penitence en celuy pays en beuvoient de tel, qu'ilz debvoient se contenter. Puis me dist que si avoye argent, il m'en vendroit; mais desir et necessité que avoye de en boire me fit changer une mante d'Irlande dont me couvroys par les desers, que les Arabes m'avoient cuidé oster, en deux jarres de vin qui sont trois quartes, et croy que jamais n'ay faict une telle Sainct Jehan, tant pour les delices spirituelles que j'avoie d'estre en iceluy tressainct lieu aorné de infiniz sacremens, que du delicieulx vin qui me fist oublier toutes mes miseres passées.

Ledict agumenos voulut marchander à moy pour veoir les precieulx ossemens de Madame Saincte Katherine; mais, pour conclusion, luy diz que n'avoie fors ung ducat pour mon offrende. Le jour Sainct Jehan bien matin, me fut ouvert le tombeau de la tresglorieuse Saincte Katherine par lesdictz caloyers qui avoyent cierges en leurs mains et qui se prosternoyent trois foys avant que baiser les relicques. Puis fuz appelé, et les oraisons faictes, me fut permis et commandé à toucher et lever le chief, la main où estoit ung bracelet d'or que Nostre Seigneur luy donna et les aultres sainctz ossemens de ladicte glorieuse saincte[1]. Aprez ce, me donnerent du cotton plongé en huylle qui autreffoys estoit emanée desdictz sainctz membres et ossementz qui n'en avoient rendu ni distillé depuis le temps que symoniacquement le voulurent vendre ; et y avoit bien deux cens ans[2]. *Item* : de la chandelle et du tombeau où les anges la misrent premierement : toutes lesquelles

---

1. « Tous assemblez les pelerins dedans l'eglise, le pere abbé avec les moynes mene au sepulchre de la tresglorieuse Katherine, moult luminaire alumé et chanterent certaines antiennes en grec selon leur coustume. A grant difficulté la tombe fut ouverte, et en grande reverence on baise le chief de ladicte saincte Katherine, de la science divine singuliere habitacle. » (*Le grant voyage de Hierusalem divisé en deux parties. En la premiere est traicté des peregrinations de la saincte cité de Hierusalem, du mont saincte Katherine de Sinay, etc.* Paris, 1522, in-4, fol. 73 v°.)

2. « La tombe de ladicte glorieuse Katherine est à la dextre partie du cueur, au lieu le plus eminent mise, de marbre blanc et bien poly est faicte, en laquelle reposent le chief et les deux mains, et plusieurs des os de elle li sont reposans et bien conservés. Les autres sont dispersez parmi la chrestienté en eglises diverses.

« Du coton où repose ledict precieux corps, l'abbé en donne à tous les pelerins qui le reçoivent moult joyeusement et devotement et le vont plonger en la lampe de la chappelle de Nostre-Dame de Rubo ou du buisson devant pendante. » (*Le grant voyage de Hierusalem*, fol. 73 v°.)

choses depuis ay colloquées dedans nostre couvent d'Angoulesme fondé en l'honneur de ladicte saincte; aussi en ay donné au couvent de Coingnac, selon la meilleure forme qu'ay peu.

Environ sept heures du matin, descendy dudict monastere par la corde, et avecques deux Arabes et mon truchement, commençay à monter vers la syme. Premierement, trouvay une petite chapelle de Nostre Dame, pour ce que là s'apparut ès religieux qui vouloient pour la multitude des serpens et bestes venimeuses laisser le lieu, en leur promettant les chasser, par ainsi qu'ilz feissent de mieulx en mieulx.

Plus hault, près ung puys, trouvay une belle grande eglise voultée et fondée de sainct Helye, pour ce que là demoura longuement après qu'il eut cheminé quarante jours et quarante nuictz sans boire et sans menger. Et celluy lieu du mont est nommé Oreb.

De là en montant, se veoit au roch comme le pied d'ung chameau engravé et l'on dict Moyse avoir esté sur son chameau jusques là. Près la syme, apparoist la forme d'ung homme dedans le roch; et l'on dict que quant Dieu manifesta quelque peu de sa gloire à Moyse, pour ce qu'il ne la pouvoit tollerer, il se voulut cacher et la pierre luy obeist comme la cire au scel. Puis, à la syme est une petite plaine en laquelle, vers l'orient, est une belle eglise. En icelle adorent les chrestiens, et là ont planiere remission de leurs pechez; et vers le midy est une musquete où adorent les Mores.

Quant eus faict mes devotions et assez regardé tout le pays en circuyt, la mer Rouge, le pays de Amalech, les desers de sable et les vagues qui sont là, descendy vers l'occident, et n'euz pas descendu six pas que ne trouvasse une belle fontaine dont fuz esmerveillé, veu et consideré que le lieu est hault et tout bruslé de chault. Puis montay au mont auquel les anges misrent en sepulture Saincte Katherine, qui se joinct à l'autre où Moyse receupt la loy. Et comme dict Sainct Hierosme, toutes lesdictes montaignes qui sont six ou sept, se nomment Sinay.

Cestuy mont est moult hault et presque inaccessible; en celuy fust le corps de Saincte Katherine plus de cinq cens ans incogneu ès hommes. Mais les sainctz Peres qui ne pouvoient trouver maniere d'y monter, escoutoyent d'iceluy, jour et nuit, les chantz et hymnes des anges. Finablement, au temps du bon abbé Climac[1] qui gouvernoit celluy sainct

---

1. Jean Climaque, surnommé le Scholastique, vivait au VIe siècle de notre ère. Il se voua à la vie monastique, et après avoir passé quarante ans dans un couvent de l'ordre de saint Basile, il fut nommé abbé du couvent du mont Sinaï. Il y mourut, ayant atteint l'âge de cent ans, probablement en l'année 606. La vie de Jean Climaque a été écrite par le moine Daniel et insérée dans la *Bibliotheca Patrum maxima*, dans les *Acta sanctorum* (30 mars), et dans les différentes éditions de ses œuvres. L'ouvrage dont parle Thenaud est le Κλίμαξ ou *Scala paradisi* composé par Jean, abbé de Raithou; il est divisé en quarante chapitres. Une traduction latine faite par un Camaldule nommé Ambroise, a paru à Venise en 1531. Mat. Raderus a publié le texte grec à Paris en 1633. Le *Climax* est quelquefois désigné sous le titre de Πλάκες πνευματικαί (les Tables spirituelles).

et sumptueux monastere de Sinay (fondé par l'empereur Justinien), il pleut à la saincte estre venerée des hommes et fut commandé, par troys nuyctées ensuyvantes, audict abbé et à ses religieux monter en cette montaigne par la voye qu'ilz verroyent en la profundité de la nuyct toute lumineuse, pour translater et apporter le corps de la saincte au monastere, ce qu'ilz firent; et trouverent que du corpz continuellement sailloit liqueur de laquelle toutes les maladies estoient guariez.

Quant fuz descendu dudict mont, vins au lieu où Moyse fist rendre miraculeusement l'eaue à la pierre, laquelle jusques à present sort en habondance, et d'icelle tout ung jardin est arrousé auquel sont noyers, moriers, pommiers, poyriers, palmes et divers fruyctiers tresbons et si singuliers que meilleurs ne pourroient estre trouvez ailleurs.

Aprez ce, fuz à l'eglise des quarante Martyrs au lieu où Moyse prioit Dieu pour le peuple d'Israel lequel eut victoire contre Amalech, avecques Hur et Aaron.

Item : au lieu où Moyse destruisit le veau d'or.

Ung noble prince d'Arabie me trouva auprès de l'eglise des quarante Martyrs qui, par singularité et pour ce que j'estoie de loing, et ami de l'agumenos me voulut festoier et mener en son logis; lequel je suivy.

Sondict logis estoit tel que il luy falloit entrer à

quatre piedz, et en icelluy logis se tenir à genoulx, car ce n'estoit fors une belle regnardiere. Touteffois, c'estoit le mieulx logé qui fust point au pays. Puis, sur deux ou troys pierres plates qui estoient au soleil et presque ardentes de la grande chaleur du soleil, mit du beurre et de la paste et nous fit cinq ou six crespes cuyttes au soleil, en nous donnant des pommes qui n'estoient demy meures; lequel nous demandoit si estions en chrestienté aussi aysés et si nous avions telles viandes; puis me convint payer pour icelluy dix medins qui vallent douze sols six deniers. Car il luy estoit advis que nous ne vivions que de racines et fruictz saulvaiges comme sangliers. Puis, me collaudoit celluy pays. Ledict banquet parachevé, fuz remonté avecques mon truchement au monastere, auquel encores demouray le jour ensuivant jusques à vespres pour visiter les sainctz lieux; car leans sont bien vingt eglises et oratoires dont la principalle est Nostre Dame du Buysson[1] en laquelle on n'y entroit jamais que deschaulx, pour ce que Dieu le commanda à Moyse disant : *Solve calciatus de pedibus tuis : locus in quo stas sanctus est*[2].

---

1. *Et videbat quod rubus arderet et non combureretur.* (Exode, chap. III, v. 2.
2. *At ille : Ne appropies, inquit, huc : solve calceamentum de pedibus tuis : locus enim, in quo stas, terra sancta est.* (Exode, ch. III, v. 5.) Sainte Helene fit construire sur cet emplacement une petite chapelle flanquée d'une tour. Le seigneur d'Anglure en a donné une description intéressante dans le *Saint voyage de Jherusalem*, page 47.

Item : là est une eglise de Sainct Estienne, de Sainct Onuffre; et hors le monastere, assez loingnet, est la vallée en laquelle fist sa penitence.

Le xxvime jour dudict moys de juing au soir, fuz demandé par mes vesturiers arabes pour aller au Thour; entre les mains desquelz me convint mettre de rechief et fusmes deux jours et deux nuictz entre le mont de Sinay et le Thour, entre montaignes si treshaultes d'ung cousté et d'aultre, que les comparois à celles de Sainct Jehan de Morienne en Savoye, fors que en cestes est froidure perpetuelle et en icelles la chaleur extreme. Entre icelles sont belles fontaines et ruisseaulx au circuyt desquelz on trouvoit grande quantité de caparis.

Ceulx de Saincte Katherine nous dirent ouyr bien souvent une cloche qui sonoit à minuict et à toutes heures canonialles du jour, dont l'entrée ne fut oncques trouvée, ny le lieu, fors qu'il y a environ cinquante ans que deux caloyers errans par lesdictes montaignes trouverent ung beau et sumptueux monastere avecques toutes les officines, auquel estoient bien deux cens religieux vestuz de blanc qui moult faisoit bon à veoir. L'ung d'eulx demanda estre receu en leur compaignie, qui luy fut octroyé; l'autre saillit pour ès caloyers du mont Sinay faire rapport de ce qu'il avoit veu et ouy, en mettant signes et montzjoies pour retourner son chemin; mais il ne peult trouver route ou vestige, ny aultres caloyers,

Mores et Arabes, combien qu'ilz en ayent esté moult curieux [1].

Le vingt neufviesme jour de juing, fusmes au Thour, port sur la mer Rouge auquel estoyent maintes nefz de cannes, faictes sans fer, à cause des calamites et aymans qui sont en ladicte mer, chargées de drogues et espiceries qui de là se transportent au Cayre, puis en Alexandrie; et n'ouseroit l'on desployer cinq solz de denrée audict port; pour ce, c'est ung des miserables villaiges du monde, car en cinq jours que là fusmes, ne peusmes avoir chair, poisson, œufz ne aulcun bon refraischiment, mais seullement olives, dactes, pain et febves, combien que soit un bourg de trois cens maisons auquel demeurent plus de chrestiens que aultres.

Les nefz qui vont sur la mer Rouge ont deux timons, deux arbres et deux voilles, à cause que en ladicte mer, sont tant de rochiers et escueilz que l'on n'a pas souvent faculté de tourner la nef. Aussi sont gros poissons qui evertiroyent et feroyent tresbucher nef, si par simballe et bombardes n'estoient recullez. Pour ceste cause, tous les soirs leur fault gecter l'ancre ou prendre port.

---

1. César Lambert raconte cette légende dans sa relation, mais il termine son récit par ces mots : « Je ne croy rien de tout cela, encores qu'ils l'asseurent fort véritable. » (*Relation du sieur Cæsar Lambert de Marseille de ce qu'il a veu de plus remarquable au Caire, Alexandrie et autres villes d'Ægypte ès années 1627, 1628, 1629 et 1632*, à la suite des *Relations véritables et curieuses de Madagascar*, etc. Paris, 1651, in-4.)

Au Thour n'est aulcune eaue, fors sallée. Et fault aller querir la bonne, à demye lieue françoise de là, près un sumptueux monastere ruiné que jadis Justinien fist faire, auquel estoit abbé sainct Jehan auquel Climac adroisse son livre de la vie spirituelle. En icelluy lieu, deux jours avant que là arrivasse avoit esté enterré par Richard Marie marchant de Lyon et Messire Denys de Mons, de Rouhan, ung pelerin de Bezançon nommé Pierre de Belleville.

Près ledict monastere en tirant sur la mer est le lieu qui, en Exode, se nomme Helin auquel estoyent douze fontaines qui encores à present se monstrent, dont l'une est chaulde et a septante palmes[1]. Les enfans d'Israel firent là une station ; à quatre journées de là, és desers, souloit estre ung monastere de Sainct Anthoine auquel demouroyent religieux Suriens qui, depuis sept ans, avoit esté ruyné et les religieux occis[2].

---

1. Elim est le nom de la sixième station des Israélites dans le désert. *Venerunt autem in Elim filii Israël ubi erant duodecim fontes aquarum, et septuaginta palmæ : et castrametati sunt juxta aquas.* (Exode, chap. xv, v. 27.)

2. « Le monastère de Saint-Antoine qui en renferme encore un autre habité autrefois par des Abyssins et à présent tout ruiné, est dans le désert appelé *Gebel araba* ou la montagne des charrettes, à cause qu'anciennement on y portait les provisions du monastère sur des charrettes, et non pas sur des chameaux comme on fait aujourd'huy. Il est bâti sur le mont Colzim à son extrémité orientale qui s'étend de l'est au sud. Il a la figure d'un carré long et le costé qui s'étend du nord-ouest au nord, et qui se peut appeller la face du monastère, regarde une autre montagne nommée *Gebel il cheleil* dont je parleray tantost. » Vansleb auquel j'emprunte ces lignes, s'est, dans sa *Nouvelle relation*, longuement étendu sur le couvent de Saint-Antoine (pages 299-323).

Nous partismes du Thour le troisiesme de juillet avecques une grande carvane de douze mille chameaulx, en ce faisant (fors les deux premieres journées), le chemin que au venir avions faict; et si fusmes de retour au Cayre le seiziesme de juillet.

En celuy an, le Nil paracheva sa croissance le vingt sixiesme dudict moys qui estoit la feste Saincte Anne; et pour ce qu'il pronostiquoit future fertilité, l'on fit au Cayre par trois jours festes de joie et lyesse et couroient les alvées et ruisseaux par mains lieux de la ville sur lesquelz en basteaulx l'on s'esbastoit. L'on faisoit cuisines, dances et toutes choses nouvelles.

En celuy temps, revint maistre François de Bon Jehan de son voyage de Hierusalem au Cayre.

CHAPITRE QUATRIESME

DU VOYAGE DU CAYRE EN HIERUSALEM; DE LA TERRE SAINCTE ET DU RETOUR AUDICT CAYRE EN LA COMPAIGNIE D'UNE PRINCESSE DE PERSE.

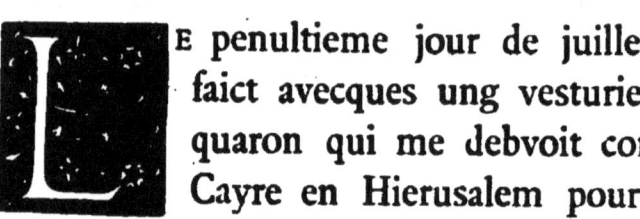E penultieme jour de juillet, marché faict avecques ung vesturier et mauquaron qui me debvoit conduire du Cayre en Hierusalem pour cinq seraphs, me retiray audict Cayre près une musquette jouxte laquelle estoient les chameaulx de mondict mauquaron. Car, en tout le Cayre, ne sont hostelleries ne logis comme icy, mais si les estrangiers ne sont recueillis ès maisons de leurs cognoissans et amys, ilz se logent près les musquettes, jouxte lesquelles sont lieux ordonnez et deputez à cela, et vont les estrangiers achepter en la ville leurs vivres. Les chrestiens Latins logent chez le truchement, et là sont à pension pour quatre seraphs le moys, sans

vin, auquel doibvent pour l'entrée, s'ilz sont marchans, deux seraphs ou trois et s'ilz sont pelerins cinq.

Jouxte ladicte musquete feuz en grant ennuy quatre jours, lesquelz passez, pour ce que nostre vesturier craignoit que d'ennuy ne me repentisse du marché et que repetasse l'argent jà livré, il me fit conduire par ung larron Arabe à deux lieues du Cayre, en me transportant de lieu en lieu et de musquette en musquette de nuict, èsquelles si eusse esté apperceu, j'estois en dangier de la vie : et croy ledict Arabe ne chercher fors occasion de mal faire. De rechief encore, me retourna une nuyct au Cayre, et le soir après, partismes bien cent chameaulx pour aller en Syrie, mais parce que noz mauquarons vouloyent desrober les peages de la Hanque, Cathiè[1], Bellegaz et aultres plusieurs, aussi que c'estoient Arabes qui sçavoient toutes voyes, ilz nous conduyrent par le meillieu des desers où n'estoyt chemin ne voye ; èsquelz demourasmes douze jours et nuictz, voyans à dextre et à senestre diverses bestes comme lyepardz, symnetes, austrussez et serpens. Et estoyent les chameaulx jusques à demy jambe

---

1. Qathièh est un petit bourg au milieu des sables, à peu de distance de Ferama. L'on ne trouve à Qathièh qu'une eau saumâtre fournie par une citerne. Bellegaz est peut-être la corruption du nom de Boghaz. Boghaz est le nom d'un petit village situé sur la rive orientale du Nil. Il s'élève non loin de la tour qui défendait l'entrée du fleuve et il s'y trouvait un bureau de péage.

au sable; et quant eusse preveu celle misere, jamais ne me feusse habandonné à icelle. En tout celuy chemin, ne trouvasmes fors une foys d'eaue qui fust bonne, et ce fut environ la moytié du chemin, le jour Nostre Dame d'aoust, dont donnay grande louange à Dieu et à la glorieuse Vierge Marie, car j'avois esté deux jours sans eaue ne aultre liqueur; et me convint estancher la soif par grenades, sucre candiz et pruneaulx. Quant nous arrivasmes près cette bonne eaue, se leva près d'elle des perdrix grosses à merveille, en plus grant nombre que oncques ne veiz pigeons lever de deux bonnes fuyes. Tant feismes par noz journées que vinsmes és montaignes de Idumée où estions en l'herbe jusques au ventre. De là, oultrepassasmes le mont de Carme, non celluy dont celle excellente religion mandienne de Nostre Dame des Carmes prend son nom, car il est près de la mer de Grece jouxte Sydoine, mais cellui où Nabal avoit ses pasturaiges que David eust occis, si ne fust la prudence de Abigail[1]. Au dessoubz

---

1. Le Carmel est situé sur le territoire de la tribu de Juda, dans la solitude de Maon; il s'élève à dix milles à l'est d'Hébron. « *Erat autem vir quispiam in solitudine Maon et possessio ejus in Carmelo, et homo ille magnus nimis : erantque ei oves tria millia, et mille capræ : et accidit ut tonderetur grex ejus in Carmelo.* » (*I Rois*, ch. xxv, v. 2.)

Eusèbe mentionne la ville de Carmel bâtie au pied de la montagne. « Carmel où habita Nabal est aujourd'hui un village appelé Chermoul, dont la signification est la même que celle de Carmel. Il est situé à dix milles d'Hébron vers l'Orient; il y a une garnison. Il y a un autre Carmel sur la mer de Phénicie : il sépare la Palestine de la Phénicie. Elie y demeura. » *Eusebii Onomasticon*. ed. Larsow et Parthey. Berlin, 1862, page 253.

de nous, à main senestre, avions la mer Morte. Le XVIIme d'aoust, environ XI heures de nuyct, fusmes en Hebron qui est une des plaisantes vallées du monde, et là trouvasmes fruictz à foyson, mesmement raysins longs de deux couldées dont les grains sont comme prunes; aussi figues, olyves, datez, pain, chair, œufz et toutes bonnes choses en habondance. Et nous mussa nostre vesturier en une voulte, de paour que feussions veuz, qui estoit toute plaine de scorpions. Mais le jour suivant, à son deceu, partiz d'icelle pour aller veoir le lieu, dont, de paour que fusse arresté et pillé, n'en fut content. Mais l'admiral de Hierusalem soubz lequel est l'admoderation de Hebron qui aimoit les religieulx de Hierusalem pour ce quant il veult boyre de vin ilz luy en donnent et au couvent se musse, me fit bon recueil et me asseura. Il fut moult joyeulx dont luy diz la delivrance des bons freres de Hierusalem; parquoy tout icelluy jour visitay tous les saincts lieux d'Hebron. Et premierement, le lieu du champ Damascene auquel Adam fut creé et se monstre la fosse comme lymon rouge, en laquelle, chascun an, se tirent mille chartées de terre pour faire vaisselle et Pater noster que l'on dict valloir contre bestes venimeuses et enraigées; mais au bout de l'an ne paroit que l'on en ayt tiré. *Item :* se monstroit l'arbre soubz lequel estoit Abraham quant il veit trois anges, desquelz il en adora ung¹. *Item* : le lieu où Cayn occist Abel².

Les Mores appellent Hebron Caliz Habrahiz et paravant se nommoyt Arbe³. Josephe le nommoit le sepulchre Chebron, et dist que à six stades de là, est ung therebinte qui y est dès la constitution du monde. Par luy et Moyse est dict Hebron estre avant Memphis cité d'Egipte⁴.

Jadis soulloient estre en icelluy lieu chanoynes reiglez qui eslisoient l'evesque⁵. En Hebron est une sumptueuse musquete en laquelle n'est permis ès

---

1. *Apparuit autem ei Dominus in convalle Mambre sedenti in ostio tabernaculi sui in ipso fervore diei. Cumque elevasset oculos apparuerunt ei tres viri stantes prope eum : quos cum vidisset, cucurrit in occursum eorum de ostio tabernaculi et adoravit in terram. Et dixit : Domine, si inveni gratiam in oculis tuis, ne transeas servum tuum : sed afferam pauxillum aquæ et lavate pedes vestros, et requiescite sub arbore.* (*Genèse*, chap. XVIII, v. 1-4.)

2. Selon la tradition acceptée en Syrie par les chrétiens et par les Musulmans, Abel aurait été tué par son frère Caïn près de Damas, au pied du mont Qassioun, dans une caverne qui porte encore aujourd'hui le nom de Magharat eddem (la caverne du sang). Selon la même tradition, c'est dans la vallée qui s'étend près d'Hébron qu'Adam pleura pendant cent ans la mort d'Abel et que lui fut annoncée la naissance d'un fils qui fut Seth.

3. Les géographes arabes donnent à cette ville le nom de Habroun, Mathroun et Qariet arbaa. Elle est plus souvent désignée sous celui de Khalil errahman (l'ami du miséricordieux) qui est le surnom sous lequel Abraham est désigné.

4. Il faut lire Tanis au lieu de Memphis. Le texte de la Bible porte : *Ascenderuntque ad meridiem et venerunt in Hebron ubi erant Achiman et Sisai et Tholmai filii Enach : nam Hebron septem annis ante Tanim urbem Ægypti condita est.* (*Nombres*, chap. XIII, v. 23).

5. La ville et l'église d'Hébron furent, sous la domination latine, désignées sous le nom de Saint-Abraham. Un chapitre de chanoines réguliers, ayant à sa tête un prieur, fut attaché à l'église.

L'évêché fut créé en 1167; vingt ans plus tard, Hébron tombait avec Jérusalem au pouvoir des Musulmans.

chrestiens y entrer, combien que par certaines fenestres peuvent veoir dedans. Là sont les sepulchres de Adam, Abraham, Ysaac et Jacob et de leurs femmes Eve, Sarra, Rebecca. Et y a une muraille touteffoys entreposée entre eulx et elles[1].

Depuis cinquante ans en ça, ung admiral trop curieulx, et du repoz des deffunctz inique perturbateur, fit ouvrir l'ung des sepulchres auquel veit le patriarche Ysaac encores entier, d'une si grande et venerable stature qu'il fut tout esmerveillé; puis fit rompre la muraille, et quant eut commandé que ung sepulchre des dames fust ouvert, celuy qu'il avoit paravant veu s'apparut à luy en disant, tous aultres qui là estoyent ce voyans et oyans : « O curieulx et cruel perturbateur de nostre repos, ne t'a pas souffi violer mon sepulchre, mais encores veulx violer ceulx de noz dames et combien que aye tolleré et souffert la premiere injure, si sera la seconde vengée; » et en disant ces parolles, luy tortit le col et ceulx qui là estoient ne survesquirent cinq jours[2].

---

1. On peut consulter sur les tombeaux des patriarches enterrés à Hébron l'*Histoire de Jérusalem et d'Hébron, fragments de Moudjir eddyn*, traduits sur le texte arabe par Henry Sauvaire, Paris, Leroux, 1876, pages 2-22; *Sefer Nameh, relation du voyage de Nassiri Khosrau*, etc., Paris, Leroux, 1881, pages 99-105; *Voyages d'Aly bey el Abbassy en Afrique et en Asie*, Paris, 1814, tome III, pages 160-162; *Histoire des Sultans Mamelouks*, traduite de Maqrizi par M. Quatremère, Paris, pages 239-252.

2. Ce fait est antérieur à l'époque indiquée par Thenaud. Cette tradition est rapportée par Moudjir eddin dans son *Histoire de Jérusalem et d'Hébron*, sur l'autorité de l'historien Ibn Assakir. Vers l'année de l'hégire 320 (932), sous le règne du Khalife Radi billah, Abou Bekr el Eskafy, conduit par un

Après unze heures de nuict, partismes seullement sept chameaulx pour aller en Bethleem, puis en Hierusalem. Environ les huict heures au matin, fusmes arrestez à cause d'ung cafarre que mon vesturier, qui de tous debvoirs me debvoit acquitter, ne voulut payer, dont receupt six ou sept bastonnades. Après ce, descendismes ès jardins et piscines de Salomon qui sont moult profundes, larges et longues, par lesquelles passent plusieurs ruisseaulx de fontaines qui jadis soulloient aller en Hierusalem par conduitz singulierement faictz[1]. A une lieue de là est Bethleem qui se veoit de loing; et si tost que m'apparust, je fuz tellement remply de joye, consolation et lyesse spirituelle que toutes mes miseres passées furent mises en oubly, duquel sembloit non aller mais voller, en disant les hymnes de la saincte Nativité, de la feste des Roys et de Nostre Dame. Et je fuz au couvent de Bethleem le vingt et uniesme d'aoust, environ unze heures au matin; auquel lieu premierement offriz en la saincte chappelle de la Nativité, or, myrrhe, et encens que avoye

gardien de la mosquée, descendit dans la grotte souterraine et y vit les corps d'Isaac, d'Abraham et de Jacob. Abou Bekr el Eskafy mourut quelques jours après ainsi que son guide nommé Salouk. Cf. *Histoire de Jérusalem et d'Hébron*, traduite par M. Sauvaire. Paris, 1876, pages 8-11.

1. Les jardins et les trois piscines du Wady Ourtas sont décrits par M. Robinson dans ses *Biblical researches*, Boston, 1800, tome I, pages 218 et 474 et par M. Barclay, *City of the great King*, Philadelphie, s. d., pages 554-558. On peut consulter le récit du cheikh Abdoul Ghany de Naplouse, insérée dans le *Sefer Nameh* de Nassiri Khosrau, pages 83-84, note.

apporté et preparé selon le mandement et vouloir de ma souveraine tresredoubtée et illustre dame, qui vouloit telles choses estre offertes audict lieu à son intention et de monseigneur à present notre Roy tresauguste et serenissime. Ma devotion faicte, fuz par mes freres presque tellement receu que sont les ames sainctes en paradis.

Bethleem pour le temps present est tout ruyné fors celle sumptueuse et solempnelle eglise qui jadis fut construicte et edifiée par Saincte Heleine, puis augmentée par Godeffroy de Billon et ses successeurs, qui est si belle que n'en ay veu gueres aultres si singulieres en longueur, largeur, haulteur et sumptuosité de matiere, parce qu'elle est toute encroustée et pavée de marbre avecques cinquante telles coulompnes que celles qui sont à l'entrée de Nostre-Dame la Rotonde à Romme. Au circuyt d'icelle, est d'ung costé, d'œuvre musayc[1], l'arbre Jessé painct; et sur

---

1. Frà Nicoló da Corbizzo, qui visita la Terre-Sainte, a donné dans sa relation une description plus détaillée que celle de Thenaud des mosaïques de l'église de Bethleem : « Alla parte destra, cioè di sopra alte colonne, si sono lavorate, e figurate, tutte le generazioni che si contengono nello Evangelio del libro delle generazioni di Iesù Cristo, comminciando ad Abraam, tutti figurati insienne, in fino a Cristo. A parte sinistra della nave si sono figurate tutte le generazioni che si contengono nello Evangelio d'uno degli Evangelisti che dice : *factum est, cum omnis populus baptizeretur, etc.*; e Cristo, com'e battizzato, *qui fuit Heli, qui fuit Mathar, qui fuit Melchi*, comminciando a Heli e poi a Mathar, e cosi infino ad Adamo, tutto d'opera musaica, si e scritto di lettere greche e latine. Di verso oriente, sopra la grande porta, che non s'apre si e figurato, della detta opera, 'albero, come nasce dello lato d'Abraam. Nello primo ramo si è Isaac.

le lieu où la glorieuse Vierge enfanta nostre Saulveur, il finit. De l'autre costé sont les prophetes avecques leurs dictz qui prophetizerent la Nativité de nostre Seigneur. La couverture est boys de cedre avecques plomb par dessus[1]. Soubz le grant autel de ladicte eglise est celle tressaincte spelonque en laquelle la Vierge et plus que benoiste mere enfanta son tressainct et precieulx enfant nostre Seigneur Jesus, vray Dieu et vray homme, en laquelle sont deux autelz ; l'ung au lieu où il nasquit, l'aultre devant la creiche, qui ne sont sept piedz distans l'ung de l'autre ; et combien que plusieurs princes et prelatz ayent labouré à parer et enrichir ledict lieu, touteffoys, il monstre et pretend si tresgrande austerité, qu'il n'est celluy qui n'ayt grande compassion dont la glorieuse Vierge souffrit et voulut ses couches (de frequence d'anges ornées), estre leans faictes. Là est le lieu où les Roys adorerent nostre Seigneur et là où l'estoille se desaparut d'eulx.

En ceste tressaincte chapelle (concedée ès Latins), ardent jour et nuict maintes lampes entretenues par

---

nello secondo si è Iacob, e cosi l'altre ramora tutti i Profeti che profetezarono Iesù Cristo tutti, ciascuno colla sua profezia in mano, come della detta generazione discese il Cristo. » (*Libro d'Oltramare di Frà Niccoló da Poggibonzi*, pubblicato da Alb. Bacchi della Lega, Bologne, 1881, pages 218-219.)

1. La toiture de l'église avait été réparée au XVe siècle, aux frais du duc de Bourgogne, Philippe le Bon. Les travaux furent complètement achevés en 1495. Cf. *Le Voyage de la saincte cyté de Hierusalem*. Paris, Leroux, 1882, page 81.

les chrestiens. La demourance des freres est à main senestre en entrant en l'eglise, qui est assez beau lieu, c'est assavoir une chapelle où disent leur office canoniel fondé de Saincte Katherine : cloistre soubz lequel est l'oratoire de Sainct Hierosme, sa sepulture et celle de Sainct Eusebe son compaignon : reffectouer, dortouer, chambres hospitailles, et jardins desquelz l'on veoit trois eglises, ès quelles, par plusieurs foys, fuz à l'esbat. L'une est au lieu où l'ange s'apparut à Joseph pour luy monstrer et enseigner la voye d'Egipte, l'autre au lieu où l'ange s'apparut ès pastoureaulx en disant : *Annuncio vobis gaudium magnum*. En la quelle jadis estoit ung monastere de vierges auquel saincte Eustochie fut la premiere abbesse ; et de celle eglise jamais pierre ne peult estre emportée, car les hommes ou chameaulx qui font leurs effors d'en tollir, enraigent, puis meurent en l'an. La troysiesme est de Sainct Nicolas dont les Mores ont faict musquete, en la quelle estoyt le monastere des sainctes Matrosnes sur lesquelles saincte Paule mere de Eustochie fut abbesse. A quatre milles de là est le monastere Sainct Sabe qui souloit estre moult grand et sumptueux, car pour ung temps y demourerent ensemble quatorze mille moynes.

Près l'eglise de Bethleem est une petite spelonque en laquelle Nostre Dame fut cachée plusieurs jours de paour d'Herodes et là allectoit son filz ; et les femmes du pays de par delà, pour avoir enfans et laict, visitent ledict lieu par devotion, et pulverizent d'icelle spelonque qui est tendre comme tuffeau, pour en boire.

Combien que le pays soit montueux et plain de rochz et pierres, touteffois, par certaines vallées sont bledz, vignes, figuiers, oliviers et aultres arbres en liberté. A cousté droict de l'eglise de Bethleem où jadis estoit la maison episcopalle, de present y demeurent Armenes.

Environ troys heures après midy, partiz de Bethleem pour aller en Hierusalem. Au chemin l'on trouve premierement la grande cisterne de David, puis le sepulchre de Rachel jouxte lequel est la tour de Jacob, en ung champ auquel on trouve tout temps (mesmement quand il a pleu), pierres que l'on jugeroit estre pois bons pour faire potaige qui là surcreurent premierement, par ce que ung laboureur qui semoit du fourment, interrogué de Nostre Seigneur ce qu'il semoit, respondit en se mocquant : sont pois ; auquel Nostre Seigneur dist : pois doncques soyent ! et tout son fourment fut converty en telles pierres. Après ce, est une eglise de Grecz au lieu où sainct Helye nasquit, et là puis après acheptay en vandanges du vin cuyt. *Item* : est le lieu auquel l'ange print Abacuth pour le transporter en Babiloyne ; puis est une cisterne, au lieu auquel les troys Roys virent derechief l'estoille qui s'estoit apparue à eulx en Orient. *Item* : une maison de Cayphe surnommée Mauconseil, auquel il prophetisa qu'il estoit expedient ung homme mourir pour le peuple. Puis, l'on trouve les grandes piscines devant lesquelles oultrepassasmes, et de là vins au mont de Syon auquel est la demourance et couvent des freres Mineurs qui là furent premierement mis par le Roy de Naples, Robert, frere de Sainct Loys, qui leur achepta la place du Souldan. Là, fuz receu à grande joye par les freres, mesmement du gardien et aultres qui m'avoyent veu au Cayre, combien que aulcuns Veniciens à cause des guerres qui lors estoyent entre France et Venise ne se resjouyssoient de ma venue. Il me fut assigné bonne chambre ou dortouer par le gardien, en laquelle demouray premierement dix jours continuelz, en visitant tous les sainctz lieux et en les revisitant; lesquelz je specifieray par ordre, sans escripre les jours que les visitay pour eviter superfluité. Et parce que pour la prolixité du temps que là fuz, reciteray souventesfois lesdictz voyages, affin que ceulx qui auront devotion à la Terre Saincte y aillent par esprit, en la meilleure forme qu'il leur sera possible; et avecques la peregrination du Mont Sinay et de Bethleem de laquelle j'ay escript, en mettray aultres douze.

La premiere peregrination doncques est celle de Sinay. La seconde de Bethleem. La troisiesme est en l'eglise du Sainct Sepulchre. Et fault sçavoir que en ceste eglise du Sainct Sepulchre sont sept nations. La premiere est des Latins qui ont troys oratoires : le premier est le Sainct Sepulchre ☩ qui est comme une tour ronde par le dehors, haulte tant que ung homme peult eslever la main et n'est en celuy endroit l'eglise couverte. Au dedans d'iceluy sepulchre sont deux chapelles ou manoirs. Le premier est rond qui a aultres sept brasses de tour et circuyt; puis l'on entre par une basse porte, au devant de laquelle est une pierre carrée, haulte d'ung pied qui contreboutoit celle grande pierre qui servoit le monument. Puis, quand l'on est entré, l'on trouve à main droicte le sepulchre tresglorieulz de nostre Redempteur, sur lequel sont deux aultres sepulchres couvers de drapz d'or et pierreries, et l'on n'en voit que le plus hault, car celuy auquel fut mis le precieulx corpz de Nostre Seigneur est bien bas, pour qu'il ne soyt desmoly par les Sarrazins s'ilz y vouloyent mal faire, ou qu'il ne soyt desgaté par les pelerins. Et est le sepulchre de la pierre mesme du rochier; celuy que l'on voit et sur lequel on dit messe et auquel les chevaliers sont creés, a neuf palmes et demye de longueur. En ceste seconde et saincte spelonque sont tous temps lampes ardantes sans lesquelles n'y a clarté ne lumiere audict sepulchre.

Le second oratoire est en une chapelle hors le grant cours de l'eglise auquel Nostre Seigneur s'apparust à sa mere le jour de sa triumphante resurrection ☩

sur laquelle est ung petit dortouer des Freres, et refectouer pour ceulx qui font leur sepmaine en ladicte eglise, qui demeurent leans enfermez soubz la clef de la grande porte de l'eglise par l'admiral ou son commis; et ne sont mis hors que le samedy auquel aultres y entrent pour commencer leur ebdomade. En ceste chapelle est, en une fenestre, partie de la coulompne à laquelle Nostre Seigneur fut flagellé. *Item :* au meillieu est le lieu auquel du tems de l'invention de la croix, ung mort sur icelle mis ressuscita; et une partie de la vraye Croix fut leans longuement gardée.

Le tiers oratoire est ung autel que ont les Latins au mont de Calvaire ☩ que les Georgiens (qui disent toute la chappelle à eulx appartenir), voulurent destruire en baillant faulx à entendre au Souldan, moy estant là; mais je retournay au Cayre pour solliciter nostre truchement, consul et ambassadeur qu'ilz impetrassent envers le Souldan qu'il fust reparé, ce qu'il fit et obtint monsieur l'ambassadeur, maistre André Le Roy qui luy cede et vient à grande gloire[1].

En la Terre Saincte ou de Sirie noz freres de Sainct Françoys vivant en l'observance reguliere, servans l'an pour tous les Latins, ont quatre demourances dont la principalle est le mont Syon

---

[1]. J'ai donné, dans l'*Introduction*, tous les détails relatifs à cette revendication des Géorgiens.

duquel lieu le gardien est comme legat; puis est le Sainct Sepulchre; le tiers est Bethleem et le quatriesme Baruth à deux journées de Damas. Là, sont lesdictz religieux pour la saincteté de leur vie et bonne exemplarité, mieulx supportez des Mores que aultres chrestiens.

La seconde nation est des Grecz qui tiennent pour leur oratoire le cueur auquel n'est aulcun mystere; mais seullement ung pertuys que l'on dict estre le meillieu de la terre habitable, combien que aulcuns friolletz modernes le mettent au Sin Persic. Leur principalle demourance est près l'eglise du Sainct Sepulchre au lieu où jadis se tenait le patriarche de Hierusalem. Les Grecz qui, pour leur scismes et presumptions, ont perdu leurs terres et seigneuries, ont maintes estranges façons differentes des Latins, et propositions entre lesquelles l'une est qu'ilz denient le Sainct Esperit proceder du Filz comme du Pere. En leur eglise ne veullent avoir fors ung aultel sur lequel, une foys le jour, se dict messe. Cecy font ilz (se disent ilz), affin que le Sainct Evangille soit mieulx presché et la multitude des messes tant mal et irreveremment dictes ne fussent mye; mais ilz consacrent de pain levé, et après la consecration, portent le precieux corps de Nostre Seigneur par toute l'eglise pour estre adoré; mais le peuple baisse les yeulx en l'adorant, se reputant indigne le veoir, ou en disant qu'ilz adorent trop mieulx des yeulx spirituelz que des corporelz, ce qui est vraye adoration. Ilz n'ont pas le sacrement de confirmation et nyent purgatoire, par quoy leurs prestres et caloyers, en confession, marchandent avecques leurs penitens pour sçavoir combien d'argent vouldront bailler lesdictz penitens, et sur eulx prendront la peine de leurs pechez ; c'est la mode des caphars Latins. Les prestres peuvent estre mariez et tenir femmes avecques lesquelles auront contracté avant prebtrise, mais non depuis. Ilz n'ont aulcuns soubdiacres ny celluy ordre. Ilz mangent le samedy chair, mais ilz ont plusieurs caresmes qu'ilz jeusnent en grande austerité, c'est assavoir le grand qu'ilz commencent dès la Septuagesisme, en esloygnant d'eulx peu à peu les viandes de charnau comme pour la premiere sepmaine chair, pour la seconde œufz, fourmaige et beurre. Puys, en tout le residu qui est dès la Quinquagesime à Pasques, ne mangent choses qui ait sang. *Item :* ilz ont tous les jeusnes des Apostres, ensemble de Nostre Dame et de Noel. Ilz cuydent meriter à faire mal ès Latins fors ès terres où les Latins les tiennent subjectz : parquoy peu se fault fier en eulx.

La tierce nation est des Maronites ainsi nommez pour leur heresiarque nommé Maro qui suivoyt l'erreur d'ung patriarche de Constantinoble dict Machaire. Ces hereticques furent nommez Monothelites parce qu'ilz disoient que en nostre Redempteur Jesus n'estoit fors une volunté, et desnoyent la divine distincte de l'humaine. Ceulx cy demeurent ès montaignes de Liban et Anteliban, qui sont moult bons archiers. Au temps de Innocent huictiesme pape du nom, l'ung de noz freres de Hierusalem qui sçavoit leur langaige alla prescher en leur pays; cependant, leur patriarche mourut et l'esleurent pour patriarche. Mais il ne voulut accepter ladicte election que premierement ne feissent obeissance au Pape et qu'ilz ne se soubmissent à l'eglise Rommaine, ce que ilz firent pour l'amour de luy. Et davantaige, statut perpetuel fut faict que confirmation de leur patriarche esleu seroit presentée au Pape et par luy confirmée. Leur patriarche, pour le temps qui estoit en celluy pays, se tenoit en Chipre et pour l'amour qu'ilz avoient ès Latins, le grand hospital leur avoit esté baillé en garde et leur prebstre souvent chantoit messe en la chapelle Sainct Thomas qui est au cloistre de nostre couvent du mont Syon. Leurs clercs usent de lettres caldées et le vulgaire de lettres arrabicques et langue sarrazine.

La quarte nation est des Abassins ou Ethiopes qui sont de la terre d'iceluy Roy et prince que, en langue corrompue, nommons le prebstre Jehan qui est assez craint du Souldan pour ce que icelluy prebstre Jehan luy peult diminuer l'eaue du Nil; et par ainsi la plus grande partie d'Egipte seroit sterille. Ceulx icy sont bons et tresdevotz chrestiens, fors quelques erreurs qu'ilz observent, non mye principallement, pertinacement comme font les Grecz ou Jacobites, mais parce qu'ilz sont loing de l'eglise Rommaine et que la verité et sincerité de la foy ne leur a esté preschée. Oncques ne les veis és lieux sainctz comme au Sepulchre, Calvaire, Bethleem ou le mont d'Olivet qu'ilz ne rendissent si haultz cris et souspirs avecques larmes de devotion eschauffées, combien qu'ilz eussent de longtemps acoustumé (lesdictz lieux qui leur debvoient affoiblir la devotion) comme s'ilz eussent perdu peres, meres, freres et tous amys. L'ung de leurs erreurs qui est digne de riz pour leur simplicité, c'est qu'ilz croyent Pilate estre egal en gloire à Sainct Jehan Baptiste par ce qu'il laboura tant que possible luy fut, à promuer l'innocence de Nostre Seigneur et le delivrer de mort; mais pour ce que Dieu avoit ordonné nature humaine debvoir estre racheptée par sa mort, il voulut que sentence fut donnée par luy laquelle fut seullement organe. Ceste oppinion est conforme à celle de Tertullien qui vint incontinent après les Apostres, lequel dist que Pylate fut faict chrestien aussy, et fit penitence de son mal. Sont de si grande austerité, que souvent ilz jeusnent la vigille des grandes solempnitez quatre ou cinq jours sans menger, fors que quelque confection. Puis, quant la solempnité est venue, ilz seront souvent, toute la nuict et le jour, sans cesser de danser. L'oratoire de ceulx cy est au mont de Calvaire hors l'eglise, au lieu où estoit la glorieuse Vierge quant Nostre Seigneur estoit en la croix. *Item* : ilz ont aultel en l'eglise joygnant, (par le dehors), la tour du Sepulchre. Leur maison est près l'eglise du Sainct Sepulchre au lieu où Melchisedec offrit à Dieu, pour la victoire d'Abraham, pain et vin ; et une aultre près le mont Syon où David fist plusieurs pseaulmes.

La quinte nation est des Jacobites qui est aultrement dicte des Suriens Coptes, ainsi nommez pour ung Jacques patriarche d'Alexandrie qui pervertist par ses heresies ceulx d'Ethiopie, Sirie, Egipte et aultres orientalles parties. Ceulx icy sont circonciz en leur baptesme et se font caracterizer de feu, croyant le baptesme ne valloir aultrement riens. Et croyent la perverse doctrine de Eutice qui disoit après la resurrection Nostre Seigneur n'estre fors une nature faicte et meslée de la divine et humaine. Ceulx icy sont tant alliez et amys des Sarrazins en mariages et aultres familiaritez que souvent ont trahy et deceu les chrestiens qui alloient pour conquerir celuy pays. Leur patriarche qui pour lors estoit au Cayre, que je veiz, estoit ung homme d'une saincte vie (les erreurs hors mys). Leur manoir est çà et là espandu, mais celuy de leurs ecclesiastes est beau et grant derriere l'eglise du Sainct Sepulchre. Et peuvent, quant bon leur semble, aller sur icelle eglise et regarder dedans, et les Grecz aussi.

La sixiesme nation est des Iveres ou Georgiens qui se disent avoir esté instruictz en la foy par la Samaritaine. Pource, la paignent avecques ung livre comme ung apostre; combien qu'ilz ayent esté instruictz par une chrestienne captive en leur terre, moult fervente en orayson et sainctes operations, laquelle guarist miraculeusement la royne du pays habandonnée à mort pour maladie incurable. Ilz se nomment Georgiens parce que en leurs guerres contre les infidelles, se disent porter l'estandard Sainct Georges, combien que Pline qui estoit avant le temps de Sainct Georges, face mention d'aulcuns nommez Georgues demourans près Yverie[1]. Ceulz cy observent et gardent la mode Grecque en cerimonyes et service d'eglise, fors en celebration de la messe, car le presbtre trampe ung grant pain qui vault environ ung douzain, au calice auquel sont du moins quatre pintes de vin; puis quant en a usé, beu et mengé, ceulx qui se reputent en estat de grace s'approchent et avecques une cuillere d'or ou d'argent en mengent. Leurs prestres portent barbes jusques à la ceincture et cheveulx moult longs[2].

---

[1]. *Georgi,* Sarmates laboureurs que Pline distingue des Sarmates nomades. Plin. 4, 12; 6, 13.

[2]. On peut consulter sur les croyances religieuses des Géorgiens la *Relazione della Cholchide hoggi detta Mengrelia* par le P. Dom Archangelo Lambert. Naples. 1654, in-4, et l'*Histoire critique de la creance et des coutumes des nations du Levant* par le sieur de Moni (Richard Simon). Francfort, 1693.

Au temps de Corradin prince et seigneur de Damas, quant les nostres assiegeoient Damiette, ilz feirent plaincte dont la guerre des chrestiens se faisoit contre les infidelles, sans qu'ilz fussent appelez, parce qu'ilz estoient pour faire aussi bons faictz d'armes que aultres[1]. Ces Iveres ou Georgiens sont plus supportez du Souldan et Mores que aultres, car ilz entrent en l'eglise du Sainct Sepulchre sans payer tribut. Et si ont leur oratoire en l'eglise du Sainct Sepulchre, en la saincte Chapelle du mont Calvayre; aussi ont ung solempnel monastere à Saincte Croix[2] qui est à une lieue petite de Hierusalem, où je veiz leur ambassadeur qui feist destruire nostre aultel du mont Calvayre et ès Armenes voulut tollir l'eglise Sainct Jacques. Raison de son support est que ilz sont comme Souices en celluy pays, et baillent victoire à qui leur plaist. Ainsi, ilz peuvent empescher les Perses et Turcqz pour aulcun temps de non invader les terres du Souldan, et luy font assavoir l'entreprinse de ses ennemys. Par la mallice de cestuy ambassadeur, fuz empesché de mon voyage de Perse et Indie.

La septiesme nation est des Armenes qui nom-

---

1. Il faut lire Noradin au lieu de Corradin. Les chrétiens n'assiégèrent point Damiette sous le règne de Noureddin Mahmoud ibn Zinguy, mais sous celui de Melik el Adil et de Melik Essalih, en 1218 et 1248.

2. Le Deïr el Moussallebëh ou couvent de Sainte-Croix fut possédé par les Géorgiens jusqu'en 1812; à cette époque, il passa entre les mains des Grecs qui y sont établis encore aujourd'hui.

ment leurs princes Catholiques lesquelz dominent sur eulx en toutes choses temporelles et spirituelles; de la lignée desquelz estoyt Tytonus [1] duquel ay extraict l'antique lignée des Tartares et Sophy que ay ailleurs escripte. Ceulx cy ne celebrent la feste de Noel, la circoncision, ny le baptesme de Nostre Seigneur, parce qu'ilz dient que besoing n'avoit d'expiation. Ilz font leur karesme en grande austerité, c'est assavoir sans poisson, huylle, potaiges et viande cuyte, combien que en icelluy mengent maintes foys le jour. Ils mengent le vendredy chair seullement, pour donner evidente preuve qu'ilz ne sont Grecz et qu'ilz ne veullent garder leurs cerimonies. Leur oratoire est au lieu où Nostre Seigneur fut oingt par Joseph d'Arimathie et Nichodeme aussi. Dessus les voltes ont leur retraicte moult belle et saine, delaquelle ilz voient le Sainct Sepulchre, le mont de Calvayre et tous les aultres lieux. Hors de ladicte eglise ont oratoires : l'eglise de Sainct Jacques le Mineur. *Item* : au mont de Syon l'eglise Sainct Saulveur qui souloit estre la maison de Anne où Nostre Seigneur fut colaphizé, affligé et de Sainct Pierre nyé. *Item* : une aultre eglise où estoit la maison de Cayphe et la pierre qui fermoit le tombeau leur sert là de grant

---

1. Il faut lire Aythonius. Hethoum se retira en France, au couvent des Prémontrés de Poitiers. Il écrivit l'histoire des souverains mogols de la Perse et lui donna le titre de *La fleur des histoires de la terre d'Orient*. On compte plusieurs éditions du texte français et de la version latine.

aultel, de laquelle est escript : *Erat quippe magnus valde*[1]. Là se monstre ung vieulx olivier que l'on dict estre dès iceluy temps.

Doncques, en l'eglise du Sainct Sepulchre est premierement le precieulx monument de nostre redempteur Jesus ☨. *Item* : le lieu auquel apparut Nostre Seigneur en espece de jardinier à la Magdeleine. *Item* : la chapelle où Nostre Seigneur s'apparut à sa glorieuse mere. *Item* : la prison de Nostre Seigneur. *Item* : où les bourreaulx diviserent et jouerent ses vestemens. *Item* : bien bas derriere le grant autel, la chapelle Saincte-Heleine ☨. *Item* : une coulompne à laquelle Nostre Seigneur fut couronné d'espines, laquelle fut apportée de la mayson de Pylate. *Item* : le sainct mont de Calvayre ☨ auquel l'on monte par trente degrez ; en iceluy sont les pertuys des croix, et est le roch fendu entre le lieu de la croix Nostre Seigneur et le lieu de la croix du maulvais larron. Et est asçavoir que Nostre Seigneur estant en croix, avoit sa face tournée vers la partie occidentale, et en descendant du mont devant luy, vers la partie senestre estoit Nostre Dame et Sainct Jehan l'Evangeliste et audict lieu est une chapelle. *Item* : une aultre des anges ; puis la tierce de Sainct Jehan Baptiste et la quarte de la Magdeleine : finablement, en ladicte eglise est le lieu où Nostre Seigneur fust oingt et ensuayré.

La IIIIe peregrination est dedans la ville. Il

---

1. Saint Marc, chap. XVI, v. 4.

est à noter que partout où il y a croix en ces voyages, c'est signe que là est planiere indulgence. Ailleurs est pardon de vii ans et vii quarantaines. Lesquelles indulgences et pardons donna (ce que l'on dit) S. Silvestre à la petition et requeste de l'empereur Constantin et sa mere Saincte Heleine.

Hors l'eglise, devant la grande porte, sur le pavé est le lieu où Nostre Seigneur cheut soubz le fais de la croix. *Item* : la maison de la Veronicque. *Item* : la maison de la Magdeleine, devant laquelle est celle du maulvais riche. *Item* : le lieu où les Juifz perforcerent Symon Cyrenense porter la croix et là dist ès femmes de Hierusalem : ne pleurez sur moy, mais sur vous, en predisant leur totalle destruction. *Item* : le lieu où Nostre Dame se pasma voyant son filz porter la croix et coronne (et là en grande confusion des chrestiens et deshonneur des roys et princes, l'admiral y fait ses estables). *Item* : un arceau passant d'une rue en aultre auquel Pylate dist : *Ecce homo;* en icelluy sont deux grandes pierres; sur l'une estoit Nostre Seigneur assis, sur l'autre Pylate quant la sentence fut donnée. *Item* : la maison d'Herodes où Nostre Seigneur fut demoqué en vestement blanc. *Item* : la maison de Pylate en laquelle Nostre Seigneur fut interrogué, flagellé, coronné d'espines et sentencié à mort. *Item* : le lieu où Nostre Dame nasquit. Jadis y soulloient estres moynes, mais les Mores l'ont faict musquete. *Item* : la piscine probaticque. *Item* : la porte de la ville jouxte laquelle Sainct Estienne fut lapidé. *Item* : la porte dorée † par laquelle Nostre Seigneur entra en Hierusalem le jour des Rameaulx. *Item* : le sumptueux temple que l'on dict de Salomon qui est hault, rond, et moult richement painct, mis au meillieu d'une grande place pavée de marbre blanc. En icelluy, Nostre Seigneur fut presenté. *Item* : disputa avecques les docteurs de la Loy, souvent prescha et en icelluy fit plusieurs miracles. En descendant dudict temple, est la porte specieuse : les Mores ne veullent permettre chrestien entrer dedans ledict temple. Et si aulcun se ingeroit et efforçoit d'y entrer, il se mect en dangier de perdre la vie, ou de renoncer la foy s'il ne paye dix mille seraphs d'or. Puis est la musquete des Vierges en laquelle Nostre Dame aprint lettres où sont environ deux mille lampes ardantes jour et nuict. Et de la musquete du Souldan qui est entre le Temple et l'escolle des Vierges (en laquelle fus souvent), on veoit dedans le Temple et dedans ladicte escolle.

La cinquiesme peregrination est au sainct mont de Syon. Premierement, vers le bas est le lieu où les Juifz voulurent ravir le corps Nostre Dame quant estoit portée ensepvelir. *Item* : le lieu où Sainct Pierre ploura amerement sa negation. *Item* : l'eglise de Sainct Saulveur où estoit la maison de Anne. *Item* : l'eglise de Sainct Ange où estoit la maison de

Cayphe. *Item* : la chapelle où Nostre Dame se tint les quatorze ans qu'elle vesquit après la mort de son filz et là deceda †. Laquelle chapelle souvent erigée a esté tousjours destruicte par les Mores. *Item* : le lieu où Sainct Jehan l'Evangeliste disait messe. *Item* : le lieu ou Sainct Matthias fut esleu Apostre. *Item* : le lieu où Nostre Seigneur preschoit. Le lieu où Nostre Dame estoit assise. *Item* : le lieu où Sainct Estienne fut secondement ensepvely avecques Gamaliel et Abibon. *Item* : le sepulchre David et des aultres Roys où les Mores ont faict musquete *Item* : le lieu où se diviserent les Apostres pour prescher par l'universel monde. *Item* : le lieu où Nostre Seigneur fit la Cene et institua le sacrement de l'autel †, et c'est le grant autel de nostre couvent. Plus bas, à ung aultre c'est où il lava les piedz à ses Apostres et où il les reprint, le jour de l'Ascension, de leur incredulité. *Item* : plus hault sur l'eglise, en tirant vers soleil levant, est le lieu où les Apostres receurent le Sainct Esperit le jour de la Penthecouste †. *Item* : où il apparut à Sainct Thomas et és aultres Apostres huit jours après sa resurrection †. *Item* : le lieu où Sainct Jacques fut martyrisé. *Item* : où David fist sa penitence. *Item* : le lieu où Nostre Seigneur salua et s'apparut le jour de Paques és Maries, leur disant : *Avete*[1].

La sixiesme peregrination est en la vallée de Josa-

---

1. Saint Matthieu, chap. XXVIII, v. 9.

phat et Siloé. Premierement, est le lieu où Sainct Estienne fut lapidé. *Item* : le torrent de Cedron sur lequel longuement demoura la croix Nostre Seigneur de laquelle la royne de Saba prophetiza. *Item* : le glorieux sepulchre de Nostre Dame ☩ auquel l'on descend par trente et huict degrez. A l'entrée, en deux arceaux, sont les sepulchres de Joachin et Anne. *Item* : les trois lieux où Nostre Seigneur en Gethsemani fist ses trois orations, en l'ung desquelz sua sang. *Item* : le lieu où il fut prins et lyé. Puis, assez loing de là, en descendant vers la vallée Tophet, a une fontaine à laquelle Nostre Dame lava le linge de Nostre Seigneur quant elle le presenta au temple. *Item* : le vivier ou natatoire Siloé où l'aveugle fut illuminé. *Item* : le lieu où Ysaye fut syé, et là près est sa sepulture. *Item* : le lieu auquel estoyent mussez les Apostres au temps de la Passion. *Item* : le champ Acheldemach qui fut achepté des trente deniers desquelz Nostre Seigneur avoit esté vendu, sur lequel sont douze grans pertuys.

La septiesme peregrination est au sainct mont d'Olivet auquel est le lieu où Sainct Thomas receupt la sainture de Nostre Dame quant elle fust eslevée au ciel. *Item* : le lieu auquel Nostre Seigneur ploura sur la cité. *Item* : le lieu où l'ange apporta à la glorieuse Vierge Marie la palme et luy annonça le temps de son trespas. *Item* : Galilée où Nostre Seigneur s'apparut le jour de Pasques à ses unze

Apostres. *Item* : l'eglise toute ronde, sans couverture au lieu où Nostre Seigneur monta és cieulx ✝ et là apparoissent ses vestiges et pas. *Item* : l'eglise et sepulchre de Saincte Pelagie. *Item* : Bethphage où Nostre Seigneur monta le jour des Rameaulx sur l'asne. *Item* : l'eglise Sainct Marc toute ruynée au lieu que les Apostres composerent le Simbole. *Item* : le lieu ou Nostre Seigneur prescha les huict beatitudes. *Item* : le lieu où Nostre Seigneur composa le *Pater noster* et aprint à ses Apostres prier. *Item*, le lieu où Nostre Dame se repousoit visitant les Sainctz lieux. *Item* : le sepulchre de Sainct Jacques le Mineur. *Item* : le sepulchre de Absalon contre lequel les enfans gettent pierres en signe de malediction, combien que aulcuns disent que c'est le sepulchre du prophete Zacharie.

La huictiesme peregrination est de Bethanie qui est à une petite lieue de Hierusalem. En allant, se trouve premierement le champ où estoit le figuier auquel Nostre Seigneur donna sa malediction et despuis en icelluy lieu n'eut figuier. De l'autre costé se monstre le tronc de l'arbre auquel Judas se pendit. *Item* : la mayson de Symon Lepreux. *Item* : le sepulchre de Lazare duquel il fut revocqué à vie et là est une fosse et caverne en laquelle la Magdaleine par aulcun temps fit sa penitence. *Item* : la maison de Marthe. *Item* : la maison de la Magdaleine. *Item* : le lieu où estoit assis Nostre Seigneur quant Marthe luy dist : *Domine, si fuisses hic, frater meus non fuisset mortuus*, qui est une pierre moult dure.

La neufviesme peregrination est és montaignes de Judée distantes de Hierusalem deux lieues et demye françoises. Premierement, est le monastere Saincte Croix au lieu où l'arbre de la vraye Croix creut. *Item* : la maison de Sainct Symeon qui porta Nostre Seigneur entre ses bras. *Item* : une belle eglise voltée et bien croysée qui sert aujourd'huy d'estables, où Nostre Dame salua Saincte Elizabeth et composa *Magnificat*. Et là prés, est le lieu où nasquit Sainct Jehan. *Item*, par delà une fontaine, estoit la maison champestre de Zacharie auquel il composa *Benedictus Dominus Deus Israel*, et là croissent certaines fasciolles que les pelerins emportent.

La dixiesme peregrination est du fleuve Jourdain à une journée et demie de Hierusalem bien petite. Premierement estoit ung monastere au lieu où s'estoit tenu Sainct Joachin pere de Nostre Dame. *Item* : la montaigne de la Quarantaine où Nostre Seigneur jeusna quarante jours et quarante nuictz. A la syme du mont est le lieu où le dyable dist à Nostre Seigneur : *Hec omnia dabo, tibi si cadens adoraveris me*[1]. *Item* : Hierico où se monstre la maison de Zachée ; et le meilleur savon du monde est celluy qui se faict de cendre de feuilles de certains arbres qui sont en Hiericho. *Item* : le lieu où Nostre Seigneur illumina ung aveugle. *Item* : souloit estre ung monastere au

---

1. Saint Mathieu, chap. IV, v. 9.

lieu où Sainct Jehan Baptiste preschoit. *Item :* le lieu au fleuve Jourdain ✝ auquel Nostre Seigneur fut baptisé. *Item :* ung monastere en celle vaste solitude où Sainct Hierosme demoura quatre ans. *Item :* la mer Morte où perirent cinq citez, et en Segor se monstroit la demourance de Loth. *Item :* de là le fleuve, est le desert auquel Marie Egiptiacque fit sa penitence.

La XIme peregrination est de Nazareth qui est à quatre bonnes journées de Hierusalem. Premierement, on trouve le lieu où Sainct Estienne fut ensepvely avant qu'il fut translaté. *Item :* le chasteau Abiera où Nostre Dame cogneut avoir perdu Nostre Seigneur, pource, s'en retourna en Hierusalem. *Item :* le puys de la Samaritaine. *Item :* la cité Sicham que aujourdhuy on nomme la Polose ou Napoulouse où furent ensepvelys les ossemens de Joseph. Et là est le puys de la Samaritaine. *Item :* la cité Sebaste en laquelle est une eglise au lieu où Sainct Jehan fut emprisonné et decollé. *Item :* le lieu où Nostre Seigneur guarit les deux ladres. *Item :* la cité Naym où Nostre Seigneur ressuscita le filz de la veufve à la porte de la cité. *Item :* Nazareth où est une moult belle eglise en laquelle sont deux pierres pour signe de lieu où estoit la Vierge et l'ange Gabriel quant luy dist : *Ave gratia plena, Dominus tecum, benedicta tu in mulieribus* ✝, et quant elle conceupt le filz de Dieu. *Item :* la fontaine où Nostre Seigneur puisoit l'eaue qu'il apportoit à sa mere. *Item :* la montaigne dont ceulx de Nazareth voulurent precipiter Nostre Seigneur. *Item :* le mont Thabor où Nostre Seigneur se transfigura. *Item :* Capharnaon où Nostre Seigneur fit plusieurs miracles. *Item :* la mer de Galilée. *Item :* la cité de Thiberiade où Nostre Seigneur appella Sainct Mathieu. *Item :* le lieu où Nostre Seigneur ressuscita la fille de l'archisinagogue. *Item :* deux montaignes ésquelles Nostre Seigneur par deux foys (à l'une de cinq, à l'autre de sept pains) resasia grandes turbes : sur la mer est le mont du Carme. *Item :* prés Sydone le lieu où Saincte Marcelle dist à Nostre Seigneur : Bienheureux est le ventre qui t'a porté et les mamelles qui t'ont alaicté. *Item :* prés la cité de Thir est le lieu où Nostre Seigneur guarit la fille de la Chananée. Puis, l'on va en Damas où l'on trouve le lieu auquel Nostre Seigneur dist à Sainct Pol : *Saule, Saule, quid me persequeris. Item :* dedans le mur est une fenestre par laquelle Sainct Pol saillit pour fuyr les mains de ses adversaires. *Item :* le lieu où Sainct Paul fut baptizé par le disciple de Nostre Seigneur Ananie.

La cité de Damas (en laquelle me fut permis d'entrer) est la meilleure que ayt le Souldan après le Cayre si tresbelle, amene et fertile que la fertilité surmonte toute foy et credulité. Là sont les deux fleuves jadis nommez Abana et Farfar qui arrousent la terre qui est moult feconde en bledz et vignes qui ont raisins en toutes saisons de l'an, prez, oliviers, orangiers, grenadiers et toutes sortes d'arbres. Es maisons de la ville faictes de marbre, ophyte et œuvre musayc sont maintes delectables fontaines. Là se faict le syrop de rubez[1] et non ailleurs. Les roses sont sans comparaison de meilleure odeur que les nostres. Au meillieu de la ville est une forteresse en laquelle sont imprimeez les armes et fleurs de lys des Florentins, pour ce que ung Florentin qui guarit jadis le Souldan de poyson et venin auquel aultres ne peuvent secourir, eut celle ville pour son salaire et agreable service ; et fit faire la forteresse en laquelle sont quatre pontz leviz, à chascun d'eulx sont cinquante mameluz à faire la garde, laquelle se faict semblablement toute la nuict au son de la cloche; et s'il advient que l'ung d'eulx dorme et ne respond au signe, il sera tout l'an en pain et eaue en prison. En ceste forteresse est un grand casquer de par le Souldan auquel l'admiral de Damas qui est riche, moult puissant et le premier des aultres admiraux luy doibt honneur et reverance[2]. En ladicte cité est une grande musquete (comme Sainct Pierre de Romme), qui n'est couverte au meillieu, où repose le corps de Sainct Zacharie pere de Sainct Jehan que

---

1. Sirop de mûres.
2. Le gouverneur général de la Syrie portait, à l'époque de la domination des Sultans Mamelouks, les titres de *Kafil essaltbaneh* (le représentant de la royauté) et de *Naib eccham* (vice-roi de Syrie) ; il résidait à Damas. L'émir

les Mores ont en grande reverance[1], et quiconque sur icelluy se parjure ne veoit pas le bout de l'an.

A deux journées de Damas, ou environ, sur la mer est Baruth près du lieu où Sainct Georges occist le dragon et delivra Saincte Barbe fille du roy d'icelluy pays. Aussi y est celle saincte imaige de Nostre Dame jadis faicte par Nichodeme que les Juifz crucifierent, de laquelle saillit sang et eaue miraculeux. Là ont noz freres ung couvent pour recepvoir les vivres et biens qui leur sont apportez de Chipre, pour transporter en Hierusalem et Bethleem.

Le quatorziesme et dernier voyage est de Hierusalem en Jaffe qui est une bonne journée. Et pour cestuy faire, partismes de Hierusalem, le second jour de septembre quatre religieux de Hierusalem, Messire Nicolas chevalier de Poulonne, Messire Denys de

---

qui commandait le château était nommé par le Soudan et était indépendant du gouverneur. Le nom que lui donne Thenaud est altéré de la façon la plus bizarre. Ce mot *casquer* est peut-être la corruption de *Bach asker*, le chef des troupes, ou de *Dizdar*, châtelain. La fable relative au Florentin qui aurait sauvé la vie d'un Soudan et reçu en récompense le château de Damas, est rapportée par tous les voyageurs du moyen âge. Thevenot au xviie siècle en fait encore mention.

1. La grande mosquée de Damas ou mosquée des Omeyyades était, à l'époque byzantine, la basilique de Saint-Jean-Baptiste. Lors de la conquête de Damas la moitié de l'église fut affectée par Khalid au culte musulman, l'autre moitié fut laissée aux chrétiens. Elle leur fut enlevée en l'année 86 de l'hégire (705) par le Khalife Welid, fils d'Abdel Melik. M. Quatremère a, dans l'*Histoire des Sultans Mamelouks* (tome II, pages 262-288), recueilli les renseignements donnés par les historiens arabes sur cette magnifique mosquée.

Mons prebstre et moy esperans aller par mer à Baruth, puis à Damas. Mais le jour de Nostre Dame dudict moys, ainsi que saillions hors du port, nostre nef chargée de fourment s'entreouvrit et cuydasmes tous noyer. Et si ne fust le prompt et diligent secours que eusmes des nefz qui estoient au port, nous estions perdus. Celuy qui gardoit la tour cuydant que naufrage se fist, avecques son estandard qu'il leva fit venir bien cinquante Mores. Mais ilz n'eurent occasion de riens piller. Si naufrage se fust faicte, nous estions tous esclaves. Pour celuy jour nous convint louer bestes avecques moult grande difficulté pour nous rapporter en Rame à deux bonnes lieues ou trois de Jaffe : mais pour ce que le seigneur du lieu nous vouloit contraindre retourner audict navire, à la persuasion de nostre nautonnier, ce que ne voullions pour ce que il nous estoit moult rude, car pour sa tradite, avions jà consommé noz vivres, fusmes contrainctz donner audict seigneur dix seraphs d'or que avions avancéz à nostre marinier qui debvoit avoir xxxvii ducatz de nous. Parquoy retournasmes après congié prins du Cassaudier[1] de Rame en Hierusalem, le dixiesme de septembre ; et demeuray encores en Hierusalem et

---

1. Le gouverneur de Ramlèh portait le titre de *Kachif* (inspecteur). Je crois reconnaître dans le mot de Cassaudier la forme altérée de Khaznadar (trésorier, receveur des finances). Cet emploi est désigné dans les anciennes relations du Levant par les mots Casnadar, Casnaudar et Casnauder.

Bethleem en faisant souvent les sainctz pelerinaiges. Es unze jours que fuz là, deux foys seullement entray en l'eglise du Sainct Sepulchre, c'est assavoir le vingtiesme et cinquiesme d'aoust et dix septiesme de septembre.

En cestuy voyage de Jaffe, ceulx qui descendent de mer en prenant terre ont planiere remission de tous leurs pechez †. Près le port touteffoys, à la coste de la mer, se monstre une grosse pierre jouxte laquelle Sainct Pierre souvent preschoit. Icy est le port où Jonas s'enfuyoit de la face de Nostre Seigneur. *Item :* le lieu où Sainct Pierre ressuscita Thabite, servante des Apostres.

A Rame est l'hospital des pelerins que le noble duc de Bourgoigne Philippes fit faire. Là nasquirent les Machabées. Là aussi est le lieu où Sainct Pierre guarit le paraliticque Eneas. A deux milles de là est la ville de Lyde en laquelle fut martyrizé Sainct Georges; puis Emaulx aultrement dict Nycopole où Nostre Seigneur s'apparut en espece de pellerin; et se treuve une chapelle de Sainct Cleophas dont le corpz est à Montpellier. L'on passe près Arimathie où estoyt Sainct Joseph qui ensepvelit Nostre Seigneur; par Anathot dont estoyt Hieremie, et par Silo où fut ensepulturé le prophete Samuel. Et par ainsi sont les douze peregrinations lesquelles joinctes à celles du mont Synay et de Bethleem font quatorze.

Pour la seconde foys que fuz en Hierusalem, y demouray jusques au jour Sainct Mathieu, auquel après vespres fusmes à coucher à Betisselle, en la maison d'ung chrestien de la saincture auquel avoye marchandé pour me ramener et reconduyre au Cayre, ce qu'il fit. Nostre chemin fut par Gaze qui est une belle ville sans murailles en moult bon pays assise, plaine de gens et de biens. Là se monstre le lieu où Sanson mourut avecques plusieurs Philisteens quant rompit les coulompnes qui soustenoyent l'edefice et le lieu où se faisoyt ung bancquet. *Item :* la montaigne sur laquelle il porta les portes de la cité. D'ung costé est la mer à quatre milles de là, de l'autre à une lieue les desers, ésquels demourasmes dix jours sans trouver aulcune chose fors une grande musquete où estoyent assez vivres[1]; aussi Cathié, Belbes[2] et la Hanque. Par autant que j'estoye près la litiere et train d'une dame de Perse, seur de la mere de Sophy, et que l'on cuydoit que fusse de son train, il ne fut demandé à mon vesturier ny à moy, choses quelconques. Ceste dame alloit au Souldan pour fouyr la persecution de son nepveu. Elle avoit en sa compaignie vingt mammeluz bien montez sur chevaulx pour seurement la conduyre, et avoit cinquante chameaulx pour porter ses femmes et bagaige. Sa litiere moult belle et

---

1. Probablement la mosquée de Ouerradèh entre El Arich et Sewwadèh.
2. Bilbeis, dans la province de Charqièh.

riche estoit portée par deux chameaulx. Toute la nuyct, devant elle, brusloyent flambeaulx qui precedoient sondict curre, et toute la nuyct, estoit ung aveugle, merveilleusement bien chantant, qui disoit et chantoit les gestes de ses ancestres et louenge à Dieu. De sa cuysine souvent recueilly des biens ; aussi elle avoit commandé nous en estre distribuez. A ceste cause, le retour ne me fust tellement miserable ou penible que l'allée. Quant fusmes à Hanque, troys lieues du Cayre, nostre vesturier partist de nuyct avecques une quantité de la carvane pour nous conduyre au Cayre sans attendre ladicte dame, dont mal luy en cuyda prendre, car à une lieue du Cayre certains mammeluz qui ne font que piller luy osterent ung de ses muletz ; et fusmes arrestez plus de trois heures, et gardez par deux esclaves soubz un palmier, si que cuydions du moins estre depouillez et pillez ; mais Dieu nous secourust et Monsieur Sainct Françoys duquel estoit la solempnité, car nostre vesturier si rachepta son mulet et moy de trois ducatz. Environ trois heures au matin, entrasmes dedans le Cayre duquel bien sçavoie les portes et rues, et conduys mon vesturier au logis de l'ambassadeur auquel priay et repriay, ensemble au consul et truchement que ilz ne souffrissent l'injure que les Georgiens nous avoyent faicte en Hierusalem sans qu'elle fust amandée. Et obtindrent enfin du Souldan que nostre aultel par eulx destruyct seroit reediffié. Puis, sollicitay Monsieur l'ambassadeur aller en Hierusalem pour faire le sainct voyage et pour faire remettre ledict aultel sus. Ce qu'il fit. Lequel moult instamment me faisoyt solliciter de encores retourner en Hierusalem; mais le desir que avoye de retourner en France, les grans labeurs que avoys prins et l'argent qui me failloit me tiroyent ailleurs.

Le quatorziesme doncques d'octobre, l'an mil cinq cens et douze, partiz du Cayre pour m'en retourner en France.

CHAPITRE CINQUIESME

DU VOYAGE, NAVIGATION ET CHEMIN QUE FEIZ DÈS LE CAYRE A AMBOYSE AUQUEL LIEU ESTOIT MADAME; DE RHODES ET MODON.

u moys et jour suscriptz, à Boulac port du Cayre, montay sur le Nil par lequel descendismes près de trois jours en oultrepassant Sainct Hemon[1] et maintes bourgades de la terre d'Égipte, si que au troisiesme jour, prinsmes port à Damyecte[2] que jadis conquit Sainct Loys roy de France. Mais ce n'estoit pas si

---

1. Sainct Hemon est la corruption du nom de Samannoud, gros bourg situé sur la rive gauche de la branche Pélusiaque du Nil, à deux milles à l'est de Mahallet el Kebirèh.

2. « Damiate est située sur le rivage du Nil, à cinq mil de la bouche anciennement appellée *Pelusium ostium* ou *Pelusiacum*. La ville est d'assés grande estendue, et de plus grand traffic, que nulle autre ville d'Egypte aprez le Caire. Les mesmes herbes, plantes et fruicts qu'il y a à Rosette y croissent aussi : mais en plus grande quantité pour estre le terroir beaucoup plus gras, et fertil. Ils ont entre autres, grandissime abondance de musiers (bananiers) lesquels les habitans cultivent avec soing et diligence pour le grand proffit qu'ils en tirent : ensemble de cannes de sucre et cassiers... Il s'y faict grand bazar d'une estoffe qu'ils appelent *Bouoge* dont les Mores vont continuellement vestus et est faicte moytié soye et laine, bizarre de couleur, quasi comme les toilles rayées. » (*Peregrinations du S. Jean Palerne, Foresien, secretaire de François de Vallois, duc d'Anjou et d'Alençon*. Lyon, 1606, pages 218-219)

près de la mer comme elle estoit lors. Jadiz se nommoit Civitas Heron, c'est à dire la cité des nobles. Le pays auprès Damyecte est moult bon et fertile en bledz, sucres, pastures, chairs et poissons. Aussi de Grece, chascun jour sont amenées grandes marchandises de vin, huylle, carrudes, fromaiges, boys, miel, cyre et drapz. A ceste cause sont là plusieurs Grecz demourans qui ont une eglise de Sainct Georges, sur lesquelz est ung consul Venicien et sur aultres marchans. Lequel ne me voulut loger, prester vestemens pour dire messe, ne faire aulcune charité pour le temps que estoye là. Parquoy me retiray chès ung More où estoit logé messire Francisque de Lalle, marchand de Montpellier, qui chargeoit casse, fistulle et aultres marchandises. Et passay tout le residu du moys d'octobre et du moys de novembre en attendant nef pour passer ès terres chrestiennes, en grande povreté et misere, car tout m'estoit failly, fors quelques petites bagues comme rubis, turquoyses et esmeraudes que fuz contrainct vendre pour vivre. Et estoit mon coucher en cestuy temps sur le marbre en une court non couverte où se gettent les marchandises. Mon hostesse More m'estoit si gracieuse, que tous les matins me saluoyt à coups de pierres, et parce qu'elle me rencontroit au saillir de sa porte chascun matin (dont cuydoit en avoir toute la journée pire encontre) elle crioit en langue arabique : « O mon Dieu! quel crime et peché ay je faict contre toy pour lequel m'ayes ainsi pugnye de trouver cestuy matin en nostre chemin ce chien et fils de chien. « Ro rogerbou[1], » c'est à dire : Va t'en d'icy savate puante! Ainsi passay celuy temps en grande et inestimable penitence. Le jour Saincte Katherine, bien matin, partismes de Damiette en une germe ou gabarre moult chargée. Et bien peu faillit qu'elle ne se rompist contre les sables. Car la fleuviere est moult dangereuse à l'issue. Puis que nous fusmes en ung galleron qui estoit chargé pour Rhodes, l'ayde du Sainct Esperit invocqué, feismes voille; et pour aulcunz ventz contraires coustoyasmes Chypre, Castel Rouge ; et demourasmes au golfe de Satallie qui est moult dangereux neuf jours, auquel saincte Heleine getta pour le rendre navigable ung des cloux de Nostre Seigneur. Et parce que estions plus de deux cens audict galleron, et ne cuydions tant demourer, fusmes trois jours sans eaue qui nous estoit si tresgrief que ne sçavions que faire.

Le quatriesme de decembre vismes, au matin, la tant desirée isle de Rhodes vers le Lindo, et trois heures après midy, prinsmes port en la ville auquel sceumes la mort du feu sainct homme et chevaleureux prince Messire Aymery d'Amboyse[2], grand maistre de la

[1]. Rouh, rouh guerbou ; voir la note de la page 67.
[2]. Aimery d'Amboise mourut le 13 novembre 1512 à l'âge de soixante-dix-huit ans : Guy de Blanchefort, prieur d'Auvergne, qui avait été élu grand-maître, mourut dans la traversée de Marseille à Rhodes. Le chapitre de l'ordre porta ses suffrages sur l'amiral Fabrizio del Caretto.

religion de Sainct Jehan de Rhodes qui estoit mort depuis trois sepmaines, et comment on avoit esleu feu Monsieur le grant prieur d'Auvergne qui deceda sur mer, en allant audict Rhodes, lequel estoit nepveu de feu Messire Pierre d'Aubusson grand maistre, cardinal et legat qui avoit deffendu l'isle et la ville du grant Turcq Mahommet qui print Constantinoble et divers royaulmes sur les chrestiens. Par la mort duquel grand maistre prieur d'Auvergne fut esleu Messire Fabrice Coulompne de la maison de Final en la riviere de Gennes, auquel succeda le tresillustre seigneur Monsieur le grant prieur de France, soubz lequel ladicte isle fust prinse du grand Turcq après longue obsidion, en laquelle luy et ses chevaliers firent tresglorieulx faictz d'armes, laquelle chose ne fust advenue si les princes chrestiens eussent esté en paix et eussent donné secours. Ce me fut chose moult joyeuse d'ouyr sonner cloches, parce que avoye esté plus de dix moys sans les ouyr, car les chrestiens demourans ès terres des infideles n'ont aultre sonnerie que celle que avons ès tenebres les troys jours avant Pasques. Audict Rhodes me retiray à Monseigneur le chevalier de Malicorne de la puissante maison de Suggeres, grant maistre d'hostel dudict feu Messire Aymery d'Amboyse, duquel fuz mieulx et avecques plus grande charité recueilly que ne fut Appolonius de Bragmes, car il me amena jusques à Nice à ses propres coustz et despens traicté comme sa personne. Puis, en terre me donna tant de biens, que par son seul moyen fuz monté et mené jusques à Amboyse. Et la meilleure fortune de tout mon voyage, fut trouver celluy tresvertueux et liberal seigneur.

Rhodes est opposite à Carye (que, à present, l'on nomme Turcquie) qui a, selon mon jugement, environ cinquante lieues de circuyt, car c'est la plus grande isle après Candye, Chypre et le Mathelin (qui jadis se nommoit Lesbos), que aultre qui soit en celle mer Carpatique. Ceste cité ou isle a eu divers noms, entre lesquelz les quatre principaulx sont Ophnise, Stadie, Telchine et Collosse. Cestuy nom Collosse luy fut attribué pour une grande statue de Juppiter ou de Soleil que Cares du Lindo fit, qui fut ung ouvraige nombré entre les sept merveilles du monde, car c'estoit une ymaige de metal faicte en fonte, laquelle avoit soixante et dix couldées de hault, entre les jambes de laquelle passoient nefz avecques leurs appareilz. Elle cheut par ung tresgrant tremblement de terre, et pour certains prodiges, on n'osa la refaire. Le Souldan d'Egipte Abusac nommé, quant pilla l'isle, emporta tant de metal que neuf cens chameaulx en furent chargez[1]. Prés la statue estoit painct ung satire et une perdrix à laquelle les unes s'arres-

1. La conquête de Rhodes par les Musulmans eut lieu en l'année 35 de l'hégire (655), sous le règne du Khalife Moawiah ibn Abi Sofian. L'expédition était commandée par Djounadèh ibn Oumeyyah el Azdy. (*Chronique d'Ibn el Athir*, ed. Tornberg, tome III. page 410.)

toyent et sonnoyent. Aulcuns extiment estre ceste cité à laquelle Sainct Pol adressoit ses epistoles *ad Collossenses*. Mais c'estoit en une autre cité d'Asie la moindre, qui estoit en Lydie sur le fleuve Lycus sur lequel est aussi Laodicée où Sainct Jehan adressoit une epistolle de son Apocalipse. De ceste cité Colosse de Lydie faict mention Herodote et Strabo au douziesme livre de sa Geographie et Sainct Hierosme. Et ne se nommoit pas Rhodes Collosse au temps de Sainct Pol, mais avoit prins dés longtemps le nom, à cause que és fondemens de la ville, quant elle se faisoit, l'on trouva ung chapeau de roses. Par ainsi, la ville a donné le nom à toute l'isle, comme Candye à Crete. De ceste maniere ay escript en nostre translation des Epistres du glorieux Monsieur Sainct Pol qui seront produictes, Dieu aydant, bientost en lumiere.

Ceste isle a esté souvent libere, puis moult affligée par les empereurs tant de Romme que de Grece : et depuis le temps qu'elle est entre les mains des chevaliers de Sainct Jehan, a esté non seullement gastée par les Souldans Turcqz et aultres infideles, mais par les Genefvoys[1] qui la voulurent prendre par

---

[1]. Les Génois s'emparèrent par surprise de Rhodes en 1249, pendant une absence du gouverneur Jean Gabalas. Malgré le secours que leur donnèrent Guillaume de Villehardouin, prince d'Achaïe, et Hugues, duc de Bourgogne, ils furent contraints de capituler entre les mains du protosebaste Théodore Contostephane, envoyé par l'empereur Vatace pour replacer l'île sous son autorité.

traïson et furent en recompense de ce, contrainctz de faire les moulins qui sont sur le port. *Item :* par les Venissiens qui bousterent toutes les vignes et arbres d'icelle, dont le Roy d'Angleterre s'en vengea sur les premieres gallées Veniciennes qui entrerent en ses portz. Touteffoys, elle a tousjours emporté triumphe et victoire, aulcunes foys par le seul ayde superceleste comme apparut en l'assault que donnerent les cent cinquante mille Turcqs au temps de leur empereur Mahommet, car Nostre Dame et Sainct Jehan s'apparurent miraculeusement sur les murailles de la ville, qui tellement esbayrent les Turcqs qu'ilz furent convertis en fuytte; aulcunes foys aussy par l'ayde des Papes et princes chrestiens. Mais en noz malheureux jours, il semble que Dieu et tout le monde l'eussent habandonnée.

La religion de Sainct Jehan commença à la mode qui s'ensuyt, en Hierusalem.

Après que les Barbares et infideles eurent conquis Sirie et Hierusalem, ung Souldan d'Egipte conceda ès chrestiens de Sirie pouvoir demourer en la quarte partie de Hierusalem en luy payant tribut annuel.

Les Latins prierent audict Souldan qu'il pleust leur laisser aussi jouxte l'eglise du Sainct Sepulchre, une demourance en laquelle peussent construyre et edifier eglise, parce qu'ilz ne gardoient les cerimonyes ne modes des chrestiens de Sirie, ce qui leur fut octroyé. Pource, ediffierent une eglise qu'ilz nommerent Nostre Dame la Latine, laquelle estoit servie par chanoines reigléz ayans abbé, desquelz l'office estoit recepvoir et humainement traicter les paouvres pelerins, jouxte laquelle estoit l'eglise de la Magdaleine où estoient receues les femmes pelerines. Mais la multitude des pelerins ne peult pas leans estre bien recueillye. Pour ce, fut faict ung beau et grant hospital fondé de Sainct Jehan Baptiste, parce que son pere Zacharie avoit audict lieu souventesfoys vacqué à contemplation. Aultres dyent qu'il fut fondé de Sainct Jehan l'Aumosnier, patriarche d'Alexandrie natif de Chipple, qui florist au temps de l'empereur Phoca, lequel nommoit les Panires ses seigneurs. Cestuy hospital, parce qu'il n'estoit fondé fut entretenu tant par les deux abbayes de Nostre Dame la Latine et la Magdaleine que de aulmosnes mendiez. Advint que ung hospitalier nommé Gerard[1], qui fut longuement administrateur dudict lieu et aulcuns devotz à luy aliez, prindrent l'habit que de present portent Messieurs de Rhodes, qui fut approuvé du Pape et du patriarche de Hierusalem. Et semblable chose fist Dame Agnès qui, en l'eglise de la Magdaleine, gouvernoit les vierges religieuses. Le premier grand maistre puis après fut

---

1. Gerard Tom ou Tung, né à Amalfi, est considéré comme le fondateur de l'ordre des Hospitaliers. Il mourut en 1120.

nommé Raymond[1] qui commença à bien administrer le faict de religion, et peu à peu, grans biens leur furent donnez. Godeffroy de Billon, selon plusieurs, leur donna l'isle de Rhodes et l'empereur de Grece si consentit pour la continuelle rebellion des insulaires, de laquelle peu à peu getterent les Barbares et l'ont gardée jusques à l'an mil cinq cens vingt et trois, auquel temps, non seullement toute Europe, mais Asie et Affricque ont esté conturbées par guerres et intestines et externes qui prendront leur fin quant il plaira à Nostre Seigneur Dieu (qui par guerres et aultres manieres punist les princes et peuples inobediens à ses commandemens), nous donner paix; car le monde que division a engendré et produict ne la peult donner.

Aprés ce, quant les Templiers furent destruictz soubz le pape Gascon, tellement à eulx trop inclement, leurs rentes furent applicquées esdictz Hospitaliers. Ces Templiers furent premierement neuf qui vouerent et jurerent entre les mains du patriarche de Hierusalem deffendre, conduyre et raconduyre les pellerins, et batailler pour la foy et religion chrestienne jusque à la mort. Desquelz les chiefz estoyent Hugues de Paganis[2] et Geoffroy de Sainct

---

1. Raymond du Puy, second grand-maître de l'ordre, mourut vers l'année 1160.

2. Hugues des Payens, de la maison des comtes de Champagne, premier grand-maître de l'ordre du Temple, mourut en 1136.

Alexandre[1]. Ceulx ci obtindrent du Roy et de l'abbé une demourance joignante à l'eglise du Temple : pour ce furent nommez Templiers. Ainsi, demourerent par l'espace de neuf ans en grande saincteté, vivans seullement des aulmosnes du patriarche et du peuple. En l'an mil cent vingt trois, soubz le pape Honorius et le patriarche Stephanus, leur reigle fut approuvée, ésquelle leur fut assignée robe blanche pour leur habit, sur la quelle au temps d'Eugene, la croix rouge fut adjoustée. Leurs biens et revenuz furent enfin si tresamples qu'ilz seigneurioyent en maintes citez, villes et chasteaulx ; et avoyent sur eulx ung grant maistre lequel de tous les membres de la religion recueilloit, chascun an, grans deniers qui estoyent portez en Hierusalem pour la tuycion des pellerins. Mais l'an mil trois cens et douze, soubz le dict Clement quint, à la persuasion du roy Philippes le Bel, leur religion fut destruycte. Le grand maistre qui estoit son compere, bruslé (selon aulcuns à tort, selon aultres justement), pour ce qu'ilz avoyent esleu vie dampnable, secte hypocritique en laquelle faisoyent plusieurs abhominations.

A l'occasion de leur premiere fondation, messieurs de Rhodes entretiennent l'hospital de Hierusalem où logent tous les pellerins et entretiennent l'enfer-

---

[1]. Geoffroy de Saint-Omer était l'un des huit chevaliers qui fondèrent l'ordre du Temple.

merie de Rhodes, et aussi en divers lieux et aultres hospitaulx. A l'occasion des grans biens qu'ilz ont recueilliz par l'extirpation des Templiers, ils ont et si ont eu nefz et plusieurs gallées pour recueillir Turcqs, Mores et Sarrazins qu'ils ne meffacent ès pellerins et marchans chrestiens. Sainct Bernard, au temps duquel ceste religion estoit diminuée de sa premiere ferveur, faict une invective contre leur pompe et lassivetez. Ceste religion militoit soubz Sainct Augustin, laquelle est divisée en freres, chevaliers, prebstres et servans.

En la cité de Rhodes estoit ung archevesque latin qui avoit son siege à Nostre Dame de la Place[1] et ung metropolitain pour les Grecz. *Item :* estoit une magnifique et belle eglise de Sainct Jehan Baptiste au palays, et le grant prieur d'icelle avoit myttre et baston pastoral auquel estoient plusieurs belles, grandes et singulieres relicques, comme le doygt de Sainct Jehan Baptiste, le bras de Saincte Katherine, ung des deniers dont Nostre Seigneur fut vendu et aultres plusieurs. *Item :* y estoient pour lors deux couvens, c'est assavoir des freres mineurs vivans en observance soubz la congregation de la famille, à Nostre Dame de la Victoire, et ung aultre d'Augustins.

---

1. Il faut lire Nostre Dame de la Garde. L'évêque latin en 1512 était Benoît I : il avait succédé en 1502 à Paul de Monelia O. S. B. et il mourut en 1533.

En l'isle sont plusieurs forteresses, places et bourgs dont la principale est le Lindo, chambre du grand maistre, en laquelle on n'y entre sans congié du grand maistre baillé en escript; là sont les prisons esquelles estoyent mys les freres qui ont grandement delinqué. Le lieu estoit imprenable et facile à cimitailler. En l'isle sont les places qui s'ensuyvent : Le Ferralou[1], Manolitou[2], Cathanie[3], le Lindo[4], le Scorpion[5], Thal[6],

---

1. Le bourg, appelé par Thenaud le Ferralou, est désigné dans la carte de Benedetto Bordone (1527) sous le nom de Ferachio et dans celle de Thomaso Porcacchi (1572) sous celui de Farado. Buondelmonte en parle en ces termes : « Cumque non pauca sed magna magnificaque per circuitum desolata videmus lineamenta Faradum (Faraclum), Fandum oppida petimus cum Archangelo rure. » *Christoph. Bondelmonti Florentini librum insularum Archipelagi* edidit L. de Sinner. Leipzig et Berlin, 1824, page 73. M. V. Guérin a donné une description du village d'Aphandou et des ruines de la tour élevée par les chevaliers pour défendre ce point. (*Ile de Rhodes.* Paris, 1880, pages 204-205.) On trouve dans l'histoire de Bosio cette note : « Castelli di Lindo e di Ferraclo erano i più forti dell'isola di Rodi. » (*Dell' istoria della sacra religione et ill^{ma} militia di S. Gio. Gierosolmo, parte secunda,* page 321.) Il faut donc lire Ferraclou.

2. « Monolithos est situé au pied du mont Agramitis; à l'entrée du village, sur un rocher dominant la vallée, s'élevait un château bâti par les chevaliers. » (V. Guérin. *Ile de Rhodes,* pages 270-271.)

3. « Katavia est le premier village que l'on rencontre du sud au nord sur la côte occidentale de l'ile.... à l'entrée du village est une tour ronde à moitié détruite, ouvrage des chevaliers. » (*Ile de Rhodes,* page 263.)

4. M. V. Guérin a consacré un chapitre entier à la ville de Lindo. (*Ile de Rhodes,* pages 219-250.)

5. Sklipio : « On remarque dans ce village les ruines d'un château bâti par les chevaliers. Il s'élève sur une colline escarpée. Chacun des quatre angles du carré qu'il constitue est défendu par une tour. Au-dessus de la porte étaient des armoiries sculptées sur une plaque de marbre qui a été enlevée. » (Page 255.)

6. Vati est à six kilomètres au sud-ouest de Sklipio.

Polove[1], Cramasto[2], Archange[3], le Castelnau[4], Salaco[5], Villenove[6], Triande[7], la Bastide[8] et Cos-

1. Pylona est un village situé à vingt-cinq minutes de Lartos. « On remarque au sud, sur le sommet d'une colline, un château bâti par les chevaliers. Il a soixante-dix pas de long sur vingt de large. Il était flanqué de tours aujourd'hui démolies. » (Page 252.)

2. « Kremastos est à trois quarts d'heure de marche de Villanova. Ce village est commandé par une colline sur laquelle s'élève un Kastro datant de l'époque des chevaliers et dont les murs extérieurs sont encore presque intacts. On distingue encore en deux endroits les armoiries du grand-maître Fabricius Caretti. » (Page 323.)

3. « Archangelo est à six kilomètres d'Arkibali. Ce bourg est commandé à l'est par un monticule escarpé et rocheux sur le plateau duquel est assis un petit fort long de cent vingt pas et large de cinquante... Ce fort existait déjà quand les chevaliers s'emparèrent de l'île; mais il fut alors réparé par eux. » (Pages 209-212.)

4. « Kastellos est à quatre kilomètres et demi au nord-ouest d'Embonas. Trois kilomètres plus loin, vers le nord-ouest, un château-fort flanqué de tours est assis sur un monticule rocheux près de la mer. Les murs en sont très élevés, là où le rocher est accessible. On y distingue encore en trois endroits des armoiries. Ce sont celles de Pierre d'Aubusson et de Fab. Carretti... quelques belles salles voûtées ont seules échappé à la destruction générale. » (Page 303.)

5. « Salakkos, à six kilomètres et demi de Dimelia, est situé sur le penchant d'une colline et en face de la cime la plus élevée du mont Saint-Elie... Le village est dominé par un plateau où les chevaliers avaient construit un Kastro mesurant quarante mètres de long sur trente de large... De vastes terrasses y recouvraient de grandes salles voûtées, et aux quatre angles, il était flanqué de tours très élevées. » (Page 311.)

6. « Villanova est située à cinq kilomètres vers l'ouest de Bastida... à quelque distance de Villanova, on aperçoit sur un plateau les ruines d'un château bâti par les chevaliers. Défendu par un ravin au sud, à l'ouest et au nord, il est, à l'est, seulement de plain-pied avec le sol environnant. Il forme un carré d'environ cinquante mètres sur chaque face... On croit que ce château est dû à Hélion de Villeneuve, et on rapporte à ce même grand-maître la fondation du village de Villanova. » (Page 322.)

7. Trianda est le nom d'un village et d'une vallée de plus de quatre kilomètres de longueur sur trois de largeur, dans laquelle se trouvaient les villas des chevaliers de l'ordre de Saint-Jean.

8. « La Bastide est un petit village au nord de Maritza; il s'élève dans une grande plaine appelée Kamari. » (Page 321.)

quino¹. En la ville estoyent pour lors environ cent Mores et Turcs esclaves qui faisoyent les fossés, murailles et aultres forteresses de la ville. Au dedans de l'isle est une haulte montaigne nommée Larthemite², de laquelle l'on dict la colombe avoir prins le rameau d'olive qu'elle apporta en l'arche de Noé.

Item : estoit une belle et devote chapelle à Nostre Dame de Philelme³. Les seigneurs de Rhodes avoient aultres maintes places hors l'isle, c'est assavoir le Lando qui se souloit dire et nommer Choo dont estoit le grand Ypocrates, et là sont bonnes forteresses⁴, Castelrouge qui lievent la banniere d'Espaigne⁵;

---

1. « Koskinou, non loin des ruines du monastère de Saint-Elie, est le village le plus considérable de l'île. » (Pages 299-302.)

2. Le mont Tayras, le plus élevé des montagnes de l'île de Rhodes, portait autrefois le nom du village d'Artamiti, bâti sur son versant méridional. Bondelmonte le désigne ainsi : « In medio denique insulæ Artamita mons cum flumine Gadora patescunt. » (*Lib. insularum Archipelagi*, page 73.)

3. La chapelle de Notre Dame de toutes les Grâces était au sommet du mont Philérémos, le Philerme ou Philelme des pèlerins du moyen âge. Le seigneur d'Anglure rapporte, dans la relation de son pèlerinage, la légende relative à la prise du château par les chevaliers de Saint-Jean. (*Le saint voyage de Hierusalem*, publié par MM. Bonnardot et Longnon. Paris, 1878, pages 90-93.) M. V. Guérin a consacré un chapitre à Philérémos. (*Ile de Rhodes*, pages 325-341.)

4. Le Lango est le nom donné par les Latins à l'île de Cos (anc. Caris, Meropis, Meropia) et appelée aujourd'hui par les Turcs Istankeui. Coronelli consacre à la description et à l'histoire de cette île un long chapitre dans son *Isola di Rodi, geographica-storica antica e moderna*. Venise, 1683, pages 274-307. (*Mémoire sur l'île de Kos* par M. O. Rayet. Paris, 1876.)

5. Castel Rouge, Castelorizo ou Castelrosso porte en turc le nom de Miss adassy (Megista). L'île de Castelorizo est située entre Rhodes et le cap Chilidonia.

le Vidre qui est inhabitable[1]; le Carquy[2], les Esmes[3] ou sont les bons nagieurs qui peuvent aller longtemps soubz l'eaue, et y sont bons vins blancs jusques à present, desquels a escript Dyodore. Jouxte les Esmes sont les Essenilz Sainct Paul[4] où nous chassions ès foyries de Noël les asnes saulvaiges. *Item* : l'Episcopie[5]; *Item* : Nisere où sont des baingz chauldz[6];

1. Il faut au lieu de « le Vidre » lire Levithe. Levita et Zinara sont deux petites îles désertes au nord-ouest d'Amorgo. Elles sont couvertes de ruines. On trouve à Levita un bon port appelé le port de Saint-Georges.

2. Carchi, aujourd'hui Karaky, a porté les noms de Calista, Chalcia et Coltea. Elle est à vingt-cinq milles à l'ouest de Rhodes et à dix milles à l'est de Piscopia. Elle fut avec cette dernière île donnée, en 1366, en fief à Barello Assanti d'Ischia, à la condition que les habitants ne paieraient pas plus d'impôts que ceux de Rhodes. C'est dans le port de Carchi qu'Aimery d'Amboise réunit en 1507 la flotte de la religion, lorsqu'on apprit la sortie des Dardanelles de Kemal Reïs et de l'escadre turque. (Coronelli, *Isola di Rodi*, page 269 et suiv.)

3. Les Esmes est l'île de Symi ou Isola delle Simie, défendue par deux châteaux situés, l'un sur le bord de la mer, l'autre au sommet de la montagne. Symi fut ravagée en 1457 par les Turcs, et au commencement du XVIe siècle Kemal Reïs essaya de s'emparer du château. Ses attaques furent repoussées et il se rembarqua après avoir dévasté les campagnes. (Coronelli, pages 254-261. Boschini, *Il Arcipelago con tutte le isole*, etc. Venise, 1658, page 12.)

4. Au lieu de « les Essenils Saint Paul », il faut lire les Escueils de Saint Paul, *li Scogli* di San Paulo que l'on trouve marqués sur la carte de Boschini, *Il Arcipelago*, page 13.

5. Piscopia, l'ancienne Telos ou Agathusia, est située à cinquante milles au nord de Rhodes et à soixante-dix milles de Scarpanto. Elle a trente-cinq milles de circuit. Les Assanti payaient pour cette île à l'ordre de Saint-Jean une redevance annuelle de deux cents florins d'or. A l'extinction de la famille des Assanti, l'île passa aux mains des Cornaro qui en furent chassés par les Turcs en 1572. Les habitants réduits à une extrême misère vivaient dans deux bourgs fortifiés appelés l'un Zuchalora ou Zuccaora et l'autre San Stefano. (Boschini, pages 16-17; Coronelli, pages 262-264.)

6. Nissaro (l'ancienne Porphyris, Nisyros), à trente milles à l'ouest de Rhodes, porte aujourd'hui le nom de Niskadous. Les sources chaudes dont

Item : le Calamo ou se prend du buys semblable à lignum aloes dont se font les pater noster de Rhodes[1], le Lerre[2], le Vidre et le chasteau Sainct Pierre[3] qui est en terre ferme.

Le quatorziesme jour de decembre feismes voille en une caravelle portugaloyse en laquelle estoit capitaine le commandeur d'Agouze en Portugal[4], en la fin de ses jours trop infortuné, qui debvoit toucher en France pour apporter mondict seigneur de Mali-

parle Thenaud jaillissent au pied d'un volcan : au milieu de la plaine se trouve un lac duquel on extrait une grande quantité de sel.

Cette île avait, en 1319, été donnée en fief à Giovanni et à Bonavita Assanti. Barthélemy Assanti étant mort sans postérité en 1389, Nissari fut donnée en fief à frère Dominique d'Allemagne à la condition de payer une redevance de deux cents florins d'or. En 1433, cette somme fut portée à six cents florins lorsque Fanténo Querini reçut l'investiture. A la fin du xv⁰ siècle Nissari était ruinée par les incursions des Égyptiens et des Turcs. Elle fut attaquée par Kemal Reïs en 1505, après son expédition infructueuse contre Symi. (Boschini, pages 18-19; Coronelli, pages 320-333.)

1. Calamo, appelée aussi Claro, forma avec Lango et Lero un bailliage qui fut confié à frère Essone de Slegleoltz. L'île fut ravagée en 1457 par les Turcs, alors que Jean de Châteauneuf, commandeur de Doucens, en était gouverneur. Calamo est couvert de très hautes montagnes. Boschini vante l'excellence de l'aloès qu'on y recueillait ; *è famosa per l'aloè che produce di tutta eccellenza*. (Boschini, 62-63 ; Coronelli, pages 90, 304-307.)

2. Lero, voisine de Pathmos, a quarante milles de circuit; comme Calamo, elle produit de l'aloès d'une qualité supérieure. La ville de Lero, située sur la côte orientale de l'île, est bien fortifiée. La côte occidentale était défendue par un château aujourd'hui ruiné. Coronelli raconte avec de grands détails la tentative faite par Kemal Reïs pour s'en emparer. (Pages 337-349.)

3. Le château de Saint-Pierre est celui de Bodroum, ville qui s'élève sur l'emplacement de l'ancienne Halycarnasse. Bodroum fait partie du district de Mentèchèh dans la province d'Aïdin. Le château de Saint-Pierre fut remis au sultan Suleyman conformément aux clauses de la capitulation de Rhodes. (Coronelli, passim.)

4. Le commandeur Da Couza.

corne, seigneur de Villegast, Condrie et Fretay, lequel venoit apporter et annoncer l'eslection au grand Maistre; mais eusmes tant de ventz contraires et bonnaces qu'il nous convint passer Noel et les feries entre les Essimes et les Esceuilz Sainct Paul, qui n'estoit sans grand paour, pour ce que les Turcqs avoient dix fustes armées près le Lango, que nous doubtions moult. Le penultieme de decembre, l'ancre fut levée; si que, avecques grande difficulté, oultrepassasmes le cap de Creon[1]; puis oultrepassasmes maintes isles Cyclades (ainsi nommées car elles font rond, et ciclus en grec est rond en latin) qui sont en celle mer Egée que aujourd'huy nommons l'Archipilago jusques à sept cens. Celles que je veiz à l'aller et au retour, en voguant à diverses foys sur la mer, sont: Pathmos[2] où Sainct Jehan a escript l'Apocalipse, et là sont caloyers; jamais les cadavres n'y pourrissent. Estampelée[3], Scarpento[4], Sainct Thou-

1 Le cap Crio.

2. Pathmos (Patimo, Bathmos) au sud de l'île de Samos; la grotte dans laquelle saint Jean, exilé par Domitien, écrivit l'Apocalypse est aujourd'hui renfermée dans une chapelle dédiée à sainte Anne. Le grand monastère de Saint-Jean a été fondé en 1088 par saint Christodule. (Boschini, *Arcipelago*, pages 66-67; Tournefort, *Voyage du Levant*, Paris, 1707, tome Ier, pages 436-441.)

3. Stampalia et Amargo (la Margot) étaient possédées par les Querini. Nicolas III Querini les gouvernait au commencement du XVIe siècle: il mourut en 1521. Khaïr eddin Barberousse fit la conquête de ces îles en 1537.

4. Scarpanto est l'ancienne Karpathos: elle avait pour capitale Arkasso; elle formait avec Saria et Cassos une principauté aux mains des Cornaro de Candie. A l'époque du voyage de Thenaud, elle était gouvernée par André IX Cornaro, qui mourut après 1520. Ces îles passèrent en 1538 sous la domination des Turcs.

rin¹, la Margot, Paris², Nycye³, Sainct Jehan de Chiona⁴, Millo où sont les baingz chauldz⁵, Lesquieres⁶,

1. Santorin (Santa Erini) faisait partie du duché de l'Archipel. Le seigneur de Santorin, Milo, Naxos et Syra était, en 1512, François II Barozzi qui mourut en 1520. M. l'abbé Pèques a publié l'*Histoire et phénomènes du volcan et des îles volcaniques de Santorin*. Paris, 1842.

2. Paros jouissait d'une grande prospérité. Outre ses marbres, elle exportait une grande quantité de coton. Elle était défendue par un château bâti au sommet d'une haute montagne. Paros fut enlevée par Khaïr eddin Barberousse à André Venier en 1538. (Boschini, *Arcipelago*, pages 46-47. Tournefort, *Voyage dans le Levant*, tome I, pages 195-206.)

3. Naxie (Naxos, Nixia) a été pendant plus de trois siècles possédée par les Sanuto, puis par les Crispo. En 1512 François III Crispo était seigneur de Naxie. Jean Crispo duc de Naxie a, dans une lettre adressée au pape et aux princes chrétiens, au mois de décembre 1537, fait connaître les détails de l'expédition de Barberousse dans les îles de l'Archipel. (*Chronicorum Turcicorum etc.*, auctore *Philippo Lonicero*. Francfort, 1584, tome II, pages 153-161; Boschini, *Arcipelago*, pages 48-49. Saulger, *Histoire nouvelle des anciens ducs et autres souverains de l'Archipel*. Paris, 1698.)

4. Sainct Jehan de Chiona est l'île de Tino. On y remarquait une fort belle église dédiée à Saint Jean et qui s'élevait à quelque distance de la montagne au sommet de laquelle était bâtie la ville de Tino. Thevet, dans son *Grand Insulaire*, nous dit que : « Strabo l'appelle Quinoa. Le grand philosophe luy donne le nom d'Idruse... En ce lieu, de la part qui vise l'Egypte, se voit la ruine d'un vieux temple jadis basty par les chevaliers Theutoniens et un fort qu'un prince Pomeranien du mesme ordre, nommé Federic, fist faire à ses propres despens et mourut et fut enterré en ce lieu là. Ce qui se peut voir par une epigramme latine gravée contre une grosse pierre assés près de la marine. » Sur la carte de Tino, placée par Coronelli dans son *Isolario*. Venise, 1696, page 266, la partie méridionale de Tino, près du cap Saint-Jean, est désignée sous le nom de *Seno della Cionia*.

5. Millo (Milo, appelée par les Turcs Deïrmen Adhassy, l'île des Moulins) faisait partie, au commencement du XVIᵉ siècle, du duché de l'Archipel. Le côté occidental de l'île est plat, le côté oriental couvert de montagnes desquelles on extrait les pierres dont on fait les meules si renommées dans tout le Levant. Milo possède, comme le fait remarquer Thenaud, un grand nombre de sources thermales. Boschini les mentionne, et Tournefort en donne la description dans son *Voyage du Levant*, pages 160-163.

6. Lesquieres me paraît être la corruption du nom de Skiro, l'ancienne Scyros ou de celui de Nicaria, de l'ancienne Icaria appelée aujourd'hui

Citrin où fut ravie Helene[1], Citrinet[2], Ymbro[3]. Plus avant vers Constantinoble sont Chiou[4], Thenedos[5], Mithilin[6], Andria[7], Negrepont que les Grecz et Turcqz nomment Egripos; jadis c'estoit Eubœa; Lippos[8] et Monte Sancto où soulloyent estre soixante monasteres[9].

Akhrigria. Cette île se trouve à l'ouest nord-ouest du cap sud-ouest de l'île de Samos. (Boschini, pages 74-75, 90-91; Tournefort, tome I, pages 398-403.)

1. Citrin, Cerigo au sud du cap Saint-Ange. Buondelmonte lui donne le nom de Citri. Cerigo appartenait par moitié à la république de Venise et à une branche de la famille des Venier.

2. Citrinet est l'île de Cerigotto : Les Viari de Venise, qui la possédaient, portaient le titre de marquis de Cerigotto.

3. Imbro, Imbrus, l'Imroz des Turcs, est au nord de Ténédos, à l'entrée du détroit des Dardanelles.

4. Chiou, Chio (Pityusa, Macris, Chios, aujourd'hui Saqiz Adhassy), sur la côte de l'Asie Mineure, entre les îles de Samos et de Mételin : elle fut au moyen âge occupée par les Vénitiens, puis par les Génois. Les Turcs conduits par Pialy Pacha en firent la conquête en 1566.

5. Ténédos (aujourd'hui Boghtcha Adassy) porta dans l'antiquité les noms de Lucophrys, Calydne, Phénice et Lymessos. Elle commande l'entrée des Dardanelles; elle resta au pouvoir des Vénitiens jusqu'en 1659.

6. Mételin (Lesbos, aujourd'hui Midilly), fut possédée jusqu'en 1462 par les Gattilusio. Elle fut, en cette année, annexée à l'empire ottoman par Mahomet II. Il a été fait mention précédemment (page 18, note 4) de l'expédition malheureuse du seigneur de Ravenstein contre la ville de Mételin.

7. Andria (Andros, Epagri) est à douze milles de l'île de Jaura, l'ancienne Gyarus.

8. Il faut lire Lemnos au lieu de Lippos. Lemnos (Atalie, Hypsipylée, Stalimène) est désignée par les Turcs sous le nom de Lemni. Cette grande île, située entre Ténédos et le mont Athos, fut, jusqu'au milieu du XVIe siècle, gouvernée par les membres de la famille des Navigajosi, portant le titre de grands-ducs. Elle passa alors sous la domination de Venise qui la perdit en 1657.

9. On désigne sous le nom de Monte Santo la presqu'île du mont Athos (*Agion Oros*) : elle s'avance dans la mer entre le golfe de Contessa et celui de Monte Santo. Belon visita le mont Athos et il en donne la description

Quant eusmes oultrepassé Citrin et le cap Sainct Ange pour n'estre veuz de Modon, prinsmes le large en mer; mais, le huytiesme de janvier, vint une grande tourmente qui nous força à jeter l'ancre en une plage entre Modon et Coron et la nuyct suyvante, en terre, les Turcqs feirent signes de feu par leurs gardes és terres prochaines. Là demourasmes ung jour et demy. Je n'ay veu ville de loing, par dessus la mer, qui mieulx ressemblast à la Rochelle que Modon, au devant de laquelle est l'isle de Sapience par laquelle le port est fortifié[1]. Ceste cité est au Pelloponese que aujourd'huy nommons la Morée, lequel est environné de mer fors d'ung costé qui ne dure que six milles. Plusieurs empereurs et roys comme Demetrius, Cesar, Caius[2], Neron et Adrien ont voulu trencher pour que l'on peult aller facilement de la mer Ionicque en la mer Egée; mais ils ne l'ont point consommé. Les empereurs de Grece feirent une forte muraille de six milles pour soy cuyder deffendre des Turcqs, mais après que Amurathes eust conquis les regions Thessalonique, Boeticque et Atticque, ceulx du pays luy feirent tri-

dans ses *Observations*, pages 75-96. Cf. l'abbé Neyrat, *L'Athos, notes d'une excursion à la presqu'île et à la montagne des Moines*. Paris, 1880.

1. L'île de Sapienza. « Quant à nostre Sapience, elle est fort montaigneuse de la part du nord, plus que de l'autre costé, où la terre est rase tant d'une part que d'autre. Du costé du nord et au devant, y a une plage et une eglise. » (André Thevet, *Le grand Insulaire*, f° 98.)

2. Le texte porte « Bains; » il faut lire Caïus. Il s'agit évidemment ici de Caïus Caligula.

but, en soy soubmectant à luy. Puis le grant empereur Mahommet print tous le Peloponese, fors aulcunes villes et dechassa le prince Thomas Paleologue[1], qui s'enfouyt à Romme avecques ses enfans au pape Pie second auquel fist present du chief Sainct André que le pape mist en l'eglise Sainct Pierre. Mais l'an mil cinq cens et sept, le x d'aoust le grant Turcq Pazaites la print, après qu'elle eust esté deffandue plus d'ung moys par ceulx de la cité, en quoy les Veniciens n'eurent pas grant honneur veu qu'elle estoyt subjecte à eulx; lequel fist mettre à mort tous ceulx qui en icelle estoient de vingt ans en sus, entre lesquelz estoit André Salic, evesque dudict lieu[2]. Ceste cité avant la destruction troyenne se nommait Pedafus, puis Modene pour la fille de

---

1. Thomas Paléologue, despote de Misithra ou de Morée, fit preuve de la plus insigne lâcheté à la nouvelle de la prise de Misithra par Mahomet II; et il se réfugia à bord d'un navire qu'il avait fait préparer dans le port de Navarin et gagna Corfou (1460). Il se rendit à Rome et le pape Pie II lui accorda une pension mensuelle de trois cents ducats à laquelle les cardinaux ajoutèrent une somme de deux cents ducats. Thomas Paleologue mourut à Rome en 1465. (George Finlay, *History of Greece from its conquest by the Crusaders*. Londres, 1851, pages 312-316.)

2. Le sultan Bayezid, accompagné par le grand vizir Aly Pacha, mit le siège devant Modon le 7 juillet 1500. L'amiral vénitien Melchior Trevisan tenta vainement de secourir la place; elle fut emportée d'assaut le 10 août et tous les habitants furent passés au fil de l'épée. La ville fut livrée aux flammes et l'incendie dura six jours.

« Elle (Modon) fut prise avec la ville de Coron par les Vénitiens sous la conduite de Regnier Dandule et Roger Permarin : finalement le Turc la surprint sur ceste seigneurie de Sainct Marc. Elle a un port, le plus beau que l'on sçaurait trouver, faict et tournoyé de grosses murailles et roches de la part du nord en forme de croissant. Devant que mouiller l'ancre au port,

Ocuave ainsi nommée[1]. Avec ce print ledict Turcq Coron et Ionc[2]. Par ainsy, il a jouyssance de toute cette region.

Tant feismes par mer que prinsmes part en Rege de Calabre devant le couvent de l'Annunciade, le neufveisme de janvier : et là demourasmes plusieurs jours en attendant bon vent pour nous transporter en Messine. Et fismes plusieurs essays qui peu nous proffiterent, parce que Neptune et Eolus nous estoient contraires. Ung soir mismes l'ancre près une tour, et avions conquis en voltegeant la moytié du chemin de Rege et Messine, laquelle en nuict obscure, nostre guet dormant, se leva, si que la courante portoit nostre nef en terre devant Rege (où nous nous trouvasmes à la mynuict). Une ancre qui fut gettée à l'aventure ne tint. Le jour venu, fusmes en plus grand dangier si ceulx de la ville ne fussent venus au secours et affier toutes noz ancres plus que par avant. Là prins terre avecques monsieur de Villegast et le suivy à Messine par terre, fors le passaige qui est devant la ville.

---

il faut que les vaisseaux passent auprès d'un gros escueil et roches, au sommet duquel y a une forteresse bien gardée des Barbares, et une autre de la part du sud. » (André Thevet, *Le grand Insulaire*, f° 98, r°.)

L'évêque nommé fautivement André Salic, était Andrea Falconi ; il fut massacré pendant qu'il exhortait le peuple à résister aux Turcs. (M. Sanuto, *Diarii*, tome III, colonne 610 et suivantes.)

1. Tous les noms propres cités dans cette phrase sont défigurés. Il faut lire Pedasus au lieu de Pedafus, Mothone au lieu de Modene et Œneus au lieu de Ocuave.

2. Jonc est la ville de Zonkio ou Navarin, l'ancienne Pylos.

Nostre carvelle eut depuis si tresgrandes fortunes en iceluy Far et destroict que ce fut pitié grande, car la fouldre en icelle tumba la nuict Sainct Anthoine, laquelle estoit à la voille, sans mal faire, car ceulx qui là estoyent, avoient faict ung pelerin pour Sainct Anthoine. Et parachevasmes tout le moys de janvier en Messine en grand ennuy, si que avoye prou loysir de renouveler ce que avoye veu et sceu de Cecille en mon aller.

Et est assavoir que en l'isle de Cecille sont bien sept cens chasteaulx, plusieurs archevesques et evesques. Les archevesques sont : Mont Real[1], Palerme[2] et Messine[3]. Les eveschez sont : Siracuse[4], Cathanie[5], Sirgant[6], Marsalle[7], Trapene[8], Chifallo[9] et Paty[10]. Nous partismes de Messine le jour Nostre Dame de la Chandeleur, messe ouye, et la procession faicte au couvent des Mineurs hors la ville; mais si tost que eusmes oultrepassé le Far, tourmente

---

1. Montreal (*Mons regalis*), érigé en archevêché au xɪɪᵉ siècle.
2. Palerme (*Panormus*), érigé en archevêché au xɪᵉ siècle.
3. Messine (*Messana*), érigé en archevêché au xɪɪᵉ siècle.
4. Siracuse (*Syracusæ*) était, au ɪvᵉ siècle, la résidence d'un évêque.
5. Cathanie (*Catana*); l'évêché date du vᵉ siècle.
6. Sirgent (*Girgenti, Agrigentum*); l'évêché remonte, comme celui de Catane, au vᵉ siècle.
7. Marsalle (*Mazara*), l'évêché date du xɪᵉ siècle.
8. Trapene (*Trapani*).
9. Chifallo (*Cifalu, Cephaledia*), xɪɪᵉ siècle.
10. Paty (*Patti, Pactæ*), xɪɪᵉ siècle. Cf. *Histoire de tous les archeveschez et eveschez de l'univers*, par M. l'abbé de Commanville. Paris, 1700, pages 44-45.

se leva sur mer qui nous força prendre port à Melasse ou de rechief nous convint sejourner huict jours esquelz nous voyons flamboyer et fumer Boucan et Strongille, cheminées d'enfer bien plus que n'avoient accoustumé; et disoient ceulx du pays que c'estoyt pour la reception du pape Julle qui mourut en celluy temps qui, par ses cruelles guerres, avoit envoyé devant soy infinies ames à Pluto. Après ce, oultrepassasmes par fort vent, ung grand pays en une nuictée, et vinsmes à la plage Rommaine où eusmes telle tourmente trois nuictz et trois jours que n'esperions de jamais en rechaper, car capitaines, pillotz, nauchers, mariniers et fradins avecques aultres passants se retournerent au seul refuge de Nostre Seigneur Dieu, parce que mer, terre et vents estoient si furieulx que n'esperions pouvoir evader leur ire. Mais sitost que eusmes faict ung pelerin pour Nostre Dame de Lorette, lequel descendismes en terre à Sainct Estienne port des Senoys, cogneusmes que serenité nous estoit miraculeusement envoyée avecques laquelle fusmes conduictz sans plus prendre port (fors celuy sus nommé où descendismes nostre pelerin), jusques à la Villefranche près Nice où se galefetoit la grosse nef de Rhodes. Terre prinse le second jour de mars, fiz mon chemin terrestre par Freins¹, Avignon, Lyon, Rouanne. Puis me mis sur la riviere de Loyre, en

---

1. Milazzo.
2. Il faut lire Fréjus.

ayant (graces à Dieu) plus de plaisir que n'avoie eu sur le Nil, combien qu'il soyt le second fleuve de Paradis terrestre. Et arrivay le dernier de mars au chasteau d'Amboyse auquel estoit ma tresredoubtée, tresillustre et imperialle dame à laquelle fiz relation et rendis compte comme doibt faire ung obeyssant serf et esclave des charges qu'il luy avoit pleu me bailler, me excusant dont fortune et impuissance m'avoient empesché de mieulz ne les avoir accomplis, laquelle de sa grace treshumaine et doulceur royalle et connaturelle benignement print et accepta, en soy contentant de ce que avoye mis à execution. Après ce, retournay en ladicte ville et cité d'Angoulesme le sixiesme jour de may au lieu et couvent où il pleust à Nostre Seigneur Dieu moy adresser pour à son sainct service me manciper et eslire. Et là donnay graces, mercy et louenges à Dieu, à sa glorieuse mere, et ès glorieux sainctz Ausonne et Cibart par l'intercession desquelz confesse et congnois avoir parachevé le voyage et, ainsy que croy, en l'honneur de Dieu qui regne au siecle des siecles. Amen.

VOYAGE

DU

MAGNIFIQUE ET TRÈS ILLUSTRE CHEVALIER

ET PROCURATEUR DE SAINT-MARC

Domenico TREVISAN

AMBASSADEUR DE L'ILLUSTRISSIME GOUVERNEMENT VÉNITIEN AUPRÈS DU SÉRÉNISSIME SEIGNEUR, LE GRAND SOUDAN DU CAIRE.

L'ambassadeur jouissait de trois cents ducats d'appointements mensuels et il avait reçu, par avance, une gratification de mille ducats. Sa Seigneurie se mit en route avec une suite de vingt personnes dont je faisais partie, moi Zaccaria Pagani, natif de la ville de Bellune, en qualité d'attaché au service de Messer Andrea de Franceschi, secrétaire ducal de Venise.

AVEC L'ASSISTANCE DU CRÉATEUR SUPRÊME

E 23 janvier de l'année 1512, nous quittâmes Venise pour nous rendre sur des barques à Poveia[1] où était mouillée une galère bastarde[2] commandée par le

---

1. On donne le nom de Poveia ou Poveglia à une île basse près l'entrée de Malamocco, sur laquelle est bâti un petit village.

2. M. Jal a donné, dans son *Glossaire nautique*, la description des galères bastardes. Celles de Venise avaient une longueur de cent cinquante pieds; elles étaient réservées aux amiraux, aux chefs d'escadres et aux grands personnages.

magnifique seigneur Nadalino Contarini, très digne patricien de Venise. Le comite était Ser Demitrachi d'Arta qui fut, à plusieurs reprises, amiral des galères des magnifiques Provéditeurs, le pilote, Ser Zuan de Candie, tous deux marins consommés et hommes d'un très grand mérite. Nous demeurâmes quatre jours à bord, à Poveia, pour payer la chiourme et embarquer les vivres et les munitions de la galère. Le lundi 26, à l'aube, nous sortîmes du port de Malamocco[1] et ce jour-là et le lendemain, nous fûmes obligés à cause du vent, de courir des bordées, de telle sorte que le soir, à la vingt-troisième heure, nous atteignîmes Umago[2], ville fortifiée de l'Istrie, à cent milles de Venise.

Nous en partîmes le 28, et après avoir passé près de Cittanova[3], nous nous dirigeâmes sur Paren-

---

1. « Malamocco est une des trois passes par où l'on entre dans les lagunes et c'est le port le plus grand et le plus fréquenté, à cause qu'il y a beaucoup plus d'eau que dans les autres, que la rade y est très bonne et que les plus gros vaisseaux y peuvent mouiller en sûreté. L'entrée est étroite et défendue par deux petits forts. » (*Description du golfe de Venise et de la Morée*, par le sieur Bellin, ingénieur de la marine. Paris, 1771, in-4, page 35.)

2. « Umago, situé entre Punta Salvori et Citta Nova, est un bourg presque désert à cause du mauvais air. Il y a un port où de petits bâtiments peuvent mouiller. » (*Description du golfe de Venise, etc.*, page 53.)

3. « Citta Nova est une ville épiscopale, bâtie sur les ruines de l'ancienne Æmonia, située sur une langue de terre élevée qui s'avance à la mer, à l'embouchure de la rivière de Quieto. Le mauvais air la rend inhabitable, de sorte qu'il n'y a que cinquante familles en hiver et dix en été. » (*Description du golfe de Venise*, page 53.)

zo[1], très belle ville avec un port excellent, distante de quinze milles d'Umago. Le 29, nous nous éloignâmes de Parenzo, et après avoir laissé Rovigno[2] à notre gauche, nous atteignîmes la hauteur de Brioni[3], mais la violence du vent contraire nous rejeta à dix milles en arrière et nous débarquâmes à Rovigno, ville forte de l'Istrie à douze milles de Parenzo. Le jour suivant, nous appareillâmes, et nous vînmes à Porto di Veruda[4] à trois milles de Pola et à vingt milles de Rovigno. Le lendemain matin, nous nous remîmes en route et gagnâmes Promontore[5] à la limite extrême de l'Istrie, et à une distance de douze milles de Porto di Veruda.

1. « Parenzo est située sur une péninsule ; c'est une ville épiscopale, mais peu considérable. Le mauvais air qui y règne fait qu'elle est presque abandonnée, n'y ayant guères qu'une centaine d'habitants ; l'évêque n'y demeure pas ; il fait sa résidence à Orsero, château à huit milles de là sur la côte, à l'embouchure de la rivière de Lemo. Cette ville se soumit aux Vénitiens en 1267. » (*Description du golfe de Venise*, pages 54-56. *Itinerario di Marin Sanuto per la terra ferma Veneziana nell' anno M. CCCC. LXXX*. Padoue, 1847, page 152.)

2. « A deux milles au sud de la rivière de Lemo, on trouve Rovigno, petite ville, ou plutôt village situé sur une haute pointe qui s'avance à la mer, et paraît isolée, n'étant jointe à la terre ferme que par un pont de pierre. Cet endroit a le titre d'évêché et est passablement peuplé... Elle appartient aux Vénitiens auxquels elle se soumit en 1330. » (*Description du golfe de Venise*, page 57.)

3. Brioni ainsi que S. Girolamo et Coseda sont trois îles qu'on laisse à l'est en se rendant de Rovigno à Pola. S. Girolamo et Coseda sont inhabitées : il y a un petit village à Brioni.

4. Porto di Veruda est un assez bon mouillage pour de moyens bâtiments. Ce lieu est célèbre par une église de la Sainte-Vierge, connue sous le nom de Notre-Dame de la Veruda : l'église et le couvent appartiennent aux Minimes.

5. Promontore, autrefois *Promontorium Polaticum*.

Le 1er février, nous levâmes l'ancre et, favorisés par le vent, nous franchîmes en quatre heures le canal de Quarnero[1] qui a une largeur de trente milles, et le soir, nous nous arrêtâmes à Porto Selba[2]. Porto Selba est une petite île à soixante milles de Quarnero.

Le lendemain, jour de la Purification, après avoir navigué à la voile et à la rame, nous entrâmes à quatre heures de jour dans le port de Zara, non sans avoir couru quelque danger à cause de l'obscurité.

Zara est une très noble ville de Dalmatie, à quarante cinq-milles de Porto Selba[3]. L'état du temps nous contraignit de nous y arrêter pendant trois jours. Nous vîmes là le glorieux corps de saint Siméon. Le lendemain de notre arrivée, deux galères venant de Beyrout avec un plein chargement entrè-

1. « Le canal de Quarnero ou di Farisina peut avoir quatre ou cinq milles de largeur et autant de longueur, ayant du côté de l'est l'île de Cherzo et du côté de l'ouest la côte d'Istrie : c'est le passage pour aller à Fiume, Buccari et Porto Re, ports et villes de la Carniole. » (*Description du golfe de Venise*, pages 65.)

2. L'île de Porto Selba est au sud-est de l'île d'Ozoro et au nord-ouest de celle de Luebo. Elle est peuplée d'environ six cents habitants tous marins. Il y a un assez bon village et un couvent de moines.

3. Zara est bâtie sur une péninsule qu'elle occupe en entier, et dont on a fait une île par le moyen des fossés qu'on a creusés dans l'isthme qui la joignait au continent de la Dalmatie : ces fossés sont remplis de l'eau de la mer. Du côté de terre, la ville est défendue par une citadelle dont les fossés sont creusés dans le roc... Ladislas, roi de Naples, sous l'obéissance de qui elle était, la vendit aux Vénitiens en 1409. Bajazet la leur enleva en 1498, et dans la suite, les Vénitiens la reprirent.

rent dans le port, après être restées onze mois en voyage. Leur commandant, le magnifique Messer Andrea Contarini débarqua et vint à notre bord avec un certain nombre de gentilshommes pour faire visite à l'ambassadeur. Nous partîmes le 6 février, et nous gagnâmes le port de Sainte-Marie[1] à douze milles au delà de Zara. Le lendemain, nous allâmes à trente milles plus loin, mouiller à Porto Cain[2] situé en terre ferme.

Le dimanche 8, à quatre heures de jour, nous partîmes avec un bon vent : notre marche fut si heureuse que nous atteignîmes, le soir, Porto Sesola qui se trouve dans une petite île appelée Solta[3], à quarante milles de Porto Cain. Le sirocco nous obligea d'y passer la journée du lendemain. Le 10, nous levâmes l'ancre avec l'intention de gagner Lesina. Mais le vent contraire nous poussa à Spalatro[4], très ancienne ville de Dalmatie. On y voit encore les ruines du palais de l'empereur Dioclétien. Nous y demeurâmes le jour suivant, pour faire des vivres

---

1. Ce port est désigné sous le nom de Sainte-Marine sur la carte de la *Description du golfe de Venise*.

2. Il faut, au lieu de Porto Cain, lire Porto Cassan : c'est une « baie circulaire dans laquelle il y a très peu d'eau et dont l'entrée est étroite : il y a au milieu une petite île appelée *scoglio di Cassan*. Le palais de l'archevêque de Zara est dans ce lieu avec un village de quatorze maisons. » (*Description du golfe de Venise*, etc., page 91.)

3. L'île de Solta se trouve entre les îles de Zirana et de Brazza, en face de celle de Bua sur laquelle est bâti le faubourg de la ville de Trau.

4. « Spalatro (Spalatium, en slave Split) est aujourd'hui divisée en trois parties, la vieille ville, la ville neuve et les faubourgs. La vieille ville est

pour la galère. Spalatro est située à une distance de vingt milles de Sesola.

Le jeudi 12, nous nous éloignâmes de Spalatro, et après avoir fait quinze milles, nous rencontrâmes le magnique Seigneur Francesco Cornaro[1], fils du très illustre Seigneur Giorgio, qui venait de faire une campagne de vingt mois comme sopracomite d'une galère subtile[2]. Il la ramenait avec la permission de l'illustrissime Seigneurie pour la désarmer. Il quitta son bord pour faire visite et présenter ses respects à l'ambassadeur et il prit congé de lui après une heure d'entretien. Nous remîmes à la voile et nous passâmes en vue de l'île et de la ville de Lesina; l'île a cent vingt milles de circuit; nous allâmes jeter l'ancre à Porto Torcola, îlot désert à cinquante milles de Spalatro[3].

Le lendemain matin, nous partîmes quatre heu-

---

bâtie sur l'emplacement du palais de Dioclétien. La cathédrale est l'ancien temple de Jupiter et le baptistère ou église de Saint-Jean, un petit temple d'Esculape. » Les ruines du palais de Dioclétien, le temple de Jupiter et celui d'Esculape ont été décrits par F. Cusani et Cassas. (*Voyage pittoresque et historique de l'Istrie et de la Dalmatie rédigé d'après l'itinéraire* de J. L. Cassas par J. Lavallée. Paris, an X (1802) grand in-fol.) Spalatro, après avoir été successivement sous la domination des Hongrois, des Vénitiens, des Bosniaques et sous celle de Ladislas, roi de Naples, fut définitivement annexée à Venise en 1420.

1. Girolamo Cornaro était le fils de Giorgio Cornaro, procurateur de Saint-Marc. Il fut, en 1539, capitaine de Padoue.

2. Galère subtile : « galère dont la carène avait des formes fines surtout à l'arrière. Elle était rapide, légère, et évoluait avec facilité. » (Jal, *Glossaire nautique*, page 755.)

3. L'île de Torcola est située entre Curzola et Lesina. « Elle n'a rien de

res avant le jour, et à la vingt-troisième heure, nous arrivâmes à un couvent de frères Observantins de Saint-François, à deux milles de Curzola et à vingt-cinq de Torcola.

Le 14, une heure avant le jour, nous nous éloignâmes du couvent et nous fîmes dix milles; mais le sirocco nous força de retourner en arrière et d'entrer à Curzola. La ville est petite; l'île a quatre-vingts milles de tour[1]. Nous y arrivâmes à la dix-huitième heure; le vent contraire nous retint là pendant quatre jours.

Le 18, à deux heures de jour, nous quittâmes le port de Curzola avec un vent d'ouest-nord-ouest; à midi, nous doublâmes l'île de Meleda[2] qui a quarante milles de tour et à l'heure de vêpres, nous passâmes près de Raguse, noble cité de Dalmatie. Elle

---

remarquable qu'un couvent de Dominicains situé au fond d'un petit port dont l'entrée est dans le canal de Torcola. Ce canal est fort étroit, mais le passage y est fort bon. » (*Description du golfe de Venise*, page 116.)

1. « L'île de Curzola a le titre de comté : elle appartient aux Vénitiens, auxquels la République de Raguse l'a cédée : on lui donne trente milles ou dix lieues de longueur de l'est à l'ouest et six à sept milles de largeur. »

« La ville de Curzola, capitale de l'île, est située sur le canal qui sépare l'île de la presqu'île de Sabioncello; elle est fortifiée d'une bonne muraille et de plusieurs tours, environnée de la mer de trois côtés et séparée de la terre par un fossé avec un pont-levis... Son port est bon et sûr et peut recevoir toutes sortes de vaisseaux. »

2. « L'île de Meleda ou Meleta appartenait à la république de Raguse; elle est située au midi de la presqu'île de Sabioncello dont elle est séparée par un canal de quatre à cinq milles de largeur; elle peut avoir trente milles ou dix lieues de longueur de l'est à l'ouest; sa largeur est de six milles ou deux lieues. On prétend que c'est dans cette île que saint Paul aborda, poussé dans la mer Adriatique par un vent de sud-est. »

est bâtie sur la terre ferme et entourée de montagnes. Le gouvernement y est exercé par le peuple[1]. Le vent nous favorisant, nous nous trouvâmes le soir à la bouche de Cattaro[2]. Après avoir navigué toute la nuit, nous étions le lendemain matin par le travers de la bouche de Ludrin[3], à cent milles au large, et à une distance de cent soixante milles de Curzola. Le vent étant venu à nous manquer, la chiourme rama avec tant d'ardeur que nous pûmes jeter l'ancre le soir à Capo di Lachij[4], à dix-huit milles de Durazzo et à trente-six milles de Bocca di Ludrin. Le 20, nous levâmes l'ancre et nous nous dirigeâmes sur l'embouchure

---

1. L'auteur du *Voyage de la saincte cyté de Hierusalem* (Paris, E. Leroux, 1882, pages 35-38) a donné une description de la ville de Raguse à la fin du XVᵉ siècle.

2. « La baie de Cattaro renferme deux vastes bassins communiquant l'un dans l'autre; le premier a quinze milles de long. Il portait autrefois le nom de *Sinus Rizzonicus*, le second n'a que douze milles de longueur; c'est ce qu'on désigne sous le nom de bouches de Cattaro. La ville du même nom, qui appartenait aux Vénitiens depuis 1420, est bâtie sur la pente d'une montagne et défendue par un château placé sur le sommet. Elle était la résidence d'un évêque suffragant de l'archevêque de Bari. » (*Description du golfe de Venise*, pages 132-135.)

3. Ludrin est la corruption de el Drino ou lo Drino. Le fleuve du Drin ou Drino se décharge dans le golfe qui porte son nom, à cinq lieues au sud de l'embouchure de la Boïana. A l'entrée du Drin se trouve une île qui en partage le lit. La ville d'Alessio est bâtie sur une roche escarpée à l'entrée de la rivière. Le port, où toutes sortes de navires peuvent mouiller, porte le nom de Medua.

4. Le cap Laghi forme la pointe méridionale de la baie de Durazzo; il est peu saillant, peu élevé et couvert de broussailles. Une tour placée sur son sommet sert à le faire reconnaître.

de la rivière de Pirgo¹, à quarante milles de Capo di Lachij.

Le 21, nous partîmes de Pirgo et après avoir fait un mille, nous mouillâmes à Sasno², mais nous fûmes contraints de déraper immédiatement parce que l'ancre ne mordait pas. Le sirocco qui soufflait nous obligea de retourner dans la direction de Durazzo, de sorte qu'à deux heures de nuit, nous nous trouvâmes à Capo di Lachij où l'ancre fut jetée et où nous passâmes la nuit. Le lendemain, nous gagnâmes à la rame le port de Durazzo.

Durazzo³ est une ville presque déserte; elle est abandonnée par la plus grande partie de ses habitants. Il y avait une grande pénurie de grains et le staro de blé, mesure de Venise, valait quinze livres.

1. La rivière de Pirgo (Woyutza) se jette dans la mer entre le cap Santa Amana et la Valona; à son embouchure s'élève le petit village de Pirgo ou Pollania que l'on croit bâti sur l'emplacement de l'ancienne Apollonie dont Eusèbe fut évêque.

2. « L'île de Sasno se trouve à l'entrée du golfe de la Valona, l'ancien *Oricus sinus*. Le mouillage vis-à-vis de la Valona n'y est pas bon; on y est trop exposé aux vents et à la mer qui y est grosse. » (*Description du golfe de Venise*, page 143.)

3. « Durazzo est à vingt-sept milles ou neuf lieues au sud d'Alessio; cette ville est située sur une péninsule avec un château et un bon port pour de moyens bâtiments. Elle appartient aux Turcs, et l'on y fait un peu de commerce; elle a été beaucoup plus considérable. Son origine est très ancienne; elle a été connue d'abord sous le nom d'Epidamnus qui désignait le mauvais caractère de ses habitants. Les Romains l'ayant réduite en leur puissance, changèrent son nom en celui de Dyrrachium d'où l'on a tiré celui de Durazzo. C'est le siège d'un archevêché; outre le métropolitain grec, il y a un archevêque latin qui a quatorze ou quinze mille catholiques sous sa juridiction. »

A notre arrivée, un Turc qui était le gouverneur ou camerlingue vint aussitôt à bord avec une suite de dix autres Turcs, pour faire visite à l'ambassadeur. On lui servit une collation, et il partit avec son monde, après avoir visité la galère. Il y fit porter comme cadeau, un veau, dix pains et deux poissons salés.

Le lendemain, l'ambassadeur envoya au vaïvode, c'est-à-dire au lieutenant et à un autre cadi[1], capitaine de quatre cents chevaux, qui se trouvait dans la ville, un présent de confitures, de pains d'épices, de biscuits et quatre assiettes de figues, deux pour chacun. Nous fîmes notre carnaval en ce lieu avec un peu de pain et nous ne pûmes faire réjouissance en ce jour.

Le lendemain 25, premier jour du carême, nous partîmes de Durazzo à deux heures de jour et nous franchîmes huit milles dans le canal. Mais, le vent d'ouest qui nous poussait vers la terre ne nous permit pas de doubler la pointe de Capo di Lachij, et force nous fut de retourner à Durazzo où nous passâmes la nuit.

Il faut noter que nous mîmes moins de cinq heures pour retourner de Sasno à Durazzo; il y a soixante-dix milles de distance. Le lendemain matin, à une heure de jour, nous quittâmes Durazzo et

---

1. Pagani donne par erreur à un officier de cavalerie le nom de cadi qui désigne un juge.

nous nous mîmes en route poussés par un vent de nord-nord-ouest très frais, presque violent, de sorte qu'à midi, nous nous trouvâmes à Sasno. Pendant que nous naviguions, à la vingt et unième heure en voulant larguer la voile d'artimon, c'est-à-dire la maîtresse voile, celle-ci se déchira. On la mit bas et on hissa la tercerole qui nous servit à longer, pendant que la nuit se faisait, Santa Maria di Cassopo[1]. Trois heures après le coucher du soleil, nous arrivions à Corfou, île et ville de la Grèce à cent quatre-vingts milles de Durazzo.

L'île de Corfou a cent quarante milles de circuit. La ville a peu d'étendue et ne possède qu'un seul faubourg qui est vaste et couvert d'habitations : elle est défendue par deux forteresses inexpugnables bâties sur le sommet de deux rochers. La population, très nombreuse et composée surtout de Juifs, est généralement pauvre[2].

1. Santa Maria di Cassopo est le nom du sanctuaire de la Vierge qui était révéré dans la ville de ce nom. Cassopo, dans le district de Loros, est l'ancienne Cassiopée. Tous les anciens pèlerins qui se sont arrêtés à Corfou font mention de Sainte-Marie de Cassopo. (Cf. *La relation du seigneur d'Anglure*, publiée par MM. Bonnardot et Longnon. Paris, 1874, et le *Voyage de la saincte Cyté*. Paris, Leroux, 1882, page 44.)

2. L'île de Corfou, la *Phaeacia* et *Corcyra* des anciens, est située à l'entrée de la mer Adriatique dont elle est en quelque sorte la clef. Les Vénitiens n'avaient rien épargné pour la mettre en état de défense. Elle était autrefois sous la puissance des rois de Naples, mais les habitants se donnèrent à la République et Ladislas céda tous ses droits en 1401 pour trente mille ducats.

« La ville de Corfou est située sur la côte orientale de l'isle. Elle est défendue par deux forts. Celui que l'on appelle le Vieux fort est bâti sur un rocher

Nous trouvâmes dans le port trois galères chargées venant d'Alexandrie et retournant à Venise. Leur absence avait duré treize mois à cause des avanies que le soudan leur fit subir. Le magnifique seigneur Jacopo Michiel les commandait[1]. Nous demeurâmes quatre jours à Corfou pour faire radouber la galère et nous approvisionner de biscuit pour tout le voyage.

L'ambassadeur désigna pour naviguer de conserve avec lui une galère bastarde ancrée dans le port : elle était commandée par le magnifique seigneur Vincenzo Tiepolo qui dut, pour notre sécurité, nous escorter jusqu'à Alexandrie.

Nous partîmes de Corfou le 2 mars, à heure de none et nous franchîmes le canal à six milles au large, puis nous entrâmes à Porto Lungo qui est placé sous la dépendance du Turc. Nous y restâmes la nuit ainsi que le jour suivant. Le 4 nous levâmes l'ancre et atteignîmes un port appelé « le Pescherie » (les Pêcheries)[2] : il est à dix-huit milles de Corfou.

un peu élevé, environné de la mer de toutes parts, à la réserve d'un petit espace par lequel il est joint à la terre... La ville du côté de la terre est très bien fortifiée. Deux forts la couvrent et la commandent ; l'un est sur le mont Saint-Marc, l'autre sur le mont Abraham. »

« Venise envoyait six nobles dont le gouvernement durait deux ans. Le premier avait le titre de Bayle, le second celui de Provéditeur et de capitaine, le troisième et quatrième celui de conseillers ; le cinquième était le capitan grande et le sixième le castellan du château de la Campana. » (*Description du golfe de Venise*, pages 146-152.)

1. Jacopo Michiel eut plus tard le commandement de dix galères pendant la guerre de 1537 contre les Turcs.

2. Les Pescherie sont situées sur la côte de terre ferme, en face de Corfou, entre l'embouchure de la rivière de Calama et le port de Gomenizza.

Le 5, nous nous remîmes en route et naviguant à la voile, nous gagnâmes San Nicoló di Cività où nous mouillâmes. Ce pays est couvert de montagnes et fait partie des États du Turc; il est à la distance de trente milles de Corfou. Nous fûmes arrêtés là pendant quatre jours par le sirocco.

Le 9, nous quittâmes ce port, et naviguant à la voile, nous laissâmes derrière nous la petite île de Paxu[1] qui a vingt milles de tour, l'île de Santa Maura[2] et le golfe d'Arta[3]. A six heures de nuit, nous entrâmes dans le canal de Compare[4] à l'extrémité de Céphalonie[5]. Cette île a cent soixante-dix milles de circuit.

1. « L'île de Paxu est à trois lieues au sud-sud-est de la pointe la plus méridionale de Corfou : elle a deux lieues de long sur une demi-lieue de large. Le terroir en est fertile et abonde en pâturages. Elle n'est point habitée, quoiqu'il y ait un port du côté de l'est qu'on nomme le port Saint-Nicolas où toutes sortes de vaisseaux peuvent mouiller. »

2. « L'île de Sainte-Maure est l'ancienne Leucade. La forteresse est entourée d'eau de tous les côtés. La ville et les faubourgs s'élèvent dans deux petites îles situées dans les lagunes. On compte dans l'île environ trente villages. Le terroir est fertile et les pâturages sont abondants. »

3. « Le golfe d'Arta, l'ancien *Ambracius Sinus*, tire son nom de la ville d'Arta située dans les terres à quatre lieues de la côte. Le golfe d'Arta a quatre lieues de longueur et une lieue dans sa plus grande largeur. »

4. Le canal de Compare est le bras de mer qui sépare l'île de Sainte-Maure de Céphalonie.

5. « Céphalonie est située au sud de l'isle de Sainte Maure dont elle est séparée par un canal de trois lieues de large dans lequel toutes sortes de vaisseaux peuvent passer sans rien craindre. Les Grecs la nommoient Chefali pour marquer qu'elle étoit la principale des isles de cette mer. On l'appelait aussi Tetrapolis, à cause qu'elle avoit quatre villes. On lui donne douze lieues de long et trois ou quatre de large. » (*Description du golfe de Venise*, pages 163-169.)

A la gauche de Céphalonie est la petite île d'Ithaque d'une circonférence de vingt milles : elle fut dans l'antiquité la patrie et la résidence d'Ulysse[1].

Il y a de Nicoló di Cività à Ithaque cent vingt milles. Nous reprîmes notre route le 10 et nous laissâmes à notre gauche le golfe de Lépante. A l'heure de vêpres, nous arrivâmes à Zante, île et ville du domaine de Saint-Marc[2]. Zante a cent milles de tour et est à quatre-vingts milles du canal de Compare.

Le 12, à deux heures de jour, nous fîmes voile de Zante et à l'heure de vêpres, nous passâmes non loin de Prodano[3], îlot désert près de Zunchio. Zunchio est une ville fortifiée sur la terre ferme; elle appartient au Turc[4]. Nous jetâmes l'ancre dans un port à la distance d'un mille de Zunchio et nous y passâmes la nuit. Nous avions fait quatre-vingt-dix milles depuis Zante. Nous partîmes le lendemain matin et nous passâmes en dehors de l'île de Sa-

---

1. L'ancienne Ithaque porte aujourd'hui le nom de Theaki : elle est désignée dans les anciennes relations italiennes sous celui de Val di Compare. Ithaque faisait partie au moyen âge avec Céphalonie et Sainte-Maure de la principauté des Tocco, originaires de Naples.

2. Cf. la note de la page 17 de la relation de Thenaud.

3. L'îlot de Prodano se trouve vis-à-vis de l'embouchure du fleuve Langurola.

4. Zunchio est le vieux Navarin, ville fort ancienne connue dans l'antiquité sous les noms de *Pylus* et de *Coryphasium*. Elle est bâtie sur une hauteur fort escarpée qui n'est que roche et dont la pente va se perdre à la mer. Le port, situé à un mille et dans lequel la galère de Trevisan jeta l'ancre, est celui du nouveau Navarin.

pienza¹, laissant à notre droite Modon et Coron, villes d'un aspect des plus beaux : elles sont malheureusement à peu près inhabitées parce qu'elles se trouvent au pouvoir du Turc. Après avoir navigué tantôt à la voile et tantôt à la rame, à trois heures de nuit et par une profonde obscurité, nous jetâmes l'ancre à Porto Vitulo² à la distance de soixante milles de Zunchio. Nous en partîmes le 13 au point du jour, mais le vent contraire nous obligea de courir des bordées et de nous réfugier à Porto Porro, à dix-huit milles de Porto Vitulo. Nous y demeurâmes le jour suivant à cause d'un ouragan qui fondit sur nous avant que nous pussions sortir.

Le 15, à heure de none, nous quittâmes ce port et nous fîmes environ quinze milles à la voile, mais nous fûmes alors assaillis par un vent si contraire que nous fûmes obligés de retourner en arrière et de nous abriter, à la vingt-troisième heure, à Porto delle Quaje, à douze milles de Porto Porro.

---

1. L'île de Sapience est nommée par quelques auteurs Sphagia ; on lui donne quatre milles au moins de longueur nord et sud. Sa largeur est inégale : elle n'a qu'un mille et demi dans son plus large. Il y a dessus un ancien château en très mauvais état et un petit village. Le terrain est assez fertile quoique montueux.

2. Porto Vitulo, dans le golfe de Calamata, à cinq lieues au nord du cap Gros, non loin de l'embouchure de la rivière de Spirnazza, tirait son nom de Vitulo, ville autrefois prospère et commerçante. Elle fut abandonnée et ruinée à l'époque de la conquête des Turcs.

Le vent de nord-est nous força d'y séjourner pendant six jours; nous dûmes envoyer quelques-uns de nos gens à une maison de campagne, pour faire du pain avec de la farine prise dans la galère. Ils nous racontèrent, à leur retour, que les lieux qu'ils avaient traversés étaient dépeuplés, qu'ils avaient vu des vallées et des montagnes et que les paysans n'avaient rien dans leurs maisons, ni lits, ni meubles, et qu'ils dormaient sur la terre comme des animaux. Ils payent au Turc ou au gouverneur son délégué la dîme sur toutes leurs récoltes et sur leurs bestiaux qui sont fort nombreux. A Porto delle Quaje on prend à leur passage, au retour de la côte de Barbarie, une énorme quantité de cailles. Elles sont, à leur arrivée, si épuisées et si affolées que les paysans les attrapent avec la main. Le trajet de la côte d'Afrique à Porto delle Quaje est de sept cents milles. La veille de notre départ, il s'éleva un si furieux coup de vent de sirocco que, bien que les ancres fussent mouillées, et que nous fussions solidement attachés au moyen des amarres portées à terre, dont le nombre avec celui des ancres s'élevait à dix-huit, nous craignîmes de chasser sur nos ancres, de voir nos amarres rompues et notre galère jetée à la côte.

De mémoire d'homme, on n'avait éprouvé une tempête pareille à celle qui nous assaillit dans ce port. Elle dura depuis la cinquième heure de nuit jusqu'au lendemain à midi; puis elle s'apaisa.

Le lendemain 22, nous partîmes de Porto delle Quaje à deux heures de jour. Il faut observer que le pays qui s'étend depuis le port de Lépante jusqu'à Porto delle Quaje à la pointe du cap Matapan et aussi jusqu'à la pointe de Capomalio[1], porte le nom de Morée. La Morée, aujourd'hui abandonnée par ses habitants, est sous le joug tyrannique du Turc. En nous éloignant de Porto delle Quaje, nous eûmes bon vent et grosse mer. Nous passâmes non loin de Cerigo, place forte et île du domaine de Saint-Marc, qui a soixante milles de tour. Elle fut jadis la résidence de Ménélas, roi des Grecs. C'est là que sa femme Hélène fut enlevée par Paris, fils de Priam, roi de Troie. Ce rapt fut la cause de l'incendie de cette dernière ville. Il y a à Cérigo une très grande quantité de bétail.

A trente milles de Cérigo se trouve Cesesigo (Cerigotto), petite île ayant vingt milles de circuit. Elle est déserte et entièrement ruinée par les corsaires dont les fustes armées sont toujours dans son port. Ils ont autrefois réduit les habitants en esclavage et enlevé tout ce qu'ils possédaient. Aussi l'île est-elle aujourd'hui inculte et inhabitée. Nous continuâmes notre route à la voile et nous vîmes, à trente milles plus loin, la pointe de Canopasti[2]; elle

1. Capomalio est le cap Saint-Ange, nommé par les anciens le promontoire de Malée.
2. Il faut lire, au lieu de Canopasti, Capo Spati ou Capo Spada; il se

se trouve à l'extrémité de l'île de Candie qui a six cents milles de tour.

Le soir, pendant l'obscurité, nous mouillâmes dans un port voisin de l'îlot appelé Tulurre[1]. Cet îlot, formé par une haute montagne, se trouve à cinq milles de la Canée, et à cent cinquante milles de Porto delle Quaje que nous avions quitté le matin.

Le lendemain 23, deux heures avant le jour, nous levâmes l'ancre; nous passâmes devant la Canée, ville dont l'aspect est agréable, et après avoir franchi une distance de trente milles, nous entrâmes dans le golfe de la Sude.

Le 24, veille de l'Annonciation, à heure de none, nous entrâmes dans le port de Candie, au milieu de grandes démonstrations de joie et des salves de bombardes.

Les magnifiques recteurs avec toute la seigneurie de Candie, le duc, le très illustre Messer Paolo Antonio Miani, le capitaine Messer Bernardo Barbarigo, fils du sérénissime Doge, se rendirent immédiatement sur le môle pour se porter à la rencontre de

---

trouve à l'est de Capo Busa, le cap le plus occidental de l'île de Candie. Entre ces deux caps est le golfe de Castel Chissamo. On peut consulter à ce sujet, *Il regno tutto di Candia delineato parte a parte e intagliato de Marco Boschini*. Venise, 1651, in-fol., pl. 4.

1. Turluru est le nom d'un des deux forts élevés dans l'îlot de San Thodoro qui couvrait l'approche de la Canée. Le fort de Turluru était bâti au sommet de la montagne. On en trouve le plan dans Boschini pl. 4 et dans l'*Isolario* de Coronelli, Venise, 1696, in-fol., page 212.

l'ambassadeur¹. Ils le conduisirent, en lui tenant compagnie, à la maison du magnifique Girolamo Cornaro, fils de Messer Giorgio. Celui-ci a épousé dans cette ville une fille de la maison de Mudazo, qui lui a apporté en dot un revenu annuel de trois mille ducats². On rendit à l'ambassadeur tous les honneurs possibles. Nous restâmes douze jours à Candie pour faire réparer et calfater la galère et nous approvisionner de vivres.

Il devait y avoir dans la ville, autant que l'on en peut juger aujourd'hui, de fort belles maisons ; elles sont à présent ruinées par suite du tremblement de terre qui eut lieu le 29 mars 1508, à une heure et demie de nuit³. On éprouve en voyant ces ruines semblables à celles de Rome, un profond sentiment de tristesse. Il est vrai de dire que quelques

---

1. La seigneurie de Candie se composait du duc, noble Vénitien élu pour deux ans, du capitano grande, du provéditeur général, de deux conseillers, du provéditeur de la cavalerie, de trois camerlingues, du chatelain du château du môle, du capitaine de la garnison, de deux sopracomites, du gouverneur de la milice et du chef de la cavalerie des stradiots.

Les sopracomites restaient en fonctions pendant cinq ans, le capitaine de la garnison pendant trois, les deux conseillers et les trois camerlingues pendant trente-deux mois. Paolo Antonio Miani avait succédé en 1510 à Alvise Rimondo. Il devint sénateur de Venise. Bernardo Barbarigo était le fils du doge Marco Barbarigo, mort en 1486.

2. Girolamo Cornaro était le fils de Giorgio Cornaro, chevalier et procurateur de Saint-Marc, et de Fiorenza Morosini. Il eut un fils et deux filles de son mariage avec la fille de Marino Muazzo. Il était en 1539 capitaine de Padoue.

3. C'est le 29 mai et non le 29 mars, à deux heures de nuit, qu'eut lieu le violent tremblement de terre qui couvrit de ruines toute l'île de Candie. Le Sénat reçut, le 3 juillet suivant, la nouvelle de ce désastre par une lettre écrite

maisons ont déjà été reparées, mais elles sont peu nombreuses.

Toutes les habitations de la ville et des faubourgs ont été renversées ou endommagées, à l'exception de trois. Il périt plus de cinq cents personnes dans ce désastre, et il serait impossible de se l'imaginer si on ne le voyait *oculatâ fide*. Que Dieu protège la chrétienté et toutes ses villes! Il ne faut point s'étonner si les dégâts ont été aussi considérables, car au lieu d'employer de la chaux pour la construction des murailles, on se sert ici d'argile qui, n'ayant aucune solidité, ne peut en empêcher la chute. La situation de la ville est belle; le port est fort grand, mais l'entrée est si étroite qu'un gros navire ne peut y passer que difficilemeut. Il faut déployer

---

le 30 mai par Hieronimo Donado, le capitaine Piero Marcello et les conseillers Paolo Querini et Andrea Soranzo. Ils annonçaient que « l'île tout entière avait été ébranlée par un très violent tremblement de terre et qu'un nombre fort considérable de maisons et d'églises s'étaient écroulées; les dommages étaient énormes et beaucoup de gentilshommes et de gens de toutes conditions avaient perdu la vie. Le premier jour, on avait retiré quatre cents cadavres de dessous les décombres. Le grand chancelier de Candie, Enea Carpenio, avait péri dans cette catastrophe. Les palais des recteurs étaient abattus. Les fortifications de la ville n'avaient cependant pas souffert. Les églises et les couvents étaient pour la plupart en ruines et, parmi ces derniers, celui de Saint-François. Toute la population s'était répandue dans la campagne. » La lettre des conseillers se terminait par une demande de secours, car le bruit s'était répandu que Camalhi (le corsaire Kemal Reïs) devait sortir des Dardanelles pour faire des courses, et l'on craignait qu'il ne profitât du malheur public qui venait de frapper Candie. (*Diarii de Sanuto*, Venise, 1882, tome VII, col. 363.)

beaucoup d'adresse pour la lui faire franchir et une fausse manœuvre amènerait sa perte[1].

Les églises sont magnifiques; la cathédrale ou Arcopanto est dédiée à saint Titus, patron et protecteur de la ville. La rue qui du port allait aboutir à la porte qui s'ouvre au bout de la place, était large et superbe, mais elle semble avoir été plus éprouvée que toutes les autres. La ville a deux faubourgs dont l'un est vaste et entièrement couvert d'habitations. Les maisons n'ont point de toits semblables aux nôtres, mais elles sont couvertes de terrasses plates. Candie est une ville très policée; les habitants sont pleins de courtoisie; ils sont bien vêtus et portent des manches *a commodo*. La richesse n'est pas généralement répandue à Candie.

Je ne dois pas omettre de rapporter un fait rare et digne de mémoire. La belle-mère du magnifique Girolamo dont j'ai parlé plus haut, avait encore sa mère ainsi que sa grand-mère, et la femme du seigneur Girolamo a donné naissance à une fille; je les ai toutes vues. Ainsi, la plus âgée a vu la cinquième génération sortie de ses entrailles. Sa descendance appartient toute entière au sexe féminin; cinq femmes sont nées l'une de l'autre : elles sont toutes vivantes et j'ai rencontré la plus âgée à l'église.

L'île toute entière ne produit de blé que pour sa

---

[1]. Les plans de la ville et du port de Candie se trouvent dans Boschini, pl. 24.

consommation pendant la moitié de l'année. Toutefois, en cette année où l'on souffre d'une des plus grandes disettes qui aient depuis longtemps sévi dans le monde, le pain est ici à assez bon marché.

Le territoire de Candie fournit pour l'exportation trente-cinq mille tonneaux de vin, celui de Retimo et de la Canée quinze mille. Cinquante mille autres tonneaux sont consommés dans les villes et dans toute l'île. La récolte de vin s'élève donc en totalité à cent mille tonneaux.

Je dois faire observer que du port de la Sude d'où nous partîmes pour nous rendre à Candie, il y a jusqu'à cette dernière ville une distance de quatre-vingts milles.

Les magnifiques recteurs firent à l'ambassadeur l'honneur de lui offrir plusieurs repas somptueux.

Le dimanche des Rameaux, l'ambassadeur communia ainsi que les personnes de sa suite. Le lundi saint, après avoir entendu la messe, il monta à bord de sa galère accompagné par toute la seigneurie de Candie; il y dîna, puis nous sortîmes du port pour aller mouiller à Standia, îlot situé en face de Candie à la distance de douze milles[1]. Nous en partîmes le

---

1. L'île de Standia est appelée aujourd'hui par les Turcs Taouchan Adassy (l'île des Lapins).

« La côte nord est inabordable; le seul port où l'on peut mouiller se trouve en face de la ville de Candie. Il portait, sous la domination vénitienne, le nom de Porto della Madona. » (Coronelli, *Isolario*, page 219.)

mardi saint 6 avril; mais, après avoir fait douze milles, nous fûmes contraints par le vent contraire d'y revenir prendre notre mouillage. Le 7, à deux heures de jour, nous quittâmes Standia et à la vingt-deuxième heure, nous nous arrêtâmes au cap Salamon à l'extrémité orientale de Candie, à cent trente milles de Standia. Le 8, jour du jeudi saint, après avoir fait de l'eau et du bois, à quatre heures de jour, avec l'assistance de Dieu, nous mîmes à la voile pour Alexandrie. On compte quatre cent cinquante milles du cap Salamon à Alexandrie; pendant ce trajet, on ne voit que le ciel et l'eau.

Nous fûmes pendant la journée et la nuit suivante, favorisés par un bon vent. Il continua le surlendemain et la nuit d'après, et le samedi saint, 10 avril, à cinq heures de jour, nous découvrîmes la butte des Décombres d'Alexandrie (*il monte delle Scovazze*). A heure de vêpres, nous jetâmes l'ancre à environ cinq milles du rivage. L'ambassadeur envoya à terre un messager pour le vice-consul (le consul était alors au Caire) afin que celui-ci prévînt de son arrivée les sujets de la Seigneurie qui se trouvaient dans cette dernière ville. Il fut agi en conséquence.

Le 11, jour béni de la Résurrection, nous nous dirigeâmes sur Bechieri (Abouquir), bon mouillage entouré de récifs et éloigné de dix-huit milles d'Alexandrie. L'ambassadeur y reçut, à deux reprises, la visite d'un jeune gentilhomme de la maison de Marcello[1]; il était accompagné par un certain Ser Alovise di Scudo, négociant ayant une grande expérience de ces pays. Nous fûmes retenus à Bechieri par le vent contraire, jusqu'au jeudi 15 du mois. Ce jour-là, au lever du soleil, nous mîmes à la voile. Bechieri est un lieu inhabité, sur la terre ferme; le sol est sablonneux, et il s'y trouve une grande quantité de dattiers. Sur une pointe de terre s'élève une tour qui n'est gardée par personne. On voit trois ou quatre maisons loin du port et dans la direction d'Alexandrie. Quelques-uns des nôtres s'y rendirent et virent, dans des champs voisins, des gens occupés à couper des plantes fourragères arrivées à maturité.

L'amiral d'Alexandrie[2] envoya à Bechieri un sauf-conduit fort ample; la teneur en est transcrite dans cette relation. Il fit savoir qu'il désirait ardemment voir arriver le magnifique ambassadeur.

Nous partîmes donc de Bechieri pour Alexandrie, mais le vent contraire nous obligea de revenir à notre mouillage. Le 16, nous nous mîmes en route et nous allâmes jeter l'ancre à environ deux milles

---

1. Sanuto a inséré dans ses *Diarii* une lettre écrite d'Alexandrie le 23 juin 1512 par un Giovanni Marcello qui est, sans aucun doute, le jeune noble dont parle Pagani.

2. Le Naïb ou gouverneur d'Alexandrie était l'émir Khoudaberdy (Dieudonné) el Echrefy. Il avait été mamelouk du sultan Qaïtbay. Son nom est écrit fautivement Codiberdi dans la traduction du sauf-conduit donné par Pagani. Le nom de Khoudaberdy est cité par Ibn Ayas qui nous apprend que ce personnage était encore gouverneur d'Alexandrie en 922 (1516).

d'Alexandrie. Nous passâmes la nuit à bord, et le samedi 17, à une heure de jour, deux grandes embarcations de navires qui étaient dans le port, vinrent chercher l'ambassadeur. Elles étaient ornées et disposées en façon de palischermes[1], avec des dorures et couvertes de velours et de drap écarlate. L'ambassadeur avait des motifs sérieux pour ne point permettre aux galères de dépasser le Pharillon.

Les embarcations prirent donc l'ambassadeur et le conduisirent à terre. Il se rendit à cheval à la marine où il rencontra l'amiral et le diodar[2] suivis d'une multitude infinie de cavaliers et de piétons. L'ambassadeur trouva sept chevaux que l'on avait amenés; il monta sur l'un deux : six personnes de sa suite en firent autant, et on se mit en marche deux par deux. L'amiral tenait la droite de l'ambassadeur; on entra ainsi dans la ville.

---

1. Palischermo ou Paliscalmo était le nom d'une barque armée de nombreux avirons. (Cf. Jal, *Glossaire nautique*, pages 1115-1116.)

2. Le devadar ou grand chancelier, dont le titre est donné sous les formes altérées de duider, deudarius, diodar, par les écrivains du moyen âge, était sous la dynastie des sultans circassiens, le second personnage de l'État. C'est lui qui faisait expédier les diplômes conférant les grandes charges, administrait les finances et le service des postes; il avait la disposition des fiefs militaires, il commandait les corps des Djoundis et il nommait et destituait les employés des différentes administrations. Au moment de son élection, Qansou Ghoury remplissait les fonctions de Devadar; à son avènement il les confia avec celles de vézir et de grand-maître de l'hôtel à l'émir Missirbay, puis ensuite à son neveu l'émir Touman bay Qansou.

Les rues étaient remplies de monde ; à une portée d'arbalète des fondouqs des Vénitiens, les maisons étaient tapissées de drap écarlate. A l'entrée de la deuxième porte, là où les maisons commençaient à être tendues, on lisait une inscription portant ces mots : *Hæc dies quam fecit Dominus, exultemus et lætemur in ea ; benedictus qui venit in nomine Domini,* et on voyait les armoiries de Sa Magnificence. La porte du petit fondouq était couverte de velours cramoisi et d'étoffes de soie. On y avait placé les armes de l'ambassadeur et l'inscription suivante : *Cogitantes in nos mala fiant sicut pulvis ante faciem venti,* etc.

L'ambassadeur et sa suite se rendirent à cheval à la résidence de l'amiral : arrivés là, celui-ci se sépara de l'ambassadeur et entra à cheval dans son palais. On fit mettre pied à terre en dehors à l'ambassadeur et à sa suite et on les fit attendre pendant quelques instants. Nous fûmes ensuite introduits dans une grande cour à ciel ouvert. L'amiral attendant l'ambassadeur était assis dans une petite galerie sur un tapis étendu sur une estrade, haute de deux pieds, que l'on appelle en ce pays-ci mastabé. On avait disposé en dehors de la galerie une autre mastabé pour l'ambassadeur.

Quand celui-ci fut arrivé près de l'amiral, on lui fit prendre place avant qu'il ne parlât : il s'assit donc et présenta alors, de la part du doge, une lettre de créance qui fut ouverte par l'amiral, lue par notre secrétaire, et interprétée par le drogman. On échangea de part et d'autre des paroles extrêmement amicales. L'ambassadeur prit ensuite congé et se rendit, accompagné d'une suite très nombreuse, à la demeure qui lui avait été assignée. C'était une des plus belles maisons de la ville. Celui qui l'avait fait construire avait dû dépenser, au jugement de bien des gens, chose incroyable! plus de soixante-dix mille ducats. Le sol était couvert de mosaïques de marbre, de porphyre et d'autres pierres de prix. Les portes, incrustées d'ébène et d'ivoire, valaient chacune un puits rempli d'or, et il y en avait plus de soixante dans cette maison.

La construction différait complètement de ce que l'on voit chez nous. Il n'y avait point de dorures à l'intérieur, mais seulement des sculptures et des peintures en bleu d'outremer.

J'exposerai l'état présent d'Alexandrie. Cette ville fut bâtie par Alexandre le Grand. Elle a plus d'étendue que Trévise et elle est beaucoup plus longue que large ; les neuf dixièmes sont en ruines. Jamais on ne vit pareille décadence; la dévastation de Candie n'approche pas de celle-ci. Un pareil anéantissement a pour cause les violences et les exactions des souverains qui tyrannisent et dépouillent leurs sujets au point de les forcer à abandonner leur patrie et leurs foyers : les maisons perdent leurs habitants et, au bout de peu de temps, elles s'écroulent.

Une grande partie de la ville est construite sur des souterrains; on voit deux buttes appelées vulgairement « montagnes des Décombres. » La prison dans laquelle fut enfermée sainte Catherine existe encore; j'ai voulu y entrer par dévotion. Tout près, se dressent deux grandes colonnes sur lesquelles fut placée la roue, instrument du martyre de la sainte. On voit aussi au milieu d'une rue, nommée rue de Saint-Marc, une pierre semblable à une meule sur laquelle cet évangéliste a eu la tête tranchée.

On remarque encore deux obélisques comme ceux de Saint-Pierre à Rome; l'un est debout et l'autre renversé à terre.

Les chrétiens possèdent trois églises à Alexandrie. L'une, sous le vocable de Saint-Saba, est desservie par deux frères de l'ordre de Saint-Dominique; les deux autres, celles de Saint-Marc et de Saint-Michel, sont gouvernées par des moines chrétiens de la Ceinture. En dehors des murs, on voit une grande colonne où fut décapité Pompée qui se réfugia en Egypte après s'être enfui de Rome.

Les bazars que nous appelons chez nous *botteghe di merci* sont fort nombreux. Alexandrie possède deux ports, le meilleur est appelé le Port-Vieux; l'entrée en est interdite aux navires chrétiens; l'autre est le Port-Neuf. Le passage est défendu par le Pharillon, château muni d'artillerie qui ne permet pas de sortir aux bâtiments qui n'ont point obtenu l'autorisation du soudan. L'entrée a plus de largeur qu'une portée d'arbalète.

La ville n'a point de faubourg; en dehors des murs, il y a quelques petits bois où l'on recueille les câpres connues sous le nom de câpres d'Alexandrie.

A la distance de quinze milles de la ville, se trouve un souterrain dans lequel, chaque année, au moment de la crue du Nil qui jamais ne fait défaut et commence environ dans les premiers jours de juin, se déverse l'eau de ce fleuve. Elle est amenée dans la ville par des conduits placés au-dessus du sol et distribuée dans tous les quartiers. On se sert pendant toute l'année de cette eau que l'on prend aux conduits pour la mettre dans des puits. Sans l'inondation du Nil, il serait impossible de vivre dans ce pays, parce qu'il n'y pleut que rarement.

Le lendemain de notre arrivée, l'amiral envoya en cadeau à l'ambassadeur dix moutons, trois corbeilles de pains, un panier de citrons, trois paniers de raves et trois paniers de pois frais; en outre, deux porcs, deux corbeilles d'oranges, quatre corbeilles de radis et dix couples de poulets. Le porteur de ce présent reçut quatre ducats à titre de gratification.

Après le dîner, l'ambassadeur envoya à l'amiral un présent dont le détail est consigné ci-après; il fut porté par des personnes de la suite de l'ambassadeur, à l'exception des fromages dont les matelots furent chargés.

Drap d'or à fleurs pour une robe, onze aunes et demie;

Drap d'or uni, onze aunes;

Satin orange, deux coupons, vingt-trois aunes;

Satin couleur d'argent, onze aunes;

Ecarlate pour vêtement, trois coupons, quinze aunes;

Drap violet, deux coupons, quinze aunes;

Six fromages de Plaisance, pesant chacun quarante livres.

Notre drogman présenta ce cadeau à l'amiral et reçut une gratification de vingt ducats.

Le 19, l'ambassadeur se rendit chez l'amiral pour y recevoir une lettre du grand soudan, à lui adressée.

Cette lettre, dont le contenu est inséré dans cette relation, était enfermée dans une envelopppe semblable à celles dans lesquelles on met chez nous les papiers notariés ou les actes constitutifs d'une dot. Les lignes étaient séparées l'une de l'autre par la largeur de quatre doigts et la lettre était fermée avec de la colle. Le grand diodar en donna lecture et notre drogman en fit la traduction. On fit tenir l'ambassadeur debout pour témoigner le respect dû à une missive du souverain; l'amiral la remit ensuite à l'ambassadeur qui la porta à ses lèvres et à son front, selon l'usage du pays. L'ambassadeur s'approcha alors de l'amiral, lui prit la main, la baisa et prit congé pour s'en retourner.

D'après le conseil de l'amiral, nous séjournâmes à Alexandrie jusqu'au 28 avril à cause de certains Arabes nomades, et du bruit répandu que le Soudan devait venir dans cette ville. Ces deux motifs nous déterminèrent à retarder notre départ.

Nous nous mîmes en route le 28 avril, après nous être procuré vingt chameaux et avoir envoyé par mer, à la bouche de Rosette, une germe chargée de nos bagages et du vin destiné à notre consommation.

La bouche de Rosette est une de celles par lesquelles le Nil se décharge dans la mer.

Nous partîmes d'Alexandrie avec quelques mamelouks chargés de veiller à notre sureté. Nous chevauchâmes depuis la vingt-deuxième heure jusqu'à deux heures de nuit. Nous arrivâmes alors à Bechieri. On dressa pour l'ambassadeur une tente sur le sable, et le reste de sa suite campa à la belle étoile. Nous avions fait dix-huit milles depuis Alexandrie.

Nous nous mîmes en marche le 29 au point du jour et nous allâmes nous établir en dehors de Rosette.

Rosette est une fort jolie ville qui n'est point entourée de murs. Elle a une étendue et une population égales à celles de Bellune si ce n'est davantage. Les maisons sont belles.

La ville est bâtie sur une branche du Nil dont l'embouchure se trouve à six milles plus loin.

On dressa les tentes non loin d'un endroit d'où

l'on extrayait des pierres, sous des dattiers, et nous attendîmes la germe qui n'était point encore arrivée. Dans cet intervalle, l'ambassadeur entra dans la ville pour la visiter. Il rencontra le gouverneur qui venait au devant de lui et qui lui fit cadeau de six oies, de soixante pains et d'une couffe de riz. Le gouverneur accompagna l'ambassadeur dans toute la ville et le conduisit dans un jardin où nous vîmes, entre autres choses, un arbre haut de deux pas, n'ayant que quatre feuilles longues de quatre brasses et larges d'une demi-brasse et même un peu plus. Le nom de cet arbre est *musaro* (bananier); son fruit s'appelle *muse* et a quelque ressemblance avec le concombre; on le pèle comme une figue dont il a le goût sucré, et il est si exquis que l'on ne peut donner une idée de sa saveur. Nous vîmes dans ce jardin un grand nombre de mûriers et beaucoup d'arbres de différentes espèces. Après avoir visité ce jardin et parcouru la ville, l'ambassadeur retourna à son campement et nous y goûtâmes le repos jusqu'au 2 mai, jour de l'arrivée de la germe.

Il faut faire observer que, depuis Alexandrie jusqu'à Rosette, partout où se porte la vue, on n'aperçoit que du sable, excepté aux environs d'Alexandrie où il y a de nombreuses salines; l'eau de pluie s'y transforme en sel à cause de l'excessive ardeur du soleil. On compte quarante-cinq milles d'Alexandrie à Rosette.

Le 4 mai, avec la grâce de Dieu, nous mîmes à la

voile sur le Nil et nous nous éloignâmes de Rosette. Nous étions suivis par quatre germes. A l'heure de vêpres, nous atteignîmes, après avoir fait vingt milles, une ville semblable à Rosette. Une grande partie de notre compagnie débarqua pour la visiter. Fua, qui est bien peuplée, renferme de nombreux bazars et beaucoup de métiers. Nous retournâmes ensuite à la germe et nous continuâmes notre route. Nous voyions sur les bords du fleuve, à chaque demi-mille ou à chaque mille, des machines mises en mouvement par des bœufs et destinées à élever l'eau pour arroser les terres et les champs. Sans cela, ils ne produiraient rien à cause de la sécheresse, car dans ce pays, il ne pleut jamais. Nous apercevions aussi sur les rives du Nil quelques villages; mais ils semblaient déserts, et dans aucun d'eux il n'y avait un arbre sous les branches duquel on pût se mettre à l'ombre. Les maisons sont en terre et couvertes d'argile; si, dans ce pays, il pleuvait comme chez nous, elles s'écrouleraient au bout de deux jours. On voyait sortir de ces maisons des petits garçons tout noirs, grillés par l'extrême ardeur du soleil et nus comme à leur sortie du sein de leur mère.

Nous naviguâmes le jour et la nuit, tantôt à la voile, tantôt à la cordelle, et avec l'aide de Celui qui met tout en mouvement, nous arrivâmes le 6 mai à la vingt-deuxième heure à la rive d'un faubourg du Caire appelé Bolago (Boulaq). Nous suivîmes le conseil du drogman du Soudan et nous passâmes la nuit à bord de nos germes. Ce drogman, natif de Vérone, était venu faire visite à l'ambassadeur[1].

Le lendemain matin, nous nous levâmes trois heures avant le jour et nous fîmes débarquer les coffres et les autres bagages; on les chargea sur quarante chameaux et mulets qui nous precédèrent. Ces bêtes avaient des couvertures en drap écarlate, ornées de broderies représentant Saint Marc et les armes de l'ambassadeur. Celui-ci monta à cheval avec toute sa suite; il portait un habit de drap d'or, et il avait près de lui quatre jeunes pages. Deux se tenaient à la bride du cheval; ils portaient un vêtement de damas cramoisi qui descendait jusqu'à terre; les deux autres, habillés d'écarlate, marchaient de chaque côté des étriers. L'ambassadeur était accompagné par le Memandar du Soudan, officier des plus considérables de la cour[2], par un très nombreux cortège de mamelouks à cheval et par des Mores montés sur des ânes, comme c'est la coutume en ce pays-ci.

---

1. Ibn Ayas nous a conservé son nom : il s'appelait l'émir Younis Etterdjuman. Il avait remplacé Tangriberdy qui était tombé en disgrâce et avait été jeté en prison. L'ambassadeur ne pouvait que se féliciter d'avoir pour intermédiaire auprès du Soudan un ancien sujet de Venise, au lieu de Tangriberdy que Sanuto qualifie d'ennemi mortel de la Seigneurie.
(Ibn Ayas, *Histoire d'Égypte*, man. de la Bibliothèque nationale, fonds arabe 595 b. fol. 84.)

2. Le Mihmandar était l'officier chargé de la conduite et de l'entretien des ambassadeurs et des étrangers de distinction qui recevaient l'hospitalité du Soudan. Les fonctions de Mihmandar étaient remplies en 1512 par l'émir Azdemir. (Ibn Ayas, *Histoire d'Égypte*, fol. 84.)

Il était suivi par environ vingt gentilshommes, marchands vénitiens qui se trouvaient dans la ville, et qui tous avaient été précédemment jetés en prison ou mis à la chaîne.

Nous fîmes, avec l'assistance de Dieu, notre entrée dans la ville du Caire. Dans toutes les rues que nous suivions pour arriver à notre demeure, nous trouvions une foule incroyable de gens à cheval, à pied ou montés sur des ânes.

Nous fîmes cinq milles pour venir de Bolago où nous avions débarqué, à notre demeure qui était située dans le plus beau quartier de la ville. Nous mîmes pied à terre et nous vîmes un palais dont il serait impossible de trouver le pareil en cette ville et, à plus forte raison, partout ailleurs. On estimait à plus de cent mille ducats la somme dépensée pour sa construction. Les murs étaient couverts de sculptures; les poutres et les lambris resplendissaient de dorures; les murs au-dessous des travées étaient aussi sculptés et dorés. Le sol était pavé en mosaïque et les portes étaient incrustées d'ébène et d'ivoire.

Le lendemain de son arrivée, l'ambassadeur reçut en cadeau de la part du Soudan, les provisions suivantes :

Quarante-quatre pains de sucre, de quatre livres chacun;

Cinq pots de miel de l'Inde;

Deux pots de graisse fine;

Quarante moutons;

Cinquante couples de poulets;

Vingt oies;

Deux sacs de riz.

Le lundi 10, l'ambassadeur eut sa première audience dans la forme suivante : Le grand Memandar et le drogman du Soudan vinrent le prendre chez lui; il monta à cheval dans la cour, vêtu d'un habit de brocart à manches étroites que recouvrait un manteau de drap d'or uni, garni extérieurement d'hermine. Les personnes de la suite étaient les unes à cheval, les autres sur des mules, à l'exception toutefois des quatre pages. Ceux qui se tenaient à la bride étaient habillés de damas cramoisi, les deux autres qui marchaient à côté des étriers portaient un vêtement d'écarlate descendant jusqu'à terre.

Nous passâmes par le plus beau quartier de la ville et nous traversâmes une place immense[1] où l'on faisait courir dans toutes les directions un très grand nombre de chevaux que l'on exerçait[2]. On arriva à la citadelle où l'ambassadeur et les personnes qui l'accompagnaient mirent pied à terre : on gravit un

---

1. Cette grande place porte le nom de Meïdan, ainsi que Pagani le dira plus loin.

2. Baumgarten a consacré tout un chapitre aux exercices équestres exécutés par les Mamelouks, quand le Soudan donnait à un ambassadeur sa première audience. Martini a Baumgarten, *Peregrinatio, etc.* Nuremberg, 1594, pages 46-50.

escalier d'environ quarante marches et on franchit une porte gardée par une troupe nombreuse.

On passa successivement par quatre portes et par quatre places remplies d'esclaves. A la dernière de ces quatre portes était assis sur un mastabé l'amiral commandant la citadelle[1]. Non loin de lui se tenaient dix esclaves qui jouaient de la flûte, battaient des timbales et du tambour et faisaient grand bruit en frappant l'un contre l'autre des boucliers de fer. En voyant l'ambassadeur, l'amiral se leva et le salua de la tête; l'ambassadeur en agit de même à son égard.

Après avoir franchi, encore plus avant, trois autres portes, nous passâmes par une petite place entourée de murailles le long desquelles on avait suspendu des armures en guise d'ornements; il s'y trouvait une cinquantaine d'individus dont les uns fabriquaient des lances et brunissaient des morions; les autres battaient des morceaux de fer sur des enclumes. Ceci était uniquement pour la montre, car à peine l'ambassadeur fut-il passé que ces artisans se levèrent et s'en allèrent. J'en eus la preuve lorsque je revins à la citadelle deux heures plus tard. On tira, au moment de notre entrée, de nombreuses salves d'artillerie. Nous passâmes encore par quatre ou cinq portes ouvrant sur des cours remplies de mamelouks, et nous entrâmes

---

[1]. Le commandant de la citadelle portait le titre de Naïb el Qaiaah. Il relevait directement du Soudan. L'amiral dont parle Pagani était l'émir Toqatbay el Alay. (Ibn Ayas, fol. 84.)

enfin dans une vaste cour à ciel ouvert, bien plus grande que la place de Saint-Marc.

Le Soudan était assis au fond de cette cour, sur un mastabé élevé de deux pas au-dessus du sol et couvert de velours vert. Il avait sur la tête un très grand fez avec deux cornes hautes d'un demi-bras. Le derrière de cette coiffure était formé par une toque à côtes dont je ne saurais donner la description. Il était vêtu d'une robe d'étoffe de coton[1], sur laquelle il avait mis une autre robe de camelot vert foncé, et il était assis les jambes croisées, à la manière des tailleurs. A sa droite étaient placés son sabre et son bouclier; il ne s'en sépare jamais en quelque endroit qu'il se trouve. Non loin de lui et à sa droite, se tenaient debout vingt personnes environ; toutes étaient vêtues de blanc et avaient une coiffure semblable à la sienne. Tous ces personnages étaient des émirs commandant chacun mille lances. Il y avait en outre une assistance infinie de gens tous debout; la cour en était remplie.

L'ambassadeur fit son entrée escorté de toute sa suite; quatre pages, deux à droite et deux à gauche, tenaient son manteau relevé. En apercevant le Soudan à l'extrémité de la cour, l'ambassadeur ôta sa

---

1. Le mot italien *lisaro*, employé par Pagani, est emprunté à l'arabe. Elizar, ou izar désigne le voile en étoffe de coton dont les femmes se couvrent quand elles sortent, et un fin tissu de coton. (Dozy, *Dictionnaire des noms des vêtements arabes*. Amsterdam, 1845, pages 24-38.)

toque de velours, s'inclina, et après avoir touché la terre avec les mains, il les porta à ses lèvres et à son front pour témoigner le respect qu'il professait pour un si grand souverain. Il salua de même, ainsi que toute sa suite, après avoir fait quinze pas, et enfin, à la dernière limite, c'est-à-dire à environ vingt pas du Soudan. Cet espace était entièrement couvert de tapis sur lesquels il n'était pas permis de marcher. Il fit alors une dernière fois une révérence semblable et tira de son sein la lettre du Doge, écrite sur papier violet; un sceau en or retenu par des cordons à glands d'or y était suspendu. La suscription était tracée en lettres d'or. L'ambassadeur baisa la lettre, la porta à son front et la remit au grand Memandar qui la donna au Soudan; celui-ci l'ouvrit, et on en fit lecture. Lorsqu'il en eut entendu la teneur, il fit demander par le grand Memandar qui allait et venait, des nouvelles de la santé du Doge. Il fit dire à l'ambassadeur qu'il était le bien venu et il ajouta quelques autres paroles. L'ambassadeur, après avoir fait la réponse qui lui avait été prescrite, recula de quatre pas, ainsi que les pages qui tenaient son manteau relevé, afin que, marchant sur lui, il ne fût point exposé à tomber. Il fit alors une profonde révérence et se retira. Nous revînmes à notre demeure.

Il faut observer que l'on ne peut ni cracher ni se moucher en présence du Soudan, car ce serait lui faire une grave offense.

Lorsque nous approchâmes de notre maison, huit trompettes, que l'ambassadeur avait fait débarquer de la galère et qu'il avait amenés avec lui pour rehausser l'éclat de son cortège, commencèrent à sonner. Ils avaient un costume de drap écarlate et les flammes de leurs instruments étaient neuves, fort belles et brodées en or. Pendant la marche, ils se tinrent près de l'ambassadeur ayant leurs trompettes à la main, mais ils ne se mirent à sonner qu'au moment d'entrer dans la maison et sous la porte.

Je dois noter que l'ambassadeur, avant de se rendre à l'audience, avait envoyé au Soudan les présents qui furent tous portés par des Mores.

Liste des cadeaux envoyés au Sérénissime Soudan et remis par l'intermédiaire du magnifique ambassadeur Vénitien.

Une robe de drap d'or frisé à fond violet, coûtant trente ducats l'aune ;
Une robe de drap d'or frisé à fond cramoisi ;
Deux robes de drap d'or uni ;
Deux robes de drap d'or uni à fond cramoisi ;
Deux robes de drap d'or uni alexandrin.
                Total des robes d'étoffes d'or, 8.
Deux robes de velours frappé cramoisi ;
Trois robes de velours uni cramoisi ;
Trois robes de velours vert uni ;
Trois robes de velours de couleur fauve uni ;

Trois robes de velours violet uni;
>Total des robes de velours, 14.

Deux robes de satin blanc;
Trois robes de satin gris;
Trois robes de satin bleu de ciel;
Trois robes de satin jaune clair;
Trois robes de satin vert foncé;
Trois robes de satin vert clair;
Deux robes de satin de couleur fauve;
Six robes de satin cramoisi;
Une robe de satin alexandrin.
>Total des robes de satin, 26.

Une robe de damas alexandrin;
Une robe de damas de couleur fauve.
>Total des robes de damas, 2.

Cinquante robes soie et or;
Quarante-deux robes de drap écarlate de 100 et 80;
Huit robes de drap violet *ut supra*.
>Total des robes de drap, 50.

Trois masses de zibelines de cent vingt peaux;
Quatre mille cinq cents peaux de menu vair.

Deux masses contenant quatre cents peaux d'hermine.

Cinquante fromages de Plaisance, chacun du poids de quatre-vingts livres.

Ces cadeaux furent présentés au Soudan pendant qu'assis sur le mastabé, il attendait l'arrivée de l'ambassadeur. Ils furent ensuite portés dans une grande salle où ils restèrent jusqu'à la fin de notre audience.

Lorsqu'elle fut terminée et que nous fûmes revenus à la maison comme je l'ai dit plus haut, l'ambassadeur me fit appeler ainsi que le drogman et il nous confia la mission de remettre les cadeaux au seigneur Soudan, car telle est la coutume de ce pays. Nous partîmes avec le drogman Véronais pour exécuter l'ordre de l'ambassadeur. Nous arrivâmes à la citadelle par le chemin que nous avions suivi ce même jour; après y être entrés, on nous conduisit dans d'autres parties.

Nous gravîmes un escalier et pénétrâmes dans une salle de la plus grande magnificence : elle est infiniment plus belle que la salle d'audience de notre Illustrissime Seigneurie de Venise. Le sol était couvert d'une mosaïque de porphyre, de serpentine, de marbre et d'autres pierres de prix. Cette mosaïque était presqu'entièrement recouverte par un tapis. Le plafond et les lambris étaient sculptés et dorés : les grilles des fenêtres étaient en bronze au lieu d'être en fer. Le Soudan était dans cette salle près d'une fenêtre qui ouvrait sur un petit jardin planté d'orangers. Il avait à côté de lui son sabre et son bouclier. Il était assis sur un coussin, les pieds posés sur un tabouret : l'un et l'autre avaient à peu près un pied de hauteur. Il ne portait point de chaussures et l'on voyait ses pieds nus. Il avait pour coiffure un ez semblable à celui que portait l'amiral d'Alexandrie, de forme élevée et sans cornes. Nous fûmes introduits par son drogman et nous nous tînmes debout devant lui à environ deux pas de distance, ce qui me permit de le bien considérer.

Le Soudan est un seigneur ayant un grand air de gravité et de noblesse; il parait avoir soixante ans, bien que certaines personnes lui en donnent soixante-dix; sa barbe noire est entremêlée de quelques poils blancs, son teint est brun. Il est gras et replet. Il porte le nom de Campsum Grani (Qansou Ghoury).

Il se fit montrer les cadeaux l'un après l'autre et il les renvoya après les avoir regardés : puis, il fit approcher le drogman de Damas qui se tenait debout derrière moi et il lui dit en arabe : « Vous ferez savoir à l'ambassadeur que les cadeaux sont beaux et que j'en ai été satisfait; mais j'ai été encore plus charmé par la présence de l'ambassadeur parce qu'il est un homme grave et plein de maturité, et non point un de ces jeunes gens qui ont souvent la tête près du bonnet. » Ces paroles me furent traduites par le drogman. Après les avoir entendues, nous fîmes notre révérence en baisant la terre et nous nous retirâmes à reculons. A notre retour, nous rendîmes compte à l'ambassadeur de ce qui s'était passé. Au bout de deux heures, le Véronais, drogman du Soudan, se présenta à la maison; il apportait vingt ducats. Il en donna dix à notre drogman et il me remit les dix autres pour avoir présenté les cadeaux.

Le 12, l'ambassadeur eut sa seconde audience; elle lui fut donnée dans la forme suivante : Il ne se rendit pas à la citadelle, mais il fut conduit à une place qui s'étend au pied des murs où l'on fait courir les chevaux et où ont lieu de fort beaux exercices équestres. Cette très grande place a deux fois l'étendue de celle de Saint-Marc, et elle est plus longue que large. De ce lieu l'ambassadeur fut introduit dans un jardin, appelé le Jardin du Sultan, qui est aussi vaste que la place. Au milieu s'élève, à la hauteur d'un pas au-dessus du sol, un kiosque ouvert, soutenu par des colonnes et couvert de plantes vertes. Des toiles étaient tendues de côté et au fond pour préserver de l'ardeur du soleil, et à chaque colonne était suspendue une cage renfermant un petit oiseau qui chantait. Le Soudan, coiffé d'un haut bonnet sans cornes, était assis dans ce kiosque. L'ambassadeur portait un vêtement de drap d'or avec des manches à la ducale. Après avoir fait les saluts d'usage, il se tint debout devant le Soudan, la toque à la main. Il n'avait auprès de lui que son secrétaire, son drogman, le Memandar et le drogman du Soudan. Pendant le temps que dura l'audience, nous fûmes conduits dans le jardin; il était plein de grenadiers, d'orangers, de bananiers, de pommiers, de poiriers, de figuiers, de vignes, de myrtes et d'arbres d'autres espèces.

L'audience terminée, l'ambassadeur monta à cheval et se rendit chez le grand Diodar que l'on supposait devoir tenir le sceptre du gouvernement de ce pays, après la mort du Soudan actuel. Le Diodar, qui est un homme de quarante ans, accueillit l'ambassadeur d'une manière charmante. Il fit apporter des rafraîchissements dans des vases de porcelaine. Il but le premier, puis offrit à boire après lui à l'ambassadeur ; on distribua à toute la compagnie un breuvage composé d'eau, de sucre, de jus de citron et d'autres ingrédients. L'ambassadeur s'arrêta peu de temps chez lui ; il prit congé après un échange de paroles sympathiques et retourna à son palais.

Après le dîner, un drogman et un serviteur furent chargés d'aller porter chez la Sérénissime épouse du Soudan les cadeaux suivants :

Une robe de velours frappé cramoisi ;
Deux robes de satin cramoisi ;
Une robe de satin blanc ;
Une robe de satin de couleur fauve ;
Une robe de satin alexandrin ;
Une robe de satin vert ;
Une robe de satin couleur d'argent ;
Une robe de satin couleur de chair ;
Trois pièces de toile de Reims, à quatre livres l'aune.

Cadeaux envoyés au grand Diodar :

Une robe de velours frappé cramoisi ;
Une robe de velours de couleur fauve ;
Une robe de satin alexandrin ;

Une robe de satin de couleur fauve;
Une robe de drap écarlate;
Une robe de drap violet;
Six fromages.

Cadeaux envoyés au grand amiral :

Velours cramoisi en deux coupons;
Velours violet en deux coupons;
Satin de couleur fauve;
Satin alexandrin;
Drap écarlate de cent;
Drap violet de quatre-vingts;
Six fromages.
Il fut donné au Memandar:
Une robe de velours cramoisi en deux coupons;
Trois robes de velours cramoisi, de plus de sept aunes;
Trois robes de velours frappé de couleur fauve;
Une robe de drap écarlate de quatre-vingts;
Une robe de drap violet de quatre-vingts;
Deux fromages.

Le 13 mars, le jardinier du Soudan apporta à l'ambassadeur un cadeau de raisin mûr.

Le 15, l'ambassadeur alla faire visite à un grand ministre qui porte le titre de Nadrcas[1]; c'est lui qui

---

1. Nadrcas est la corruption de Nadhir el Khas (inspecteur du domaine privé). Le titre exact de ces fonctions est Nadhir el Khas eccherif, elles répondaient à celles d'Intendant de la liste civile. Le personnage qui les remplis-

perçoit les revenus du Soudan. Nous rencontrâmes chez lui quatre Mores dont l'un, nommé Goza[1], était un grand négociant qui faisait le commerce pour le compte du Soudan, ainsi que le magnifique Messer Tomaso Contarini, consul d'Alexandrie, accompagné par les marchands vénitiens établis dans cette ville. La visite de l'ambassadeur dura deux heures et il eut avec les Mores une longue discussion sur plusieurs sujets. Il fut question d'un ambassadeur du Sofy qui, il y a trois ans, s'était rendu à Venise; l'opinion des Mores était qu'il avait demandé à la Seigneurie de l'artillerie et des gens pour s'en servir contre le Soudan.

A la fin de la conversation, on apporta une collation composée de pâtisseries et de boissons sucrées à la mode moresque.

Nous nous en allâmes, après y avoir pris part, et nous nous rendîmes chez le Catibser[2]. On échangea avec lui des paroles très gracieuses et on nous servit des rafraîchissements. Nous restâmes chez lui pendant une demi-heure, et à l'heure de none, nous

---

sait en 1512 était l'émir el Alay Aly ibn el Imam. Il était, en outre, chargé de l'administration des fondations pieuses (evqaf). (Ibn Ayas, *Histoire d'Egypte*, fol. 84.)

1. Goza me paraît être l'altération du mot Khodja (maître); ce titre était donné autrefois aux négociants notables. Il est écrit Cogia par les auteurs français des XVIe et XVIIe siècles.

2. Le Katib essirr echcherif ou secrétaire des nobles commandements secrets était chargé de lire au Soudan les dépêches importantes et de rédiger les pièces qui émanaient de la chancellerie privée du souverain. Cf. Quatremère, *Histoire des Sultans mamelouks*, tome II, 2e partie, page 318. En 1512, le Katib essirr était Mahmoud ibn Adja el Haleby.

regagnâmes notre demeure; nous étions tous affamés et rompus de fatigue.

Après le dîner, on vint chercher l'ambassadeur pour lui montrer trois animaux que je n'avais jamais vus. Le premier était une girafe : elle avait une hauteur de six brasses; ses jambes de devant étaient plus hautes que celles de derrière et cette particularité lui donnait une apparence difforme. Elle avait le buste très court, les jambes fines et les pieds comme ceux d'une vache. Son cou très mince était long de trois brasses; sa tête petite avait quelque ressemblance avec celle du cerf et était surmontée de deux cornes velues. Sa robe de couleur bai clair était tachetée ou rayée de marques beaucoup plus claires que le fond de son pelage : elles étaient presque blanches. Sa queue, qu'elle ne remuait presque pas, était mince et avait peu de poils à son extrémité.

L'autre animal était un éléphant âgé de deux ans; ses défenses avaient une longueur d'un demi-bras. Ses oreilles étaient très larges et il les faisait mouvoir, quoi qu'en dise le vulgaire. Ses cornacs le firent coucher à terre; il a des jointures dans les quatre jambes. Cet animal était d'une extrême docilité. Nous vîmes aussi deux lions avec lesquels les gens chargés de leur garde jouaient en toute liberté. Tous ces animaux appartenaient au Soudan.

Le 20, jour de l'Ascension, l'ambassadeur fut reçu en audience dans le lieu appelé Meïdan, dont j'ai parlé plus haut et qui est deux fois grand comme la place de Saint-Marc.

Le Soudan était assis près du mur de la citadelle sur une petite estrade élevée de deux pas au-dessus de terre. Il était vêtu de blanc, c'est-à-dire d'une robe de *lisaro*; tous les gens de la cour portaient le même costume. Il avait, comme au jour de la première audience, une coiffure avec des cornes sur le devant : son sabre et son bouclier étaient placés à côté de lui, *more solito*. L'ambassadeur, vêtu de brocard d'or, s'arrêta à quatre pas devant lui. Il était accompagné par le magnifique consul d'Alexandrie, habillé de velours cramoisi avec des manches à la ducale, et par dix gentilshommes exerçant le commerce. L'ambassadeur parla à haute voix au Soudan par l'intermédiaire du drogman, et il aborda les affaires importantes dont il était chargé. Pendant l'entretien survint le magnifique Pietro Zen, consul de Damas, vêtu d'écarlate et ayant des manches à la ducale. Bien qu'innocent, il était accusé de trahison par le Soudan qui lui reprochait d'avoir reçu des lettres du Sofy, entretenu une correspondance avec ce prince et envoyé des émissaires pour agir contre ses intérêts[1]. Il y eut une discussion entre le Soudan et

---

1. Je crois devoir ajouter ici quelques détails à ceux que j'ai donnés dans l'introduction sur Pietro Zen. Deux ans après son retour d'Égypte, il fut nommé recteur et provéditeur de Cattaro (1514); en 1519, il était membre du grand conseil. Il fut, en 1521, nommé bayle et capitaine de Napoli de

l'ambassadeur pour savoir si ces actes du consul avaient eu oui ou non l'assentiment de la Seigneurie. L'ambassadeur soutint qu'il n'en était rien et assura que la Seigneurie n'avait eu aucune connaissance de ces faits et qu'elle punirait le consul. Après une longue conversation, l'ambassadeur alla mettre de ses propres mains la chaîne au cou du consul de Damas.

L'audience dura trois heures; lorsqu'elle eut pris fin, tout le monde se retira et monta à cheval, excepté le consul qui fut conduit à pied et la chaîne au cou, à la maison de l'ambassadeur. Le drogman marchait à côté de lui. Je ne sais ce qu'il adviendra de Messer Pietro Zen; mais j'espère que cette affaire se terminera heureusement pour lui, car sa haute situation l'exige. Ce qui fut fait eut pour but de donner satisfaction au Soudan; comme le consul n'a commis

---

Romanie, mais il n'exerça cette charge que pendant quelques mois. Il fut, en 1523, envoyé à Constantinople pour féliciter au nom de la Seigneurie, Sultan Soleïman de la conquête de Rhodes; il y demeura en qualité de vice-bayle à la suite du décès du bayle Andrea Priuli, mort de la peste en juillet 1523. Pietro Zen retourna à Constantinople en 1525 pour remplacer Pietro Bragadin, et il y séjourna jusqu'en 1530. A son retour à Venise, il devint chef du conseil des Dix : l'année suivante (1531) il fut nommé vice-bayle à Constantinople. En 1534, il fut envoyé à Padoue en qualité de podestat. En 1539, il fut pour la quatrième fois chargé d'une mission à Constantinople. Il devait s'y rendre par terre et y conclure la paix : mais les fatigues du voyage l'obligèrent à s'arrêter à Serajevo en Bosnie et il y mourut. Il avait atteint l'âge de quatre-vingt-six ans. Son corps fut rapporté à Venise et enterré dans l'église des Crocicchieri. (Lazari, *Relations des ambassadeurs de Venise près la Porte Ottomane*. Florence, 1855, tome III de la troisième série, pages 95-99-119-123.)

aucune faute, il sortira de cet embarras à son très grand honneur.

On fit voir à l'ambassadeur un crocodile vivant qui avait un pas et demi de longueur. Cet animal appartient au genre des reptiles et naît dans le Nil. Il a quatre pattes longues chacune d'un empan, la queue large et la gueule fendue comme celle d'un serpent. Il remue seulement la mâchoire supérieure qui est garnie de dents très aiguës ; il n'a point de langue, et sa peau est couverte d'écailles plus dures que des os. Il n'est point venimeux, et toute sa force réside dans sa queue et dans ses mâchoires. Cet animal grandit pendant toute sa vie et son existence se prolonge pendant fort longtemps. Les crocodiles acquièrent ainsi une très grande taille et causent dans ces pays des dommages considérables. Ceux qu'on trouve en remontant au delà du Caire, sont très avides de chair humaine. Nous vîmes aussi un léopard qui appartenait au magnifique Pietro Zen.

Le 1er juin, l'ambassadeur eut une nouvelle audience ; elle fut plus secrète et donnée dans un autre endroit que les précédentes.

Le dimanche 6, l'ambassadeur avec toute sa suite et une escorte de mamelouks et de marchands dont le nombre s'élevait à plus de cent cinquante cavaliers, alla visiter les pyramides. Ce sont des constructions en forme de diamant ; elles vont toujours en se rétrécissant depuis la base jusqu'au sommet qui a deux pas de largeur sur chaque face. La longueur de chaque côté de la base est égale à la hauteur.

Les pyramides sont une fois et demie, d'autres disent deux fois, plus élevées que le campanile de Venise. Ces constructions, d'une masse incroyable, sont formées de pierres taillées au ciseau.

Martial dit avec raison, *miracula pyramidum* dans la pièce qui commence par ce vers :

> Barbara pyramidum sileat miracula Memphis[1].

C'est bien réellement un miracle que de voir une pareille masse créée par la puissance de l'homme. Pline parle aussi de ces pyramides. Elles sont au nombre de sept : trois, deux grandes et une petite, sont l'une près de l'autre, les quatre autres s'élèvent plus loin. Pline[2], en parlant de la plus grande sur laquelle nous montâmes, assure que trois cent soixante mille hommes y travaillèrent sans relâche pendant vingt ans.

On y a, depuis peu de temps, découvert une ouverture; on croyait auparavant qu'elle était entièrement massive. Ce fut un Juif qui, par art magique, ou par un trait de génie, reconnut qu'elle était en partie vide à l'intérieur. Il obtint une autorisation du Soudan et commença ses investigations; il poussa si loin ses recherches qu'il découvrit l'ou-

---

1. Martial, *Spect.*, I, 1.
2. Pline, *Hist. natur.*, XXXVI, 16 et 17.

verture qui était murée. Il la déblaya, et elle est accessible jusques à aujourd'hui. On pénètre dans l'intérieur par un couloir extrêmement étroit qui donne à peine passage à un homme couché. Il serait très périlleux de s'aventurer dans l'intérieur sans lumière. On y trouve un certain nombre de petites chambres ; dans la plus grande d'entre elles, on voit un sarcophage en porphyre, découvert et vide. Ce fait donne lieu à bien des personnes de supposer que cette pyramide a été la sépulture d'un roi d'Égypte.

On appelle vulgairement, dans ce pays, les pyramides « montagnes de Pharaon. » Tout près d'elles on voit sculptée dans un rocher qui se trouve là naturellement, et qui a six pas de haut sur quatre de large, une tête de femme qui en occupe toute la masse. Le nez est tombé de vétusté. Cette énorme sculpture est digne d'admiration.

Le 25, un ambassadeur du Sofy entra au Caire ; il portait un vêtement de drap d'or à la turque et le fez dont il était coiffé était surmonté d'un bouquet de plumes. Il était accompagné par cent cinquante cavaliers, tous habillés à la turque ; ils avaient sur la tête un fez entouré d'un gros bourrelet, ayant environ une demi-brasse de hauteur. Cette coiffure avait la forme d'un melon, et était en drap ou en soie de couleur rouge[1]. Trois jours après son entrée, cet

---

1. Cette coiffure des Persans chiites était de couleur rouge et avait douze côtes peu saillantes en l'honneur des douze Imams. Les historiens orientaux

ambassadeur se rendit à son audience, escorté par un grand nombre de mamelouks : les gens de sa suite étaient à pied à l'exception de dix d'entre eux qui étaient à cheval. Il avait fait porter, avant de se rendre à la citadelle, trente six scaffazi[1], ou corbeilles plates et sans anses, dans lesquelles on avait mis des draps d'or et de soie, des tapis d'une grande finesse, des arcs et des harnais : il offrit également huit léopards. Tels furent les cadeaux envoyés par le Sofy au Soudan.

Le jour où cet envoyé fit son entrée, il avait en sa compagnie l'ambassadeur du roi d'un peuple chrétien appelé les Géorgiens. Ce personnage avait un habit de drap d'or et était coiffé d'un petit chapeau semblable à celui des estradiots et entouré d'une bordure de zibeline. Il était suivi par environ vingt cavaliers. Il venait d'un pays fort éloigné, situé au delà des États du Sofy, du côté de l'Inde, à soixante jours de marche. On prétendait qu'il était venu pour demander que l'église du Saint-Sépulcre, fermée depuis deux

---

du XVIe siècle désignent les Persans sous le nom de *Qizil bach* (têtes rouges). « Et encores sont-ilz d'aulcuns nommez nazery (esn'achary, partisans des douze imams), pour ce que leur coustume estoit de porter une tocque divisée en douze bendes. Et nazer (esn'achar) en langaige arabique signifie douze. Laquelle tocque ou barrette pour ce qu'elle est toute rouge se nomme rusel bas (qizil bach) qui vault autant à dire comme teste rouge. » (*Les fleurs des histoires de la terre d'Orient*. In-4. s. d. On les vend à Paris en la rue neufve Nostre-Dame, à l'enseigne de l'escu de France.)

1. Scaffazi est l'altération du mot arabe *qafas* qui désigne une cage, un panier à claire-voie et un éventaire.

ans et dans laquelle aucun chrétien ne pouvait entrer, fût ouverte. Cet envoyé géorgien fut reçu le même jour que celui du Sofy, avant que le Soudan ne se fût levé de son siège.

Le 27, le très illustre ambassadeur se rendit, avec une escorte de cent cavaliers, à la Matarée pour visiter ce lieu de dévotion. La Matarée est à quatre milles du Caire; c'est là que Notre Dame, la glorieuse Vierge Marie se réfugia après s'être enfuie de Judée, par crainte d'Hérode et par le commandement de l'ange. Elle y demeura trois mois dans une petite maison qui a été en partie rebâtie. L'ambassadeur y fit célébrer une messe par le père gardien de Jérusalem qui est, en ce pays, comme le souverain pontife. On voit là une manière de petit réduit ou de niche dans laquelle la glorieuse Vierge plaçait son fils chéri; une lampe y est allumée et brûle continuellement. A peu de distance se trouve un grand puits dont l'eau a la limpidité du cristal : la glorieuse Vierge y lavait les langes de son fils béni. L'eau est douce et excellente à boire, tandis que toutes les eaux des environs ont un goût salé; jamais l'eau de ce puits ne vient à manquer. Je m'y lavai les mains et le visage par dévotion. Le jour de l'Ascension, cette eau augmente d'une hauteur de six pas; le soir, elle reprend son niveau ordinaire. Ce fait est attesté par des chrétiens dignes de foi. Après avoir lavé à ce puits les langes de son fils, la glorieuse Vierge allait les étendre dans un petit jardin. Les arbustes qui produisent le baume poussèrent spontanément dans cet endroit. Ils subsistent et distillent le baume jusques à aujourd'hui, mais en bien moindre quantité qu'autrefois, car il n'en découle que quelques gouttes. J'ai vu et touché ces arbustes qui ont la même apparence que l'aubépine et dont les feuilles ressemblent à celles de la rue. C'est chose merveilleuse que ces arbustes ne se rencontrent dans aucun autre lieu du monde, et que c'est là seulement que l'on recueille le baume. Ce jardin a la contenance de la moitié d'une journée de terre; on y voit environ dix pieds de baumier; quand ils se dessèchent, ils repoussent comme les autres arbres, mais ils ne peuvent vivre que dans cet enclos. Le Soudan le fait surveiller par des gardes fort nombreux, et on ne peut le visiter que très difficilement. Pour nous, nous pûmes le voir et il me fut particulièrement agréable d'avoir réussi à contempler une chose si curieuse et unique au monde.

Non loin de là est un très vieil arbre d'une immense grandeur; on l'appelle le figuier de Pharaon. La Vierge, avec son fils béni, était assise au pied, quand elle vit venir de loin une troupe nombreuse de gens. Elle voulut s'enfuir, mais elle ne savait où se réfugier. Par un miracle divin, ce figuier s'ouvrit et donna asile, dans son flanc, à la glorieuse Vierge et à son fils. Cette fente se voit encore de nos jours; une lampe y brûle constamment. J'ai enlevé un fragment de cet arbre et je le conserve par dévotion.

Le 30, l'ambassadeur eut sa cinquième audience dans un endroit isolé. Il fut d'abord introduit par une porte s'ouvrant derrière la citadelle[1], et il passa par la cour où il avait été reçu la première fois, puis par la salle dorée dont j'ai parlé précédemment, lorsque j'allai présenter les cadeaux au Soudan. Il gravit ensuite un petit escalier au haut duquel étaient six portes de bronze, ciselées et couvertes d'inscriptions arabes et de dorures. Le drogman du Soudan le conduisit à une salle pareille à celle d'en bas, toute dorée et où il trouva le Soudan assis sur un coussin rond de velours cramoisi; il avait auprès de lui son sabre et son bouclier. Il était adossé au grillage en bronze d'une fenêtre donnant à l'extérieur sur un bassin dont l'eau venait jusqu'à la fenêtre. Ce bassin occupait la largeur de deux fenêtres et tout autour étaient des tuyaux d'où l'eau s'élançait à la hauteur d'une demi-brasse, pour retomber ensuite dans le bassin qui était entouré d'orangers dont l'ombre se projetait sur les fenêtres.

L'eau de ce bassin est fournie par le Nil et amenée à la citadelle par un aqueduc : elle est élevée par des machines mises en mouvement par des bœufs et distribuée partout. Il y avait dans cette salle trois litières : l'une était couverte de velours, avec une

---

[1]. Maqrizy nous apprend que cette porte était appelée *Bab-essirr el qalaah* (*la porte secrète de la citadelle*).

bordure d'or large d'une brasse; les broderies qui l'ornaient furent estimées à un très haut prix. Les deux autres avaient des couvertures différentes et à la mode moresque.

L'audience de l'ambassadeur en ce lieu dura une heure, puis il fut congédié avec une réponse favorable; en nous retirant, nous visitâmes toute la citadelle.

Le 9 juillet, j'allai avec quelques Grecs, mes amis, faire visite au supérieur du couvent de Sainte-Catherine, caloyer du rite grec qui, disait-on, vivait très saintement. Il réside continuellement au Caire pour les affaires du couvent situé au pied du mont Sinaï, à six journées de marche.

C'est au sommet du mont Sinaï que Dieu donna à Moïse les tables de la loi. Le couvent est possédé par des caloyers chrétiens du rite grec; quarante d'entre eux y résident constamment. Tous les alentours sont la propriété du couvent, qui jouit aussi de gros revenus dans les terres du Soudan. Il les perçoit sans obstacle, car il possède un privilège octroyé par Mahomet, et portant les signatures de ses compagnons, ou comme on dit, de ses apôtres, car lui-même ne savait pas écrire. Cette pièce est en langue arabe. Je l'ai vue et tenue dans mes mains. Sa teneur enjoint à tous de respecter le couvent et les religieux y demeurant. Toutes les fois qu'un nouveau Soudan est élu, le prieur du couvent lui porte solennellement cet acte pour obtenir la confirmation de ces privilèges. Le Soudan, à la vue de cet ordre du prophète, se lève et le porte à son front avec les marques du plus profond respect.

Je tiens ces détails du prieur qui a présenté lui-même, à plusieurs reprises, cette pièce aux différents Soudans[1].

Le corps glorieux de Sainte Catherine est conservé dans le couvent ; il fut transporté par les anges, d'Alexandrie au sommet du mont Sinaï, où il resta ignoré pendant près de deux cents ans ; il fut ensuite porté au pied de la montagne, à l'endroit où s'élève aujourd'hui le couvent.

Le 25, l'ambassadeur eut sa sixième audience : elle lui fut donnée dans un lieu qu'aucun de nous n'avait encore vu ; il était plus beau que tous ceux que nous connaissions, et se trouvait dans l'intérieur de la citadelle, au milieu de jardins et de fontaines qui répandaient une fraîcheur délicieuse. L'ambassadeur y demeura deux heures, puis il prit congé du Soudan après lui avoir baisé la main et nous retournâmes à la maison.

Le 26, eut lieu la septième et dernière audience : elle fut donnée dans le Meïdan dont j'ai déjà parlé précédemment. L'ambassadeur, accompagné par les deux consuls habillés de velours cramoisi avec des manches à la ducale, adressa quelques paroles au

---

1. Voyez au sujet de cette pièce, la note 2, de la page 72.

Soudan pour prendre congé de lui; on le prit alors à l'écart, on lui enleva son manteau de velours cramoisi fourré d'hermine, et il resta en robe de velours à manches étroites. Puis, on le revêtit d'une robe de velours cramoisi doublée d'hermine à la mode moresque, avec un collet également en hermine.

Le magnifique consul d'Alexandrie et le magnifique Messer Marc Antonio, fils de l'ambassadeur, reçurent chacun une robe pareille. Deux autres vêtements de qualité inférieure, en soie noire et blanche, furent donnés, l'un au secrétaire, l'autre au drogman et tous, ainsi vêtus, se présentèrent devant le Soudan. L'ambassadeur reçut son congé définitif, après avoir exprimé ses remerciements.

Aussitôt, nos huit trompettes se mirent à sonner devant le Soudan et ils précédèrent l'ambassadeur toujours sonnant jusqu'à son arrivée à la maison.

Après nous être reposés pendant quelques instants, nous nous mîmes à table pour dîner avec toute la compagnie, c'est-à-dire avec les consuls et les marchands. Après le repas, quatre de nos jeunes gens récitèrent une églogue pastorale en l'honneur de l'ambassadeur.

Ce même jour, on coupa la digue du Nil. Il est d'usage dans ce pays, lorsque le fleuve, dans sa crue, a atteint la hauteur voulue, soit vingt coudées, que le Soudan envoie deux grands amiraux suivis d'un très nombreux cortège, à l'extrémité de la ville, pour rompre la digue et donner passage à l'eau qui se répand alors sur le sol. Il y a, à cette occasion, un grand concours de peuple, et c'est la plus belle fête de l'année. Aucune boutique n'est ouverte, et tout le monde va voir l'irruption de l'eau dans le canal, en donnant les marques de la joie la plus vive. Ils ont, en vérité, grandement raison de témoigner de l'allégresse, car on peut affirmer que la crue du Nil est la vie du pays tout entier. Si le fleuve ne s'élevait pas au niveau qu'il doit atteindre, on mourrait de faim. On rompt aussi les digues en aval et en amont du Caire, afin que l'eau du Nil se répande dans les campagnes; lorsqu'elle s'est retirée, on sème les céréales qui parviennent à maturité sans avoir besoin de pluie.

Le Caire est, sous tous les rapports, une ville inférieure à sa réputation. Il est bien vrai cependant qu'elle est très riche et que l'argent y est fort abondant. Elle est deux fois grande comme Padoue et beaucoup plus longue que large : sa superficie est entièrement couverte de maisons, bien que dans deux faubourgs il y ait beaucoup d'endroits encombrés de ruines et inhabités. Le Caire a cinq faubourgs : l'un d'eux est le Vieux-Caire, séparé de la ville par un espace d'un demi-mille sur lequel ne s'élève aucune construction.

Bolag est aussi un faubourg assez éloigné ; il est, comme le Vieux-Caire, situé sur le bord du Nil.

La ville est bien peuplée, mais non pas autant qu'on le prétend. On croit que la population s'élève au chiffre d'un million et demi d'âmes; mais il n'y en a pas la moitié, et la majeure partie en est composée de populace et de misérables. La ville est très commerçante; toutes les épices et toutes les marchandises des Indes, de la Mecque et de la Perse y sont transportées par des caravanes. Lorsqu'une caravane de chameaux arrive de l'Inde chargée d'épices et d'autres marchandises, on les expédie à Alexandrie et là on les charge sur des galères ou autres navires.

Le Caire a une citadelle qui n'est pas très forte et dont l'enceinte a une étendue de trois milles : elle est bâtie sur une éminence formée de rochers et elle domine toute la ville. A l'intérieur se trouve la très belle et très agréable résidence du Soudan. Il n'y a pas d'autre endroit fortifié au Caire. Cette citadelle ne porterait pas, chez nous, le nom de forteresse; on l'appellerait un magnifique palais.

On voit au Caire un grand nombre de superbes mosquées : quelques-unes sont d'une grandeur que l'on ne peut apprécier; elles ont toutes des campaniles du haut desquels les Mores crient les heures, car il n'y a point de cloches. Deux heures avant le jour, ils chantent le *tesbih*, à midi le *zohor*, à la vingt et unième heure la *sera,* à la vingt-quatrième le *magreb* et à deux heures de nuit l'*ascia*[1]. On fait, à ces heures,

---

1. Les cinq prières canoniques des Musulmans sont *Salat essoubh* (le tesbih) qui doit être faite à l'aurore, *Salat eddohr* (le zohor), la prière de midi,

à la cour du Soudan et dans les bazars, entendre les paroles suivantes : « Dieu a été et Dieu sera : Mahomet ressuscitera : Mores de Dieu, allez faire votre prière[1] ! » En entendant ces paroles, chacun abandonne ses occupations pour prier, en quelque endroit qu'il se trouve. Quand ils ont terminé leur prière, les Mores lèvent les yeux au ciel, puis se mettent les deux mains sur la figure.

Le blé est tellement abondant qu'on vend aujourd'hui un ducat les quatre staro de Venise. Le blé et les autres grains destinés à l'alimentation sont réduits en farine au moyen de meules mises en mouvement par des chevaux et des bœufs; car, dans ce pays, il n'y a ni moulins à eau, ni moulins à vent. On chauffe les fours dans lesquels on fait cuire le pain, avec de la fiente de chameau, de cheval ou de bœuf que l'on fait sécher au soleil. Pour cuire la plupart des aliments, on se sert de feuilles ou d'écorce de dattier ou bien de paille hachée menue, car le bois est extrêmement cher et il faut beaucoup d'argent pour s'en procurer une

---

Salat el asr (la sera), la prière de l'asr qui se fait trois heures après celle de midi, *Salat el maghreb*, la prière du soir et *Salat el icha* (l'ascia), qui se fait une heure et demie après le coucher du soleil. Cf. Mouradja d'Ohsson, *Tableau général de l'empire ottoman*, 1788, tome II, pages 99 et suiv.

1. L'*ezan* ou appel à la prière est rapporté d'une manière fort inexacte par Pagani.
Le muezzin doit répéter quatre fois : « Dieu très grand; » deux fois : « J'atteste qu'il n'y a de Dieu qu'Allah, j'atteste que Mohammed est l'envoyé de Dieu; » deux fois : « Venez à la prière, venez au temple du

petite quantité¹. Parmi les bazars ou boutiques, celles où l'on vend des mets tout préparés sont en très grand nombre : on en rencontre deux sur dix. Les Mores ne dînent point chez eux ; ils entrent dans une de ces boutiques et y prennent leur repas. Quand on passe devant elles, on respire une odeur des plus nauséabondes.

L'Égypte ne produit pas de cerises ; les poires sont en petite quantité et les pommes font défaut. Le raisin est excellent, les dattes² sont en abondance et les autres fruits peu communs. On trouve beaucoup de melons, et en tout temps, des pastèques de trois espèces. Enfin, les figues ont un goût exquis.

La viande de bœuf se vend sans les os, et celle des autres bestiaux se donne à bon marché. Les moutons ont un goût délicieux ; il y en a dont la queue est tellement chargée de graisse qu'elle dépasse le poids de trente livres. Il y a abondance de poulets ; on fait éclore les œufs de la façon suivante : on en

---

salut, Dieu très grand ! Il n'y a point de Dieu sinon Allah ! » Cf. Mouradja d'Ohsson, *Tableau général de l'empire ottoman*, tome II, pages 110-116.

1. F. Faber mentionne cette cherté du bois au Caire. « Nous payâmes plus d'un ducat, dit-il, une quantité de bois moindre que celle que j'aurais achetée à Ulm pour un gros de Bohême. « Emimus enim plus quam pro ducato ligna, non tanta quanta Ulma habere possem pro uno bohemico grosso. » (*Evagatorium*, tome III, page 21.)

2. Le mot *Haspersegi* qui se trouve dans le manuscrit ne saurait avoir ici le sens d'asperge. Il me paraît désigner plutôt les dattes ou peut-être les bananes.

place trois ou quatre mille dans un four construit exprès, et on y entretient un feu lent qui fait éclore les poussins. Chaque jour, on consomme à la cour du Soudan cinq cents volailles, sans parler des autres viandes.

Il est d'usage au Caire d'entretenir, par mesure de sécurité, à chaque groupe de quatre ou cinq maisons, une lampe allumée à la porte de l'une d'elles.

Les femmes sortent entièrement voilées : on ne voit aucune partie de leur corps, si ce n'est les mains, et ce encore rarement. Elles portent toutes des vêtements blancs de lisaro et elles vont par la ville en promenade, montées à califourchon sur de petits ânes[1]. Quelques-unes d'entre elles ont les mains peintes, et elles ont généralement les ongles teints en rouge. Elles se livrent dans les bazars à de grandes dépenses en étoffes de soie et en parfums[2]. Le nombre des bou-

---

1. « Là, il y a belles femmes, et au Kayre plus que en Surye. Quant elles vont par la ville audit Kayre et ailleurs, tousjours sont à cheval ou sur asnes, jambe de chà, jambe de là, et toutes couvertes d'une touaille blanche, et le visage couvert d'une taule noire, tellement qu'elles voyent au travers et ne les peult on veoir; et sont en cest habit sy lourdes que jamais on ne les extimerait belles ; mais en leurs maisons, se parent et prendent d'autres habis de soye beaux et riches à merveilles selon la puissance et l'estat du mary, et singulierement en chemises de soye brochiés d'or et touailles de teste garnies de pierres. » (Georges Lengherand, *Voyage*, etc., page 184.)

2. Simon de Candie assura à Sigoli que tous les jours, les habitants du Caire, hommes et femmes, achetaient pour trois mille besants d'or, des herbes odoriférantes, des roses, du musc, de l'eau de rose et d'autres parfums. « Ancora mi disse quello mercatante di Candia una cosa maravigliosa che li

tiques est très considérable, mais elles sont toutes de petite dimension ; on y vend des soieries, des moires, et des vestes brodées qui viennent de Perse, ainsi que du musc, de la civette, de l'ambre et d'autres odeurs. On y trouve en grande quantité des étoffes de lin et de coton telles que lisaro, toiles de Cambrai, sinabaffi, mousselines et à profusion toutes sortes de serviettes de soie et de lin brodées aux deux bouts.

Quinze mille chameaux se rendent deux fois par jour au Nil afin d'en apporter l'eau pour les besoins de la ville; la charge d'eau se vend quatre sous. On utilise aussi l'eau fournie par les puits.

Le Caire possède de nombreuses églises chrétiennes, toutes desservies par des caloyers grecs.

Le jour le plus long dans cette ville, c'est-à-dire au solstice d'été, n'a pas plus de treize heures et demie, et réciproquement, la nuit du solstice d'hiver n'est également que de treize heures et demie. A Alexandrie, le plus long jour est de quatorze heures et demie, et la nuit de même.

Les personnes de la cour et les Mores ne portent pas de vêtements de soie, car la loi religieuse le leur

---

uomini e le donne della città del Cairo ispendano il dí in erbe e in rose, che se le mettono in seno, e moscado e acqua rosa, e altre cose odorifere le quali non bastano altro che tutto quel dí, per verità mi disse costavano le dette cose tre milia bisanti d'oro, il bisante vale fiorini uno e un quarto : e questa ispesa è ogni dí. » (Simone Sigoli, *Viaggio*, pages 43-44.)

défend ; tous, sans exception, sont vêtus de blanc et d'une casaque de camelot.

Toutes les rues sont étroites, et à toutes les vingt ou trente maisons, on rencontre une porte qui ferme le quartier. Cette particularité fait dire que le Caire a un grand nombre de quartiers, mais chacun d'eux a peu d'étendue.

La plupart des habitations ont un mur extérieur fait de poutres et de roseaux recouverts de terre, ce qui leur donne une apparence des plus misérables. Elles sont, comme en Candie et à Alexandrie, surmontées d'une terrasse. Les Mores y dorment en été, en plein air et à la belle étoile, et ils n'en éprouvent aucune incommodité en raison de la pureté de l'air. On trouverait certainement au Caire trois cents maisons construites en pierres, ornées à l'intérieur de dorures et de sculptures, d'incrustations d'ivoire et d'ébène, et dont le sol est couvert de mosaïques de grand prix. Il n'y a, du reste, que peu de maisons où l'on ne voit pas de mosaïques.

On rencontre au Caire certains fous considérés comme des saints ; ils vont par la ville aussi nus que lorsqu'ils sortirent du sein de leur mère. Ils prennent dans les boutiques ce qui est nécessaire à leur subsistance et personne ne le leur refuse, car ils sont, de la part des gens du peuple, l'objet d'un respect particulier.

On trouve, principalement à l'époque de la crue

du Nil, un très grand nombre de perroquets et de singes. Ces animaux viennent de Stea[1] qui est sur les bords du Nil à dix journées du Caire. A cette époque-ci où le fleuve a atteint son niveau le plus élevé, on en a apporté plus de cinquante mille dans cette ville. Un perroquet se vend quatre marcellins et un singe, deux ducats.

Le Caire a une longueur de six milles depuis le haut du faubourg qui est en dehors de la porte de Beba Nasser[2]. Il n'y a pas de chemin plus droit et plus direct que la rue qui, de cette porte, passe devant la mosquée du Soudan et la porte de Beba Zuelli[3] et vient aboutir à l'extrémité du Vieux-Caire[4].

Le 2 août, après avoir éprouvé des embarras suscités à chaque heure et à chaque instant, l'ambassadeur, soutenu par l'assistance du Dieu tout-puissant, quitta le Caire avec toute sa suite. Il était accompagné par le drogman du Soudan qui avait ordre de le conduire jusqu'à sa galère, et par les deux consuls qui devaient se rendre l'un à Alexandrie, l'autre à

---

1. Ce nom est défiguré. Il faut peut-être lire Sayd, ou bien Siout, capitale d'un district de la Haute-Égypte.

2. Il faut lire Bab en Nasr (la porte de l'Assistance divine) au lieu de Beba Nasser. Cette porte est percée dans l'ancienne muraille construite par le Qaïd Djauher. Elle est placée entre Bab el Foutouh (la porte des Victoires) et Bab el Ghoraïb.

3. Bab Zoueïlèh donne accès au quartier de ce nom. C'est à cette porte que, cinq ans plus tard, lors de l'entrée de Sultan Sélim au Caire, fut pendu Touman bay, dernier Sultan de la dynastie des Mamelouks Circassiens.

4. La mosquée la plus voisine de Bab Zoueïlèh est celle de Melik el Mouayyed

Damas. Nous passâmes la nuit à bord des germes ou barques où nos bagages étaient déjà embarqués, afin d'attendre le magnifique Messer Pietro Zen, forcé par un incident fâcheux de retourner au Caire. Il ne fut renvoyé *ad vota* que le surlendemain matin, 4 août.

A l'heure de none, nous nous éloignâmes de Bolag en toute diligence, pour sortir des mains de ces chiens qui, lorsque nous allions par la ville, nous poursuivaient de leurs clameurs, nous accablaient de coups de bâton et de soufflets et, sans cesse, nous lançaient des pierres. Il nous fallait supporter patiemment tous ces affronts.

Après avoir navigué jour et nuit sur le Nil, nous arrivâmes le 7, au lever du soleil, à Damiette. Cette ville appartient au Soudan; elle n'est ni belle, ni entourée de murs; mais elle a acquis une certaine renommée, parce qu'elle est fréquentée par un grand nombre de navires de différentes nations.

On nous y suscita des difficultés à cause de quelques germes qui avaient été capturées par des navires de Rhodes. Les Mores voulaient que l'ambassadeur envoyât sa galère à leur poursuite et que lui-même restât dans la ville. Sa Seigneurie s'en défendit et finit, avec beaucoup de peine, par l'emporter :

Abou'n Nasr Cheikh (1412-1421). Le tombeau de ce prince y est attenant. La mosquée construite par Sultan Qansou Ghoury s'élève enface de son tombeau dans une partie du bazar qui a pris le nom de Ghouriêh.

cependant, il nous convint de séjourner à Damiette pendant deux jours.

On compte deux cents milles du Caire à Damiette, en descendant le Nil.

Nous partîmes le 9, à deux heures de jour, et nous rejoignîmes la galère qui nous attendait à l'embouchure du Nil, à six milles de Damiette.

Nous montâmes à bord après avoir fait embarquer nos bagages et une provision d'eau; nous mîmes à la voile à midi, et une brise de nord-ouest très fraîche nous poussa vers Chypre, île dépendant de la Seigneurie; elle est située à trois cent cinquante milles de Damiette et a cinq cents milles de tour. Nous jetâmes l'ancre au-dessus d'Episcopia et nous y fîmes de l'eau[1].

Le 11, deux heures avant le jour, nous nous mîmes en route pour gagner Paffo; mais le vent contraire nous obligea de jeter l'ancre au-dessus du Cap Blanc[2], à une distance de douze milles. Le len-

---

1. « Episcopia ou Piscopi est le nom moderne de l'ancienne ville de Curium, capitale de l'un des districts les plus fertiles et les plus riches de Chypre. Les Cornaro de Chypre y possédaient de vastes domaines. » (L. de Mas Lastrie, *L'Ile de Chypre, sa situation présente*. Paris, 1879, p. 22.)

2. Le Cap Blanc (*Capo bianco*) est appelé le Chef Blanc par le F. Estienne de Lusignan. « Vers le midi, ceste isle a ces promontoires: premierement après Zéphirien ou le chef de Chelidoni est le promontoire appelé Drepante, lequel est appelé maintenant le Chef Blanc: et de ce Chef Blanc estoient precipitez en la mer ceux qui osoient toucher le sacré temple d'Apollon. » (*Histoire generale de l'isle et royaume de Cypre*, par le F. Estienne de Lusignan. Paris, 1580, fol. 5.)

demain, nous naviguâmes à la rame et nous arrivâmes à deux milles de Paffo.

Le matin du jour de l'Assomption de la glorieuse Vierge, nous jetâmes l'ancre dans le port de Paffo (*latiné* Paphos), située sur un cap vers la partie nord de l'île de Chypre. Paffo n'a point de murailles; elle a une administration vénitienne et elle est le siège d'un évêque. On y voit une église et des grottes dans lesquelles les sept Dormants reposèrent pendant sept cents ans. Nous entendîmes la messe à Paffo et nous y passâmes cette sainte journée. On compte trente milles du Cap Blanc à Paffo. A minuit, nous nous remîmes en route, et nous naviguâmes pendant toute la journée. Au lever du soleil, nous nous trouvâmes par le travers du dernier cap de l'île, qui s'appelle le cap de Sant' Epifanio et est éloigné de quarante milles de Paffo.

La nuit et les trois jours suivants, nous naviguâmes à la voile avec une faible brise et nous franchîmes le golfe de Satalie. Le 18, à la vingt-deuxième heure, nous découvrîmes la terre du coté de Castel Rugolo, situé en terre ferme en Anatolie, pays soumis au Turc.

Les vents contraires nous forcèrent de courir des bordées, de sorte que nous ne découvrîmes Rhodes que le 22. Le lendemain 23, nous vînmes jeter l'ancre à dix milles de la ville. Le jour suivant, au matin, à deux heures de jour, nous entrâmes dans le port de Rhodes où nous passâmes cette journée et celle du lendemain jusqu'à la vingtième heure.

A peine la galère avait-elle mouillé que Monseigneur le révérendissime Grand Maître envoya dix chevaliers pour inviter l'ambassadeur à descendre à terre, et pour mettre à sa disposition une mule couverte d'une housse de velours noir. Sa Magnificence s'excusa de ne pouvoir débarquer et allégua qu'elle se proposait de partir d'un instant à l'autre.

Le Grand Maître avait fait préparer la plus belle maison de la ville et il prodiguait les protestations et les marques d'amitié. Voyant que l'ambassadeur ne voulait pas quitter la galère, il y fit porter, pour lui et pour sa suite, un repas somptueux. Après le dîner, il envoya en cadeau un bœuf, six moutons, dix couples de volailles, des perdrix, du raisin et d'autres fruits, des confitures, des torches et des bougies. L'ambassadeur reçut la visite d'un grand nombre de chevaliers. Quant à nous, nous descendîmes pour nous promener dans la ville que ses immenses et inexpugnables fortifications rendent digne d'admiration. Rhodes est défendue par une double enceinte de murailles très épaisses, précédées de fossés avec des portes défendues par des ravelins.

Chaque jour, on augmente ses moyens de défense; on y fait travailler continuellement cent hommes, tant Mores que Turcs, pris en mer par les Rhodiens. Beaucoup d'autres de ces corsaires sont pendus.

La ville est un peu plus grande que Bellune : elle n'a point de faubourgs, et elle est bien peuplée. Elle a un air de noblesse qu'elle doit au séjour des chevaliers et de ses autres habitants.

Tous les grains sont convertis en farine par de très nombreux moulins à vent. Il y a à Rhodes deux ports extrêmement sûrs ; l'un se ferme au moyen d'une chaîne, l'autre est toujours ouvert. L'île n'est pas très fertile, mais le commerce maritime y répand une grande abondance. On remarque à Rhodes de magnifiques églises. Celle de Notre Dame de la Victoire s'élève à l'endroit où, en l'année 1480, les Turcs, lors de l'assaut, entrèrent par la brèche ; mais, avec l'aide de la glorieuse Vierge, ils furent repoussés et presque tous tués. L'église fut construite pour perpétuer la mémoire de ce fait et elle reçut le nom de Notre-Dame de la Victoire.

L'église principale est celle de Saint-Jean, qui est contiguë au palais. Elle possède des ornements en satins de toute beauté, brodés en or et en argent. L'hôpital est extrêmement bien tenu ; les malades sont servis à leurs repas, dans de la vaisselle d'argent, et chaque lit a un baldaquin et tout ce qui est nécessaire.

L'île a cent cinquante milles de tour, et trois cents milles la séparent du cap Sant' Epifanio, situé au nord de l'île de Chypre.

Le 23, à la vingtième heure, nous partîmes de la

ville de Rhodes ; nous en étions à dix milles, quand nous fûmes rejoints par un brigantin armé expédié par le Grand Maître et chargé de remettre à l'ambassadeur une lettre par laquelle il était prévenu qu'une grippe, arrivant de l'Archipel, venait d'entrer dans le port. Elle avait fait savoir que de nombreuses fustes écumaient la mer dans ces parages, et l'ambassadeur était invité à poursuivre sa route avec la plus grande prudence et en se tenant sur ses gardes.

L'ambassadeur congédia l'envoyé du Grand Maître après l'avoir vivement remercié.

Pour nous, nous continuâmes notre voyage, naviguant le jour et la nuit. Nous laissâmes à notre droite les deux îles appelées les Scimie qui dépendent de Rhodes. Plus loin nous dépassâmes Scarpanto qui se trouvait à notre gauche.

Scarpanto a soixante-dix milles de tour et appartient à des gentilshommes candiotes de la maison Cornaro. Nous aperçûmes ensuite Caxu (Casso), petite île dépendant de Candie et, après avoir constamment navigué à la voile en courant des bordées, nous atteignîmes le 27, à la vingtième heure, le port du cap Salamon[1] à l'extrémité orientale de Candie et à la distance de deux cents milles de Rhodes. Les vents contraires nous retinrent là pendant quatre jours.

---

1. Le cap Salamon est situé à l'extrémité orientale de l'île. Le port se trouve entre le cap et la pointe appelée *punta Placo*. Il portait le nom de Porto Schigna.

Le 1ᵉʳ septembre, nous levâmes l'ancre et le soir, après avoir beaucoup fatigué, nous abordâmes à Sitia[1], place forte de l'île à vingt milles du cap Salamon. Nous levâmes l'ancre le lendemain matin, et en courant des bordées pendant toute cette journée et celle du lendemain, nous réussîmes, par la grâce de Dieu, à entrer le surlendemain matin, à deux heures de jour, dans le port de Candie. Une distance de cent milles sépare Sitia de cette ville. L'illustrissime seigneurie reçut l'ambassadeur avec de grands honneurs. Nous demeurâmes à Candie pendant seize jours. Ce temps fut employé à radouber la galère qui avait considérablement souffert. Les réparations terminées, nous sortîmes du port de Candie, le 20 au lever du soleil, et nous gagnâmes à la rame la Fraschia, petit port de refuge situé sur la côte, à douze milles de Candie et où se trouve une église desservie par un caloyer[2]. Nous y entendîmes la messe qui fut célébrée par notre chapelain. Le temps ne favorisant pas notre sortie, nous restâmes là toute la journée. A la vingt-deuxième heure, arriva un courrier envoyé à l'ambassadeur par le magnifique capitaine. Il l'infor-

---

1. Sitia, l'ancienne Cytaeum, aujourd'hui Stia, était sous la domination vénitienne la résidence d'un évêque. Cette ville avait été en partie ruinée par le tremblement de terre de 1508.

2. Le plan de la pointe de la Fraschia se trouve dans l'ouvrage de Boschini (pl. 21). La chapelle dont parle Pagani s'élevait sur une éminence appelée *monte San Paulo* et située au fond de la vallée que traverse la rivière d'Armiro.

mait qu'un navire, arrivé au moment même, avait fait savoir qu'il y avait dans le port de Coron une galère légère et douze fustes armées qui, par leurs courses, causaient de grands dommages. L'ambassadeur devait, en conséquence, poursuivre sa route avec beaucoup de prudence et de précautions. Cette lettre troubla l'ambassadeur et les personnes de sa suite. Néanmoins, plaçant notre confiance en l'aide de Dieu, nous levâmes l'ancre le lendemain matin, avant le jour ; naviguant lentement à la voile, nous nous élevâmes le soir au-dessus de la Canée, et la nuit suivante, continuant notre route, nous dépassâmes Cerigotto. Le matin, nous nous trouvâmes par le travers de Cérigo. Nous doublâmes à la voile le cap Matapan, une des pointes de la Morée, et nous entrâmes dans le golfe de Coron. Nous vîmes là sur la surface de l'eau une grande quantité de flèches turques, des matelas, des chaussures, des tonneaux et bien d'autres objets qui s'en allaient à la dérive.

Nous supposâmes que ces épaves provenaient d'un navire pris par les fustes des Turcs, et ce fait avait dû avoir lieu quatre heures avant notre passage. L'ambassadeur, à la vue de ce spectacle, fit virer de bord et gagner la haute mer.

Nous fûmes favorisés par une très bonne brise qui nous fit dépasser le golfe de Coron, Modon, Zunkio et l'îlot de Prodano : nous ne touchâmes terre que le 24 où nous arrivâmes à Zante à heure de vêpres.

Nous avions rencontré à quatre milles au large les deux galères qui allaient à Beyrout. Elles étaient commandées par le magnifique Messer Girolamo Capello. En apercevant notre galère, il quitta son bord en compagnie du magnifique Messer Giovan Paolo Gradenigo qui se rendait à Chypre pour y remplir la charge de lieutenant, et il vint faire visite à l'ambassadeur.

Le lendemain, nous mîmes à la voile de Zante avec un bon vent, quatre heures avant le jour. Nous naviguâmes ainsi toute la journée et la nuit suivante. Le surlendemain matin qui fut le dimanche 26, à trois heures de jour, nous entrâmes dans le port de Corfou. On compte de Candie à Zante quatre cents milles, et de Zante à Corfou, deux cents milles.

Nous demeurâmes à Corfou pendant deux jours; le 28, deux heures avant le jour, nous sortîmes du port et allâmes à Santa Maria di Casopo, à dix-huit milles.

Nous nous remîmes en route le lendemain, à trois heures de jour, par un vent de nord-est et le soir, nous nous trouvâmes par le travers de Sasno, îlot désert à quatre-vingts milles de Casopo. Nous poursuivîmes notre route et dépassâmes la Vallone, la Vojussa et d'autres golfes, et le soir, à la vingt-deuxième heure, nous étions sur Durazzo. La nuit, nous naviguâmes à sec de voiles et nous nous trouvâmes à la pointe du jour, à la bouche de Cattaro.

Le matin, on hissa la voile d'artimon et nous dépassâmes l'île de Meleda ainsi que Raguse; à l'heure de vêpres, nous abordâmes à Curzola. Nous y passâmes la journée du lendemain afin d'y faire provision de vin pour la chiourme, parce que Lesina était ravagée par la peste. Le 20 octobre, deux heures avant le jour, nous partîmes avec un vent favorable; nous longeâmes Lesina et le soir, nous allâmes mouiller dans un port à la distance de deux milles de la ville. Il y a cinquante milles de Curzola à Lesina. Le 3, nous levâmes l'ancre et gagnâmes Porto Sesola à trente milles de Lesina, puis nous dûmes nous diriger sur Traù pour y faire de l'eau. Traù est une petite ville de Dalmatie à douze milles de Porto Sesola; elle offre peu d'agrément[1]. L'église cathédrale est sous le vocable de Saint-Laurent; les ornements sacerdotaux, en drap d'or et de soie, sont fort beaux et en nombre suffisant pour habiller quatre-vingts prêtres; on les montra à l'ambassadeur. Le tombeau d'un saint nommé Jean qui fut évêque de la ville, se trouve dans une chapelle de cette église. C'était le jour de la fête de St-François; nous assistâmes à la messe, et par prudence, nous restâmes à Traù jusqu'au lendemain matin. Nous nous remîmes alors en route, et nous gagnâmes à

---

1 « Traù, l'ancienne Tragurium, est située en face de l'île de Bua. Un de ses faubourgs se trouve sur cette île, qui est reliée par des ponts à la terre ferme. » (Coronelli, *Isolario*, p. 115.)

force de rames un port situé près du cap Cesto à vingt-cinq milles de Traù. Le lendemain 6, nous jetâmes l'ancre à deux milles de Sebenico dans le canal qui, depuis Cesto, s'étend sur une longueur de dix-huit milles. Le jour suivant, au matin, nous passâmes en vue de Sebenico et le soir, à trois heures de nuit, nous atteignîmes Zara à quarante milles de Sebenico. Nous y demeurâmes le lendemain pour faire les vivres de la chiourme. C'était la fête de Saint-Siméon et il y a, à cette occasion, une foire qui dure huit jours.

Nous partîmes le 9 à l'aube, et le vent contraire nous força d'aller mouiller à l'abri d'un îlot désert à quarante milles de Zara. Le lendemain matin, nous reprîmes notre route, et après avoir fait quarante milles, nous nous arrêtâmes à Porto Cichala. Le jour suivant, nous franchîmes le Quarnero par une mer calme et une faible brise et, après avoir parcouru soixante milles, nous atteignîmes les champs de Pola. Nous fîmes, en trois heures, les trente milles qui nous séparent de Parenzo où nous nous arrêtâmes pendant une journée pour faire une dernière fois des provisions; mais le temps ne le permit pas, de sorte que le lendemain, sur le conseil qui nous fut donné, nous partîmes pour gagner Piran[1]

---

[1]. La ville de Pirano s'élève à l'extrémité du promontoire qui porte son nom. Elle relevait autrefois du patriarchat d'Aquilée et se soumit à Venise à la fin du XIIIe siècle. Elle avait en 1483, au rapport de Marino Sanuto,

à trente milles plus loin et où nous pouvions mieux nous approvisionner. Nous dûmes y rester neuf jours à cause des vents contraires. Le 21, vers le soir, le ciel s'éclaircit, et à trois heures de nuit, nous nous remîmes en route. Nous restâmes en mer toute cette nuit, ainsi que la journée du lendemain et la nuit suivante et le 23, avec la bénédiction du Dieu tout-puissant, nous entrâmes dans la noble ville de Venise, au bruit des bombardes, et au son des trompettes et des tambours. Nous franchîmes le canal de St-Marc et nous jetâmes l'ancre non loin du palais.

sept cents feux, six mille habitants, et elle pouvait mettre sur pied six cents hommes. En 1508, pendant la guerre de Venise contre Maximilien, cent hommes de Pirano prirent part à l'expédition contre Duino et Trieste et s'emparèrent de Momiano dont Venise leur abandonna le gouvernement en 1510. (*Itinerario di Marin Sanuto per la terra ferma Veneziana nell'* anno M.CCCC.LXXX.III. Padoue, 1847, p. 150.)

FIN DE NOTRE VOYAGE

APPENDICE

I

LE TRAICTÉ INTITULÉ DE LA DIFFERENCE DES SCISMES ET DES CONCILLES DE L'EGLISE ET DE LA PREEMINENCE ET UTILITÉ DES CONCILES DE LA SAINCTE EGLISE GALLICAINE AVEC LEQUEL SONT COMPRISES PLUSIEURS AUTRES CHOSES CURIEUSES ET NOUVELLES ET DIGNES DE SÇAVOIR... LA VRAYE HISTOIRE ET NON FABULEUSE DU PRINCE SYACH YSMAIL DICT SOPHY ET LE SAUF CONDUIT QUE LE SOULDAN BAILLE AUX FRANÇOIS POUR FREQUENTER EN LA TERRE SAINCTE, PAR JEAN LE MAIRE DE BELGES. M.VC.XI.

S'ensuit l'occasion et matiere du recent et nouveau sauf conduit donné de plain vouloir par le Souldan aux subjectz du roy treschrestien, tant pour aller en pelerinaige au Sainct Sepulchre comme trafficquer marchandement en ses terres et seigneuries d'oultremer.

N ceste derniere petite particule qui conclurra toute l'œuvre presente, sera monstrée la tierce difference, c'est assavoir du Souldan au pape moderne quant à l'affection qu'il a au Roy treschrestien Loys XII

heureusement regnant, et à tout le bien publique de chrestienté pour laquelle chose faire, il fault ung peu rememorer la victoire de messieurs les chevaliers de Rhodes, laquelle ilz obtindrent l'année passée contre les gens dudict Souldan et du Turc; car de ce procede la fondation dudict sauf conduit qui est presque chose miraculeuse et redonde à grand honneur et gloire du dit seigneur Roy treschrestien.

L'an passé qui fut l'an mil cinq cens et dix au moys d'aoust, la tresnoble et tresvaleureuse chevalerie de sainct Jehan de Rhodes laquelle est bolver et fort avantmur de chrestienté devers les parties d'Orient, comme elle a accoustumé de faire tous les ans, mist sus une bonne armée sur mer pour resister aux nouvelles emprinses du Turc et du Souldan; lesquelz, combien que de tout temps ilz soyent ennemys l'ung de l'autre à cause de leurs seigneuries frontieres et limitrophes, non pourtant pour crainte de l'alliance et confederation des princes chrestiens faicte et jurée à la paix de Cambray, laquelle estoit directement contre eulx (se Dieu eust voulu que le chief de la ligue eust charié droit), iceulx princes orientaux, Turc et Souldan, s'estoient aussi raliez et contrebendez entreulx et avoient conspiré de destruire premierement Rhodes comme celle qui trop les griefve et assubgestit. Dont pour mettre leur intelligence à effect, le Turc Pazahyth[1] Othuman à

---

1. Le sultan Bayezid, fils de Mahomet II, régna de 1481 à 1512.

present regnant avoit envoyé au Souldan l'un de ses filz nommé Courcouc avec toute fourniture d'artillerie, de harnois de guerre, de ferraille, de navires, d'ancres, et autres choses pertinentes jusques à souffisance pour armer cent galées. Et le Souldan de sa part faisoit grande diligence de mettre la chose en train. Mais pour ce que le pays d'Egypte est diseteux et sterile de boys et de grans forestz et que ledict Souldan a un autre quartier de pays en Surie là où il croist habundance desdictes matieres de fustaille et mesrien, soubz umbre d'une paix et appoinctement qu'il disoit avoir avec Monseigneur le grant Maistre de Rhodes, icelluy Souldan fit esquipper xxiii ou xxv voiles que fustes que barques et gallions tresbien armez et empaveschez à la mode de par deça et tresbien fournis de traict à pouldre. Et sur icelles, environ deux mille combattans que turcz que mameluz, desquelz estoient chiefz et conducteurs, ledict Courcouc et un autre cappitaine pour le Souldan. Si chargerent leurs dictes fustes de bois pour faire navires, de lin pour faire voilles et cables et d'arcz turquois et flesches.

Or, saichans lesdictz seigneurs de Rhodes que cecy se dressoit au desadvantaige de leur religion et de toute la chrestienté, ilz se delibererent d'y obvier par bon moyen. Et de fait, quant ilz virent leur opportunité, envahirent et envestirent couraigeusement lesdictz navires du Souldan, estans chargées au port de

Jasses (Ayas), tellement que après grosse et aspre bataille, qui fut le xxie jour d'aoust mille cinq cens et dix, lesdictz seigneurs de Rhodes demourerent maistres et vaincqueurs. Le cappitaine des gens du Souldan y fut tué : le filz du Turc fut contrainct de habandonner ses navires et se jecter en terre avecques le reste de ses gens, si se saulva à la fuyte. Parquoy grant honneur en advint à messieurs de Rhodes, et amenerent les navires chargées desdictes despouilles des ennemis de nostre foy.

De ceste perte a esté le Souldan si tresdolent que après le conseil tenu avec ses satrapes et mamelus, il fist premierement prendre, enferrer, enchaisner et emprisonner tous les marchans chrestiens estans en Egipte et Surie jusques au nombre de mille personnes, et tous les religieux du sainct Sepulchre de Hierusalem et des autres lieux sacrez de la Terre Saincte, et jusques à ores les detient en estroicte garde. De son premier motif et chaulde colle, il ordonna de faire ruiner et demolir le tressainct monument de Jhesu Christ; toutesfois depuis, il se modera et refrena pour l'honneur et contemplacion du Roy, par les exhortations et prieres du consul de la nation françoise nommé Philippe de Parees, ou plustost par le vouloir de Dieu tout puissant qui luy changea le couraige. Parquoy il a faict seullement murer les sainctz Lieux jusques à ce qu'il ait responce du Roy touchant ceste affaire, auquel il a envoyé un ambassadeur non pas infidelle, mais chrestien natif de Ragouse en Dalmace, homme de belle et honneste representation, avec ses lettres escriptes en langaige arabic dont la substance est telle que ledict Souldan presentement regnant nommé Abimasar Canser el Gaury donne au Roy treschrestien Loys XII le domaine et gouvernement du sainct Sepulchre et le veult, sans plus, retenir au nom du Roy, et semblablement tous les aultres lieux sacrez et iceulx faire ouvrir, consigner et delivrer ès mains des ambassadeurs que le Roy y envoyera pour estre gardez et tenuz par telz religieux qu'il plaira au Roy deputer à ce et ordonner d'en prendre la possession en son nom. Et pour ce faire, le Souldan par sesdictes lettres a donné sauf conduit grand et ample, lequel sauf conduit le Roy a fait publier solennellement à son de trompe dans la cité de Lyon durant le temps de ceste foyre de Pasques, au moys de may de l'an mil cinq cens et unze, par deux officiers d'armes, present ledict ambassadeur du Souldan et Montjoie souverain roy d'armes de France, qui de son propre nom s'appelle Messire Gilbert Chauveau, chevalier créé de la main de l'Empereur et seigneur de Volmeaulx en Bourbonnois et baron de Hypsala en terre ferme de Grece, homme de grant port, eloquence et audace. Lequel ledict seigneur Roy a ordonné pour aller en ambassade devers le Souldan et faire ouvrir et desmurer le sainct Sepulchre et les autres lieux sacrez et en prendre la possession au nom du tres-chrestien couronné de France et ouvrir du tout le passage de oultremer pour les pelerins et marchans, lesquels pourront doresenavant frequenter seurement, au tresgrant honneur, prouffit et consolation du Roy et de toute la nation françoise et gallicane, voire de toute chrestienté; et n'y a nul qui ne s'en doive resjouyr sinon les Venitiens lesquelz souloient avoir ceste prerogative, et maintenant ilz en sont forcluz et alienez par leurs demerites.

La grant nauf de Rhodes, qui est preste à l'ancre au port de Toulon en Prouvence, fera ce premier voyage, et y pourront aller marchans et pelerins soubz la sauvegarde du Roy, protection de messeigneurs de Rhodes et conduicte dudict seigneur Montjoie, lequel sçaura bien guider ceste affaire par grant prudence, comme celluy qui, non seulement, a eu tousjours bonnes et honnorables commissions de par le Roy son maistre envers presque tous les princes chrestiens, mais aussi envers le Turc infidelle Pazahyth Othuman, empereur de Grece et de Trapezunde, roy des Turcz de Natolie et d'Armenie l'an de grace mil CCCC.IIII.XX.XIX, de laquelle ambassade il rapporta honneur et prouffit, comme il fera, se Dieu plaist, de ceste cy.

Les titres que ledict Souldan nommé Albymazar Canser el Gaury, roy des Egyptiens, Arabes et Agareins baille au Roy treschrestien par ses lectres sont telz, et la forme du sauf conduit ainsi qu'il s'ensuit.

La presence du Roy exalté et magnifique, combateur tresfort et tresnoble Loys de Valois, deffendeur des royaulmes de la chrestienté, nobilitateur de la loy chrestienne, exaltateur du peuple chrestien, sage en ses royaulmes, deffendeur de ses vassaux, gardien de la terre et de la mer et des citez et portz, seigneur du royaulme de France et de Bretaigne et autres provinces qui sont soubz son domaine, justificateur de la loy et du baptesme, sanctifié par dessus les roys et souldans, Dieu le maintiengne avec sa noblesse et garde de sa personne et luy baille puissance avec bon moyen de radresser les choses gastées et le conserve en sa bonté accoustumée! Va lettre presente pour luy faire participation de tout bien en conservation, et qu'il luy plaise accepter nostre benivolence que luy faisons sçavoir, ce qui n'est point absent à son intelligence.

La seurté, que de nostre sainct vouloir, a esté concedée à la nation des François dedans noz portz, en gardant leurs biens, leur octroyant de vendre et achepter, et defendant à tous ceulx qui les pourroient offendre et à leurs consulz honorés avec toute liberalité, principallement au consul honoré, reveré et à nous prochain Philippe de Parees, et que au dessus nommé avons concedé honneur habundant et nul semblable n'a esté permis de nostre temps.

Conclusion de ceste derniere partie et de toute l'œuvre.

Grans merveilles differentes voyons nous en nostre temps. Velà le Souldan Albymazar Sarrasin qui se montre tant gracieux et tant benevole et donne au Roy treschrestien le tiltre de la conservation du sainct Sepulchre et oultre plus, sauf conduit, seureté et grands privileges aux subgects de la couronne de France. Et le Pape au contraire, les mauldit et escommunie à tort et par grant ingratitude. Le sainct Sepulchre a tant cousté d'argent et de sang des chrestiens à recouvrer et maintenir; on le presente pour neant.

Le chief de la loy machummetiste ne demande que paix après que on lui a faict la guerre, et le primat souverain de nostre eglise se treuve tant rigoureux et mal traictable qu'il ne se veult deporter ny abstenir des armes et d'effusion de sang humain. Mesmement après que on l'a restitué en possession de paix et tranquillité du patrimoine ecclesiastique, s'il y eust voulu demourer et qu'il en a esté requis tresinstament de la part de tous les princes chrestiens. L'empereur Maximilian ne desire fors entretenir la saincte ligue et confederation jurée par la paix de Cambray avec ses freres les autres rois chrestiens pour se bender contre les Turcz. Le roy catholique dom Ferrand d'Arragon (comme on dit), fait merveilleuse preparative de passer en Affricque à grant puissance contre les Mores et la gent Sarrasine pour dilater et exaulcer la foy chrestienne.

Le Roy Jacques d'Escosse ne pretend autre chose fors rendre le veu qu'il avoue d'aller en armes en la Terre Saincte. Et, d'autre part, le roy Emmanuel de Portugal fait son effort et dilligence extreme de grever les infidelles par son navigaige des Indes, et de reduire à la foy catholicque plusieurs peuples simples, rudes et nouveaulx des isles estranges et barbares.

Le roy treschrestien s'est mis en tous ses debvoirs de trouver paix avec le chef de l'eglise rommaine, tellement que la justification de sa bonne querelle est congneue par tout le monde. Brief, ung chascun bon prince ne quiert aujourdhuy que paix et à postposer toutes vieilles inimityez et rancunes, excepté les Venitiens populaires et de police bastarde et illegitime, lesquelz ont suborné le Pape. Et ne se monstrent estre autre chose sinon les certains procureurs et deffenseurs des Turcz, et ne se convertissent à bien pour mal et infortune qui leur adviengne. Ilz mesprisent les signes du ciel, les prodiges, les comettes, les tremblements de terre (qui sont admonestations divines), et sont obstinez comme les Juifz estoient du temps de leur grant ruyne faicte par Vespasian.

Or, prions Dieu qu'il veuille tout adoubler, et que toute la chrestienté se concorde unanimement et donne victoire, prosperité et felicité presente et future aux tresnobles princes chrestiens qui s'entretiennent en paix et union. Et oultreplus que le souverain prelat de l'eglise (puisqu'il est ainsi affectionné aux armes), veuille les siennes joindre avec celles du prince Sophy, et là se transporter en personne comme bon pasteur; et lors le suyveront les ouailles de toutes pars.

Ce chapitre a été réimprimé dans : *Le grant voyage de Hierusalem divisé en deux parties. En la premiere est traicté des peregrinations de la saincte cité de Hierusalem, du mont saincte Catherine de Sinay et autres lieux sainctz avec les a, b, c des lettres grecques, caldées, hebraicques et arabicques, avec aucuns langaiges des Turcz translatez en françois... Des guerres des Turcz et Tartarins. La prinse de Constantinoble, du siege de Rhodes, la prinse de Grenade avec l'histoire de Sophie. Les guerres et batailles entre le grant Turc et le grant Souldan faictes depuis nagueres. Le chemin et voyaige de Romme avec les stations des eglises où sont les grands pardons et plusieurs autres choses singulières.*

Imprimé à Paris pour François Regnault, libraire, demourant en la grant rue Sainct Jacques, à l'ymaige Sainct Claude.

Cum privilegio (1517 et 1522), in-4, fol. CLXXXXII.

II

Instructions données à Domenico Trevisan, ambassadeur de la Seigneurie de Venise auprès du Soudan d'Égypte.

Nos Leonardus Lauredanus, Dei gratia, Dux Venetiarum.

Commettemo et in mandatis a ti damo, N. Ho. et dilectissimo nostro Domenego Trevisan Cavallier, Procurator di S. Marco, dal Senato nostro electo orator al Ser^mo Signor Soldan, che in nome del Spirito Sancto montar debi sopra la galia bastarda a ti deputata, sopracomito el N. H. Madalin Contarini, et usando diligentia nel navicar, come se rechiede, te conferiraj primum in Candia dove forsi troveraj il salvoconducto ad tuor dal signor Soldan za molti giorni avanti, per il tuo securo entrar in Alexandria et al Cayro. Se veramente el dicto salvoconducto non fusse zonto, non resteraj di expedirti de Candia et proseguir el viazo tuo, perche potesti nel camino incontrarlo. Et non lo incontrando, continueraj il viazo et te conduraj in porto di Bichier, premettendo alcuno tuo in Alexandria, per aver tal securità, la qual havuta, intreraj in Alexandria dove visiteraj cum quella conveniente forma che ben saperaj fare, sotto lettere nostre credential, quello admiraglio, usandoli parole amorevole, generale et grate et dandoli il presente suo, si chel cognosci nuj fare existimatione de la persona sua; visitando similiter quelli altri signori et grandi che intenderaj convenirse.

Expedito de Alexandria, te ne anderaj al signor Soldan al Cayro per quella via et cum quella compagnia et secura scorta che, juxta il solito, ti sera ordinata.

Al qual signor quando te sera statuito il giorno de la audientia, te conferiraj solennemente et appresenteraj a sua Cel^{ne} sotto fede de lettere nostre credentiale, saluteraj et visiteraj quella cum dolce et humanissime parole in nome de la Sig^{ria} nostra, congratulandoti de la bena valitudine, prosperità et fælici successj suj cum farli tute quelle piu efficace, generale offerte, et amorevole, et affectuose demonstratione che a te sera possibile, mandandoli li presenti suj ordinamente a loco et tempo, cum gravità et decoro : recommandandoli le cose et mercadanti de la natione nostra secundo che de la circunspectione et virtu tua grandamente se confidamo saperaj ben fare. Non venendo ad altre particularità in la prima audientia publica, come è il solito, ma reservandoti in una altra da esserti deputada per sua Sig^{ria} ad exponere quanto qui inferius te dizemo. Ma ben in questa prima te forceraj cum la consueta dexterità del inzegno tuo lassare il signore Soldan ben disposto de nuj, et maxime per li assistenti in publico. Il che non potra nisi conferir molto ad quello li haraj ad se ferir più ultra. Facto questo, visiteraj (se le te sera permesso et si intenderaj cussi esser grato al signor Soldan) la signora Soldanessa, dandoli li presenti sui et quelli altri admiragli et signori, juxta solitum, cum li doni che per cadauno haj havuti.

Ne la secunda audientia del signor Soldan, dapoi facta breve commemoratione de le salutatione, et altre parole solite, dirsi ne le primi congressi toraj principio de la expositione tua da excusar la Signoria nostra cum ogni modesta forma de haver differito alquanto el mandar del ambassador a la Ex.tia sua, allegandoli esser in causa j grandissimi travagli che habiamo havuti, za tre anni, per la perfidia del Re de Franza, el qual essendo nostro colligato et per anni diese che stessemo in liga, havendori cevuto da nuj infiniti beneficij, transportato da immoderato appetito de dominar, non hebbe respecto de rumperne la fede datane, promissione et obligatione sue, et ligarse cum altri principi contra la Signoria nostra, tenendo per certo cum tal mezo poterne batter et ampliar il stato suo; et benche a confessar il vero, habiamo patiti danni assaj, nientedimeno, cum il Divino auxilio, se habiamo talmente difesi, che le cose nostre al presente sono redutte in boni termeni, et speramo che ogni dì serano in megliori; et chi a desiderato il mal nostro sentirà il proprio cum la

Divina justitia, perche come scrivessemo li giorni superiori a la Ex^tia sua, a quatro di octubrio proximè passato, fu conclusa in Roma una perpetua liga trà il Summo Pontefice, j Ser^mi Re de Hispania et Angelterra et la Sig^ria nostra; et za sono in campagna bellissimi exerciti del Pontefice, Hispano et nostro. El medesimo de proximo farà il Re de Angelterra. Le communità de Suizari, populi ferocissimi et vicini a Milano, sono usciti contra quel Ducato de Milano che è del Re de Franza. Siche meritamente essendo hormaj il nome francese odioso a tuti per la insolentia sua, et per la extrema ambitione de haver la monarchia del mondo, se pol judicar chel deba havere quel exito che merita una tale inordinata cupidità. Questa adunque è stata la causa necessaria de la dilatione nostra, laquale hora havemo voluto compensar cum mandare orator tanto piu honorato che è la persona tua de j primarij Senatori nostri; accioche ognuno conosce la grandezza de lo amore che portamo alla Ex^tia sua, il desiderio che habiamo de honorarla et il constantissimo proposito nostro de perseverare in perpetua unione et coniuctione cum quella facendo continuar per li nostri citadini et subditi ne le dominij de la Ex^tia sua i commertij consueti, piu presto cum augumento che cum alcuna diminutione; j quali, come hanno havuto successo continuo per centenarà di anni, cussi la reputamo come cosa hereditaria transmessane de li maiori nostri cum obligatione de lassarla a j posteri cum la natural nostra fede et realta. Non dubitamo puncto, che da la summa bontà de la Ex^{tia} sua, non siamo per vederne ogni correspondentia et ogni amorevele demonstratione. Ben le diremo, cum ogni bona venia, che se siamo resentiti alquanto che la Ex^{tia} sua per instigation de nostri inimici che in ogni parte del mondo cercano insidiarne, habbia demonstrato qualche suspensione de animo cum impedir il corso de li mercadanti, et il venir de li navilij nostri, che certamente cussi come ne la Ex^{ia} sua è summa bontà, cussi in questi nostri emuli (se la vora considerar cum la sapientia sua) la cognoscera una summa tristitia, perche procurano alienarla de la Signoria nostra. Le operatione de la qual et de li soj ne la mercadantia li sonno notissime : che indeficietemente ogni anno continuano cum portareli oro, argento, rami, stagni, piombi, panni de lana et de seda, ogli, fructi, et brevemente, ogni cosa necessaria al paese suo, et trazeno al incontro spiciarie et robe de li subditi de la Sig^{ia} sua cum sua et loro grandissima utilità et parimente nostra. Et ogni fiata che se resta ne segue gran danno et perdeda, si dal canto de sua Signoria come da li nostri, perho che el tempo perduto non retorna piu.

Questi veramente nostri emuli, consideri la Ex^{tia} sua, da cinquanta anni in qua le facende che hanno facto, et de quantità et de qualità, che se sono venuti uno anno sono stati tre anni poi ad retornar et qualche fiata nel porto de Alexandria, hanno facte operatione non da mercadanti et da huomini civili, ma da rotti corsari in prender mercadanti Mori sopra la marine de Alexandria et venderli a Rhodi per trenta over quaranta milia ducati. Quello habino facto ultimamente de j Mori magrabini che erano supra le sue nave, lo sà la Ex^{ia} sua: et nientedimeno el pare che questi nostri adversarij per le arte et fraude commeteno in danno et maleficio di sua Signoria et de nostri hanno piu carecie de li de quello si convienne, come sua Signoria benissimo pol intendere. La quale non volemo fastidir in commemorar altre triste loro operatione, perche siamo certissimi che facilmente la se redura tutto in memoria, et come prudentissimo signore cognoscera li recordi di questi tali esser dolosi et pieni di inganni, et vora seguir la strada tolta per tuti j sui Ser^{mi} S. Soldani precessori. La quale, cum lo adiutorio di Dio, sera (come havemo dicto de sopra), piu presto cum accrescimento che altramente. Et diremo cum la nostra consueta ingenuità questa parola, che quella come sapientissima, non tantum per respecto nostro ne per amorevel officio, (che come iustissimo et amicissimo Principe lo die far), ma per sua utilità propria et beneficio die favorir le cose nostre, die veder de bon animo et accareciar tuti li nostri mercadanti, et darli materia che alegramente facino de le facende assai, perche questo sera seminar el campo suo de uno seme precioso; et in questa sententia te diffunderaj quanto alla prudentia tua apparera, sempre mostrando dove parli de la utilità sua che medesimamente la sij nostra.

Tolse la Ex^tia sua qualche ombrazade alcuni homeni del signor Sophis che venero in questa nostra cità, hora tre anni : et benche de questo se habiamo, largamente purgati cum la Ex^ia sua per nostre lettere, dechiarandoli che la venuta loro non fu ad alcuno malo effecto, ma solum per communicarne le occurentie et successi del suo Signor, el quale demonstrava esser affectionato alla Signoria nostra; et cussi da nuj in correspondentia, cum parole generale li fu resposto, come e costume de la Signoria nostra far, cum tutti li signori. Nientedemeno, per maior contento nostro, volemo che de nuovo faci ogni larga attestatione del bon animo nostro verso la Ex^ia sua, el quale già tanti et tanti anni, sempre cum la gratia di Dio, è stato uniforme, senza alcuna varietà, cum ogni syncera charita et benevolentia verso de lej : et cussi et per esser sempre, ne de dar credulità de questo, ne devemo haver molta faticha, havendo al continuo, nel dominio de la Ex^ia sua, nostri figlioli, fratelli et coiunctissime persone, et tanto oro et facultà quanto sua Sig^tia benissimo intende. Perho et per la ragione et per la experentia la se degnera haverne per quelli veri et optimi amici, che veramente siamo, desiderodissimi al continuo de la grandeza, prosperità et felicità de la Sig^ria sua, non altramente che de la propria nostra, et l'ha potuto chiaramente comprender sua Ex^ia per le cose de Portogallo, che non possendo nostri trazer pevere de li paese de quella, senon cum grandissimo danno respecto alli bassi pretii correno de quello de Portogallo, anchorche j christiani per la maior parte confluiscano in quel loco et che stamo sta invitati cum largissimi partiti ad far il medesimo anchor nuj; maj ne havemo voluto udir parola. Immo, havemo facta inhibitione strectissima alli nostri, ma seguir la stada usata nostra: siche la Ex^ia sua non ha ad dubitar che siamo inclinati ne al signor Sophis, ne ad signor del mundo, ma chel cuor nostro sij legato indossolubilmente cum quello de la Ex^ia sua, per durar talmente in perpetuum.

Non dubitamo che al zonzer tuo de li, le galie nostre de Alexandria haveranno cargato et facta la muda. Et, se per aventura, il che non, e da persuaderse per alcun modo le non fusseno anchora expedite, darja opera de farle expedire, quam primum, senza alcuno obstaculo over impedimento. El simile dicemo de le galie nostre de Baruto: che perho gia dienno esser expedite.

Ritrovandosi anchor j consoli et merchadanti nostri sequestrati al Cayro over in cime, cum ogni tuo studio et solicitudine procureraj che j siano liberati et licenciati, accio j vadano far li facti suj. Il che non dubitamo deverti esser facile, cognoscendo la Ex^{ia} del signor Soldan la syncerita nostra, et la continuata realtà cum la qual tuti li mercadanti de la natione nostra sempre hanno practicato et contractato nel paese suo.

Te habiamo consignata la copia de j capituli, che del 1507 forano qui conclusi trà la Signoria nostra et il Truciman Tangribardi, orator del signor Soldano. Et perche la intentione nostra è conforme a quella del dicto signor che tal capituli sijno observati *ad unguem*, si come j forano jurati per il dicto Truciman suo, se dicemo et imponemo che se intendesti per j consoli aut mercadanti nostri, j capituli predicti aut alcuno de quelli non esser *ad plenum* observati, come se conviene, procuri cum tuto il poter tuo et per ogni mezo expediente che sijno observati et mantenuti confirmando quanto in essi capituli se contiene, si come non dubitamo esser la mente de sua Ex^{ia}.

Sel te sera querelato de li presenti che se mandano al signor Soldan per il rezimento nostro de Cypri che non sijno sta cussi electi, come sua Signoria havesse desiderato, excuseraj la cosa cum dire tu non ne saper cosa alcuna: ma che scriveraj in Cypri per satisfar de cætero Sua Ex^{ia}, come saj esser de nostra intention.

Altre fiate, habiamo facta instantia che, in caso

de fortuna et de nocte, el fusse permesso alle galie nostre de Alexandria lo entrar nel porto liberamente, et perche questo seria molto ad proposito nostro che si obtenisse, prœsertim in questo caso solo de fortuna et de nocte, il che et honesto et justo, procureraj cum la consueta tua dexterità de impetrar questa cosa, facendo etiam levar molti impedimenti se fanno a dicte galie dapoi spirada la muda, et che le se possano levar quatro zorni da poj el spirar de la muda, come è ben honesto et conveniente, senza haver altro comandamento o licentia da alcuno.

La Dohanna dal galia, si come intenderai particularmente da j nostri consoli è de grandissima importantia alla natione nostra; et perche alcuna fiata è innovata et alterata alcuna cosa in quella in grave preiudicio et danno de li mercadanti nostri, te commendamo che, tolta minuta informatione sopra tal materia, procuri cum tuto il tuo inzegno che niuna cosa di essa Dohanna sij alterata, ma sij observato quello se debe et è ben justo.

De tute le cose che obteniraj, te offorzeraj, cum il solito tuo studio, haver comandamenti in arabo et non longi, perche non sono i longi di tanta efficacia.

Tuto quello che te sera ricordato da li consoli nostri de Alexandria et Damasco per beneficio de la mercandatia de la natione nostra, seraj diligente et solicito in procurar sij impetrato et obtenuto, havendo sempre a cuor el comodo et utile de li mercadanti nostri, secundodie esser la precipua cura et pensier tuo.

Del star tuo in la presente legatione non te limitamo il tempo alcuno, essendo cer^mi che useraj ogni diligentia de expedirte quanto piu presto a te sera possibile, juxta la intentione nostra. Et interim che staraj al Cayro, farà expediar la galia sopradicta dove te apparera piu commodo per haverla prompta al tuo retorno.

Et perchel te potria accadar bisogno de danari, sij imposto, per auctorità de questo conseglio, alli consoli nostri de Alexandria et Damasco, che secundo da te seranno richiesti per j bisogni tuj, te provedino de danari.

Zonto à Corphu o in Candia over altrove in Levante, volemo che per el securo navicar tuo in Alexandria, come alli presenti tempi per ogni respecto se rechiede, tu togli apresso di te in conserva una altra de quelle galie nostre de armada che a te parera esser piu ad proposito, cum laqual te conferiraj in Alexandria si, comme hebbe el quovi N. Ho Benedetto Sanudo. Et sianote concesse patente per tal effecto; et dapoi zonto in Alexandria licentieraj, accio la retorni in armada.

Et possi portar cum ti arzenti per valuta de ducati cinque cento a risego de i cotimi de Alexandria et de Damasco, si come se suol far a risego de la Signoria nostra.

Datum, in nostro Ducali palatio die ultima decembris. Indictione XV.M.D.XI.

ALB. THEBALD, secret.

Copia di una lettera del Sr Armiraglio di Alexandria mandata al Claris^{mo} Orator Veneto in galia, in loco di Bichieri. Traducta de arabesco in latino.

Sia data al savio et honorado, excellente, colona dei fioli dil Baptesmo, gloria della sua generazione, adornado de la fede de Christo et christiani che semper el suo lume sia Domenigo Trivisan, ambassadar del Doze de Venitia.

Sia rengratiato el Creator Dio. El Servidor de Malech i Soldan cum la Dio gratia, Codibardi, luogotenente del Sr Soldan de Alexandria ha scripto queste lettere, che Dio il mantenga! a la honorada et apresiada persona del ambassador del Doze propinquo a dicto Doze, etc.

Le comparso il vice-consolo Alovise Mora et j

mercadanti de la nation Venetiana me ha facto intender come la Tua Presentia e zonta a Bichieri et che se ha un pocho resentito, et che la intention Tua era de venir cum la Tua compagnia in Alexandria per la execution de la tua Legatione destinata a le Porte del Sr Soldan sancte. Tutte queste cosse me sono intrate ben ne la mente et perho venerai cum bon cuor et alegra facia, cum tuta la Tua compagnia che sera ben visti, honoradi et apresiadi. Et siati ben venuti a lo nostro paese. Et sia confortato el tuo cuor et de la compagnia, perche la justitia del Signor Soldan e universale a ad ogni altri de salvo conducto. Etc.

Lettere, over como dicono Mori, commandamento (perche in questa Corte et tutte queste parte, le lettere del Sr Soldano si adimandano commandamento), mandate al Claris^{mo} Orator Veneto in Alexandria. Et primo.

El nome sancto, comandamento sancto, a ogni homo chel vede, a la presentia honorada del ambassador del Doze de Venitia (Dio mantenga la sua Celsitudine)! et de quelli che sono in la sua compagnia, i quali habino ad far fondamento secundo el tenor de questo comandamento, et cusi se habii ad observare. In nome di Dio misericordioso. Comanda l'altissimo comandamento del Campson Gauri (el signor Soldan, Melech i re Lasaraf spadacier, che Dio li cresce in alteza et sanctita, et che la sua parola per tuto ampliar si possi)! el qual scrive questo comandamento sancto a tuti quelli chel vedera de le presentie honorade et apreciade l'ambassador del Doze de Venetia (che Dio possi exaltar il suo lume)! et de i soi subditi. Do aviso come ho recevuto una lettera del Signor altissimo, armiraglio de Alexandria et luogotenente del Sr Soldan ne la cita ben guardata de Alexandria, et laqual lettera e sta vista alle Nostre altissime Porte cum avixo del zonzer in Alexandria del soprascripto ambassador destinato a venir a le Nostre Porte sancte; et intexo questo, la Mia Signoria sancta ha comanda sia facta risposta a le lettere del armiraglio de Alexandria, che esso Sr Armiraglio daga licentia al prefato ambassador e a la sua compagnia che possi venir al servitio de le Nostre Porte sancte com amplo pecto et aliegro cuor, cum fede et salvo conducto de Dio et del propheta et nostro; et lo comanda al Sig^r Armiraglio de Alexandria che strectamente li sia ricomanda dicto ambassador et tuta la sua compagnia, et chel vegni al servitio de le Nostre Porte sancte cum buon cuor et cum el pecto aliegro et quieto et cum aliegri ochii. El qual ambassador ha el salvo conducto da Dio, dal Propheta et da nuoi, ut supra. Et cum questo sia fortificado et ben fondado, et che Dio altissimo dagli gratia de ben et universale acordio. Data adi 26 de la luna del mese morescho Maharam anno di Mahumet 918.

Lettera del Signore Soldan qual manda al Serenissimo principe di Venetia per il Cl^{*mo*} *ambassador.*

In nome de Dio misericordiosio et miserator. Del servo de Dio et schiavo suo, el Soldan magnifico et re omnipotente Laseraf, el domino glorificato, docto et iusto, combatente, victorioso, favorizato, el Re di Re, spada del mondo et de la fede, Soldan di Mori et del Moresemo, resuscitator de iustitia nel mondo, Re di regni de Arabi et de Azemini et de Turchi, Alexandro in questo tempo, donador de le gratie, congregator de le parolle de la fede, Re di quelli che sentano sopra le sedie et che portano le corone, donator de li climati et terre, consumator de l'infideli, cativi et iniusti, justitia tra li adversanti, propulsator de novi tirani et infideli, servidor de dui templi nobili, guidador de la via de dui altari, umbra di Dio in terra, executor de le leze et comandamenti, Soldan de la terra, assecurator de l'universo, piu nobile Re de questi tempi, largitor de justitia et de gratie, signor de tuti i Re et Soldani, compagno de color che ben credeno, Campson el Gauri, Dio faci el suo regno eterno et el suo Soldanato et daga victoria al suo exercito et fautori suoi, et faci el suo grado alto sopra el segno de Gimini et soprahabundi sopra le creature la sua justitia, la sua bontà et la sua gratia.

A la presentia del Doze honorado, potente et gagliardo, glorificato, laudato, grave et valenti, gloria de la leze christiana, adornamento de la generation che crede in la crose, Doze de Venetia et Dalmatia et Doze de li exempli de la fede del baptismo, amico de li Re et Soldani, el Signor reguli i soi governi et quello che e dessegolado de le sue condition et fatti chel sij continuado in le sue bone opinion et opere.

Mandamo questa scriptura a la presentia del Doze per significare el nostro bon voler et bona fede in lui dimostrando che siamo apti de recever et operar et advisar che la sua scriptura mandata a le Nostre Porte nobile per man del suo ambassadore grave et honorato, Domenego Trivisan contien come ha mandato el suo ambassator sopra dicto, per esser davanti el Nostro conspecto nobile et che debi operare quelle cose che ne faci bon core. Tutto quello havemo exaudito parte a parte; e non e occulto a la presentia del Doze del manchamento pericoloso accaduto, et si non fosse quello che havemo tra noi et la presentia del Doze, de la bona union et bon acordo, el Nostro conspecto nobile non haveria mai perdonato. Et adesso semo contenti et havemo lassato el passato. Et molte volte, l'ambassator sopradicto è stato avanti il Nostro conspecto et ne ha supplicato et demandato che lassamo la nation Venetiana vender et comprar et tuor et dar et tornar tute le sue condiction et facende et mercantie, secundo le sue uzanze, et chel sij facto justitia et gratia verso loro et ne ha facto bona ambasciata da la presentia del Doze simil a custuj merita esser mandato per ambassator perche e prudente, pien de intellecto et pratricha et boni costumi et bone riposte, el nostro conspecto nobile ha exaudito quello chel demandava: et havemo comandato scriver capitoli per Franchi Venetiani, et comandamenti nobili per tuto el nostro regno conservato che siano sotto sigurtà et felicità; et soprabundi la nostra justicia in loro, et sij operato bene in loro, et che li sij facto bona compagnia. Et etiam ne ha domandato che lassamo venir i peregrini a Zaffa per vesitation de Hyerusalem nobile, et havemo exaudito quello. Et l'havemo vestito lui et suo fiol et quelli che sono piu reputati de le sue brigate, de belle veste avanti el Nostro conspecto magnifico et havemo operato ben verso loro, et havemo comandato che torni el sopradicto et le sue brigate a la presentia del Doze, honorati et apresiati. Et la presentia del Doze debi recever le nostre opere bone cum bono accepto, et cognoscer quello che havemo perdonato per compiacerli. Et per la bona amicitia che havemo et sincerità et bone operation nostre, per questo feci la crida per Venetia et tuti li suoi lochi et advisarli di questo et che vengano galie de tuti i viazi et barze et nave per tute le nostre marine et spiaze che haverano ogni gratia.

Fo smentichato il giorno in la lettera, ma fo il primo Austo 1512.

TABLE ALPHABÉTIQUE

DES

NOMS DE PERSONNES ET DE LIEUX

A

Abana, fleuve à Damas, 113.
Abdellatif, 54 n.
Abdoul Ghany de Naplouse (Le cheikh), 89 n.
Abiera (Le château), 112.
Abimasar, Albymasar (Abou Nasr), voy. Qansou Ghoury.
Abou Bekr (Bucabar), le Khalife, 40 n.
Abou Bekr el Eskafy, 88 n., 89 n.
Aboul Houl (Le sphinx), 54 n.
Abou Hour, couvent copte à Syriaqos, XIV n.
Abou Nasr Djanboulath, voy. Melik el Achref Djanboulath.
Abou Nema Mohammed, chérif de la Mekke, 39 n.

Abouqir (Bechieri, Bichieri, Bouquers), 28, 169, 170, 177, 237, 249.
Abou Saadat Mohammed (Melik en Nassir), fils de Qaïtbay, XXXV-XL, XLII, LXXIX.
Abou Sayd, surnom de Sultan Barqouq, XIII n.
Abou Sayd Qansou, XL.
Abraham, le patriarche, 39, 40, 86, 87 n., 101; — (Sépulcre d'), 88, 89 n.; — (Le mont), à Corfou, 158 n.
Absalon (Tombeau d'), 110.
Abusac (Le Soudan d'Égypte), Moawiah ibn Abi Sofian, 125.
Abyssinie (Le roi d'), XXII.
Abyssins (Couvent des), au Caire,

53 n. (voy. Coptes) — en Arabie, 81 n.; au Saint-Sépulcre, 99.
Acheldemach (Le champ), 109.
Adam, 86, 87 n.; — (sépulcre d'), 88.
Adela (Abdallah), 66.
Aemonia (Cittanova), 148 n.
Afrique (L'), III, 234.
Agathe (Corps de sainte), 16.
Agathusia, ancien nom de Piscopia, 135 n.
Agnès, princesse de Chypre, XVIII.
Agnès (Sainte), 128.
Agouze (Le commandeur d'), voy. Da Couza.
Aiguesmortes, 6.
Aïn ech Chems (Héliopolis), XX, 54 n.
Akhrigria, île, 139 n.
Alay Aly ibn el Imam (L'émir el), Nadhir el Khas, 192, 193 n.
Albret (Henri d'), roi de Navarre, 2 n.
Alcanica, 58 n., voy. Khanqah.
Alcur, île, 16 n.
Alemchâh, fille d'Ouzoun Hassan, LXX n.
Alençon, 2, 3. — (Charles, dernier duc d'), 2 n.
Alep, XLI, XLII, LXIII.
Alessio, ville, 154 n.
Alexandre (Le tombeau du roi), 25, 26

Alexandrette, LVII.
Alexandrie d'Égypte, III, VIII, IX, X, XI, XV, XVI, XVII, XIX, XXIX, XXXI, XXXV, XL, L, LI, LIV, LV, LVI, LIX, LXX, 4 n., 7, 15, 18, 20, 21, 23, 24, 25, 27, 28, 50, 57 n., 58, 63 n., 80, 169-177, 178, 205, 208, 212, 213, 237, 246, 247. — (Le gouverneur d'), IX, X, LXXXV, 21, 22, 248, 250. Voy. Khoudaberdy. — (Consul de Venise à), L, LXIII, 193, 195, 206, 214, 247.
Alhyset, voy. Elhoussa.
Allemands (Marchands), à Venise, XXXI, XLVI.
Alpin (Prosper), 55 n.
Alphonse d'Aragon, 11 n., 13 n.
Alviano (Le général), LXXVIII.
Aly (Le Khalife), 40; — Pacha (Le grand vizir), 141 n.
Amalech (Le pays d'), 76, 77.
Amalfi, 128 n.
Amargo (La Margot), 137 n., 138.
Ambassadeur (L') du roy de France en Égypte, voy. Le Roy (André); — du Soudan en France, LXI; — de Perse à Venise, LXIII n., 243.
Amboise, ville, 125, 145.
Amboise (Cardinal Georges d'),

DES NOMS DE PERSONNES ET DE LIEUX

LIX, 3 n.; — (Aimery d'), grand maître de l'ordre de Rhodes, LI, LV, LVI, LVII n., LIX, LXIV, LXVII, 5, 123, 124, 135 n.

Ambracius Sinus, voy. Arta (Golfe d').

Ambroise (Le Camaldule), 76 n.

Ammonites (Les), 62.

Amoud essewari, colonne à Alexandrie, 25 n.

Amrou ibn el Ass, 51 n.

Amumar, voy. Omar.

Amurath (Le sultan), 140.

Anas, père de Sultan Barqouq, XIII n.

Anathot, 117.

Anatolie (L'), 217.

Anconitains (Fondouq des) à Alexandrie, XVII.

André (Saint), 141.

André IX Cornaro, 137 n.

Andria (Andros, Epagri), île, 139.

Andrinople, LIV.

Angheria (Pierre Martyr d'), XXIV n., XL n., XLIV, XLV, XLVI, 49 n.

Angleterre (Le roi d'), 127, 240.

Anglure (Le seigneur d'), XV-XVII, 78 n., 134 n.

Angoulême LXIX, LXXIV, LXXVII, 1, 75, 145. — (Comte d'), voy. Orléans (Charles d'); — Marguerite (d'), 2 n.; — (Évêque d'), 10.

Anne (Maison d'), à Jérusalem, 104, 107.

Anne (Sépulcre d'), 109.

Annius de Viterbe, LXXII.

Antiliban (L'), 99.

Antoine (Saint), XXX, 6.

Aphandou, dans l'île de Rhodes, 132 n.

Aphthone, évêque, 1 n.

Apollon (Temple d'), dans l'île de Chypre, 216 n.

Apollonie, ancienne ville de la côte de l'Épire, 155 n.

Appolonius de Bragmes (Apollonius de Pergame) 124.

Aquilée (Patriarcat d'), 225 n.

Aqbay (L'émir), gouverneur de Gazza, XXXVIII n.

Aqberdy (L'émir), le Devadar, XXXVIII n., XXXIX, XL n.

Arabes (Les), X, XXI, XXX, 16 n., 31, 37, 54 n., 58, 59, 60, 61, 65, 66, 67, 70, 71, 73, 75, 77, 80, 84, 177. — Chrétiens, 63 n.

Arabie (L'), XXXV, LXXV, 38, 50, 55, 58 n., 61, 62, 64.

Arabique (Golfe), 62, 63, 65, voy. Rouge (Mer).

Arach (Arabie Pétrée), 61.

Aragonais (Mamelouks), au Caire, XXXII.

Arbe, 87, voy. Hébron.

Archange, Archangelo, bourg de l'île de Rhodes, 133.

Archipel (L'), 134 n., 135 n., 137; — (Duché de l'), 138 n.
Arcopanto, cathédrale de Candie, 167.
Arimathie, 117.
Ariosto (Frà Alessandro), XIX, XXII n.
Arkasso, capitale de l'île de Scarpanto, 137 n.
Arkibali, dans l'île de Rhodes, 133 n.
Arles, 6.
Arméniens (Les), 58 n.; à Bethléem, 93; au Saint-Sépulcre, 103, 104; — (Église des), au Caire, XII.
Armiro (Rivière d'), dans l'île de Candie, 221 n.
Arona, XLIV n.
Arta (Le golfe d'), 159.
Artamiti (Larthemite), village et montagne dans l'île de Rhodes, 134 n.
Aspic (graines d'), 8.
Assanti (Famille des), 135 n., 136 n.

Assanti d'Ischia (Barello), 135 n.
Atalie, voy. Lemnos.
Athanase d'Alexandrie, 26.
Athos (Le mont), 139 n.
Aubais (Marquis d'), 3 n.
Aubusson (Pierre d'), 124, 133 n.
Augustin (Saint), 131.
Augustins (Couvent des), à Rhodes, 131.
Ausone (Saint), 1, 145.
Auton (Chroniques de Jean d'), LXI n., 18 n., 19 n.
Autruches (au Caire), XXX.
Auvergne (Le grand-prieur d'), voy. Blanchefort (Guy de).
Avignon, 5, 7, 144.
Ayas (Bataille d'), LVII, LIX, LXVII, 4 n., 5 n., 230; — (golfe d'), LIII, LVI.
Aychèh (Baasse), femme de Mahomet, 40 n.
Azdemir (L'émir), Mihmandar du soudan d'Égypte, 180 n., 182, 185, 190, 192.

B

Baasse, 41, voy. Aychèh.
Bab el Foutouh, — el Ghozaïb, — en Nasr, — Zoueïlèh, portes du Caire, 214 n.

Bab essirr el qalaah, porte de la citadelle du Caire, 203 n.
Babylone d'Égypte, voy. Caire; — d'Assyrie, 46, 93.

DES NOMS DE PERSONNES ET DE LIEUX

Bacchi della Lega (Alb.), VII n., 91 n.
Bafo, dans l'île de Chypre, XVIII.
Baïa (Bayes), 14.
Bajazet, XXXII, LIII, LIV, LX, LXII, LXV n., 141 n., 150 n., 228, 229, 232.
Bakir ibn Salih, XLII.
Bâle, XXXII, XXXV.
Ballouth (Émir), gouverneur d'Alexandrie, IX.
Baqy (cimetière de), 40 n.
Barbarigo (Bernardo), 164, 165 n.
— (Marco), 165 n.
Barbe (Sainte), 51, 115.
Barberousse (Khaïr eddin), corsaire, 15 n., 137 n., 138 n.
Barclay (M.), 89 n.
Barello Assanti d'Ischia, 135 n.
Barozzi (François II), 138 n.
— (M. le commandeur N.), LXXVIII, LXXXV.
Barqa (Désert de), 24 n.
Barqouq (Sultan Seïf eddin), XI, XIII, XV.
Barsbay (Sultan), XVIII.
Baruth, 97, voy. Beyrouth.
Basnage, VI n.
Bastide (La), village de l'île de Rhodes, 133.
Baudoin (Tombeau du roi), LXVI.
Baudouin, auteur de l'*Histoire de l'ordre de Saint-Jean de Jérusalem*, 5 n., LX n., LXI n.

Baume (Le), à Matarièh, XX, XXII, XXXVII, XXXVIII, 54 n., 55, 202.
Baumgarten (Martin de), LII, 57 n., 58 n., 182 n.
Bause (Hugues de), évêque d'Angoulême, 10 n.
Bayezid (Bajazet, Pazaites), voy. Bajazet.
Bazars, à Alexandrie, 174; à Foua, 179; au Caire, XII, 211, 212, 215 n.
Bazolle (M. P. Maresio), LXXXV.
Bechieri, voy. Abouqir.
Beit el mal, au Caire, 52 n.
Bellegaz, 84, voy. Boghaz.
Belleville (Pierre de), pèlerin de Besançon, 81.
Bellin (Le sieur), 148 n., et suiv.
Bellini (Gentile), LXXXVI, LXXXVII.
Bellune, LXXVIII, 147, 177, 219.
Belon du Mans (P.), XC, 33 n., 58 n., 62 n., 63 n., 64 n., 69 n., 70 n., 139 n.
Beni-Ghousn ben Seïf (Tribu des), 50 n.
Beni Qitadèh (Famille des), 39 n.
Benoît I*er*, évêque latin de Rhodes, 131 n.
Berchet (M. G.), LXIII n.
Ber de Rechberg, XIX.
Berekèh (L'émir), XV.
Bernard (Saint), 131.

Bernardo (Gerolamo), provéditeur de Zante, 18 n.
Berry (Charles, duc de), voy. Alençon.
Besançon, 81.
Béthanie, 110.
Bethléem, XLV, LXIX, 89-93, 94, 97, 100, 115, 117.
Bethphage, 110.
Betiselle, 118.
Beyrout (Baruth), XLV, XLVII, 97, 115, 116, 150, 223.
Biaggio Assareto, commandant des Génois, 13 n.
Bibars (Sultan), IV, XVIII.
Bichieri, voy. Abouqir.
Bicken (Philippe de), XIX.
Biencheterre, voy. Pandataria.
Bilbeis (Belbes), 118.
Birèdjik, LXIII.
Blanc (Cap), de l'île de Chypre, 216, 217.
Blanchefort (Guy de), prieur d'Auvergne, grand maître des chevaliers de Rhodes, 123 n. 124.
Blois, 3.
Boccace, LXXIII, 31.
Boccatius, auteur d'un *Voyage en Égypte*, XXXV n.
Bodroum, 136 n.
Boghaz (Bellegaz), village, 84 n.
Boghtcha Adhassy, nom turc de Ténédos, 139 n.

Bohaïrah (El), lac près d'Alexandrie, 24 n.
Bohaïrah Maadièh, lac près d'Abouqir, 28 n.
Boïana (La), rivière, 154 n.
Boissard, LXXXVIII, LXXXIX.
Bolago, voy. Boulaq.
Boldensele (Guil. de), V, VI.
Bonifacio, en Corse, 11 n.
Bonjean (François de), LXIX, 1, 21, 53, 58, 82.
Bonnardot (M.), XVI n., 134 n., 157 n.
Bonoge, étoffe, 121 n.
Bon Port (Bonus Portus), dans l'île de Candie, 19.
Bordone (Benedetto), 132 n.
Boschini, LXXXVI, 135 n., 136 n., 137 n., 138 n., 139 n., 164 n., 167 n., 221 n.
Bosio (Jacomo), LVII n., 132 n.
Bosniaques (Les), 152 n.
Boucan, voy. le suivant.
Bouchamet (Senestre, Boucan), île, 15, 16 n., 144.
Bouillon (Godefroy de), 90, 129; son tombeau, LXVI.
Boulaq (Bolag), 35, 121, 179, 181, 207, 215.
Bouquers, voy. Abouqir.
Bourbon (Marguerite de), 2 n.
Bourges, 3.
Bourgogne (duc de), voy. Philippe le Bon et Hugues.
Bragadin (Pietro), 196 n.

Bragadino (Ser Alvise), L.
Brazza (Ile de), sur les côtes de Dalmatie, 151 n.
Bresse (comte de), voy. Savoie (duc de).
Breydenbach (Bernard de), XIX, LXXXIX.
Brioni, 149.

Bry (Théodore de), LXXXVIII.
Bua (Ile de), sur les côtes de Dalmatie, 151 n., 224.
Buondelmonte (Cris.), LXXXIX, 132 n., 134 n., 139 n.
Burckardt, 38 n., 39 n.
Burdelot (Pierre), 43.

C

Cabale céleste (La), ouvrage de J. Thenaud, LXXV, LXXXIX.
Cailliaud (Fréd.), 30 n.
Caïphe (maison de), 94, 104, 107.
Caire (Le), III-VIII, XI, XII, XVII, XVIII, XX, XXIII, XXXI, XXXIV-XXXVIII, XLI, XLV, XLVI, L, LVII, LXIII, LXIV, LXVIII, LXX, LXXVIII, LXXIX, 4 n., 7, 24 n., 28, 35-37, 39, 42, 46, 47, 48, 50-60, 63 n., 68, 69, 70 n., 80, 82, 83, 84, 94, 96, 101, 113, 118, 119, 120, 121, 181 et suiv., 199, 204, 207, 208-215, 238; — (citadelle du), XXXIV, XXXVII, XXXIX; — (Le Vieux), XII, XXXIV, 32, 46, 207, 214.
Calabre (La), XXXVI.

Calahorra (Juan de), XLVIII n.
Calama (Rivière de), 158 n.
Calamata (Golfe de), 161 n.
Calamo, île, 136.
Calbo (Ser Polo), L.
Calicut, XLVI, XLVII n.
Caligula, 140 n.
Calista, voy. Karaky.
Caliz Habrahiz, 87, voy. Hébron.
Caloyani, empereur de Trébizonde, LXIII n.
Caloyers (Les), 70 n., 71, 72, 73, 74, 79, 204, 212, 221.
Calvaire (Le mont du), LXVI, 96, 100, 101, 103, 104, 105.
Calvi, 11 n.
Calydne, voy. Ténédos.
Camalhi, voy. Kemal Reïs.
Cambrai (paix de), 228, 234; — (toiles de), 212.
Cambyse, 46.

Camogli (Camouche), 10 n.
Camouche, voy. le précédent.
Campana (Château de la), à Corfou, 158 n.
Campsum Grani, voy. Qansou Ghoury.
Candie (Crète), LIII, LXV n., 19, 125, 126, 164, 165, 166, 167, 168, 173, 213, 220, 221, 222, 237.
Candiotes (Fondouq des), à Alexandrie, XVII.
Canée (La), 164, 168, 222.
Canique (La), voy. Khanqah.
Canisius (H.), VI, n., VII n.
Canopasti (Pointe de), voy. Capo Spada.
Canser el Gaury, voy. Qansou Ghoury.
Capello (Messer Girolamo), 223.
Capharnaum, 113.
Capo Busa, promontoire de l'île de Candie, 164 n.
Capo di Lachij, voy. Laghi.
Capomalio (Pointe de), voy. Saint-Ange (Cap).
Capo Spada (Capopasti, Capo Spati), cap de l'île de Candie, 163 n.
Caraffe (La), voy. Qarafah.
Carchi, voy. Karaky.
Caretto (Marquis del), 8 n. — (Fabrizio del) ou Caretti, grand-maître des chevaliers de Rhodes, 123 n., 133 n.

Carie (La), 125.
Carmel (Carme), montagne et ville de la tribu de Juda, 85 n.
— en Phénicie, 85 n., 113.
Carpenio (Enea), grand chancelier de Candie, 166 n.
Carquy (Le), voy. Karaky.
Carvajal (Le cardinal,) XLVIII n.
Cassan (Scoglio di), 151 n.
Casnis [Casius] (Le mont), 62.
Cassas (J. L.), 152 n.
Cassaudier (Le) de Ramlêh, 116.
Cassiopée (ancienne ville de), voy. Cassopo.
Cassopo (Sainte-Marie de) 157, 223.
Cassos (Casso, Caxu), île, 137 n. 220.
Castel Chissamo (Golfe de), sur la côte de Candie, 164 n.
Castellamare (Castel de mer), LXX, 15.
Castelnau (Le), voy. Kastellos.
Castel rouge, Castelorizo, Castelrosso (île de), LV, 123, 134.
Castel Rugolo, 217.
Castres (Le viguier de), 21, 59.
Catalans (Les), à Alexandrie, III, 27; — au Caire, XXIX, XXXII.
Catalans (Consul des), XXII; voy. Peretz; — (fondouq des), à Alexandrie, XVI.
Catane (Cathaine, Cathanie), LXX, 16, 143.

DES NOMS DE PERSONNES ET DE LIEUX

Cathanie, voy. Katavia et Catane.

Catherine (Sainte), martyrisée à Alexandrie, X, 27-58, 64, 92, 174; — son corps, au mont Sinaï, 72-74, 76, 205; — son bras à Rhodes, 131; — (monastère de), voy. Sainte-Catherine.

Cathiè, 84, voy. Qathièh.

Catibser (Le), voy. Katib essirr.

Catino (Le *Sacro*), voy. Saint-Graal.

Cattaro (Bouche de), 154, 195 n., 223.

Caxu, île, voy. Cassos.

Cecille, voy. Sicile.

Cédron (Le torrent de), 109.

Céphalonie, 159, 160 n.

Cérigo (Citrin, Cytharée), île, 18, 19 n., 139, 140, 163, 222.

Cerigotto (Citrinet), île, 139, 163, 222.

César, 140, — à Alexandrie, 25, 26.

Césarée, 10 n.

Cesesigo, voy. Cerigotto.

Cesto (Le cap), 225.

Chabechety, XIV n.

Chafey (Tombeau de l'imam), 50 n.

Châh Ismayl, de la dynastie des Sèfèvy (Le Sofy), XLIII, LXIII, LXVII, LXIX, LXX, LXXX, 3 n., 104, 195, 227, 236, 243.

Chalcia, voy. Karaky.

Champdenier, Chandenier (Seigneur de), voy. Rochechouart.

Chares du Lindo, statuaire, 125.

Charles, duc d'Alençon et de Berry; voy. Alençon.

Charles VIII, roi de France, XXXVI, LXV n., 14 n.

Charqièh (Province de), 118 n.

Charybde (Caribdis), 16.

Chasse au faucon, en Égypte, XIV.

Châteauneuf (Jean de), commandeur de Doucens, 136 n.

Chauveau (messire Guillebert), seigneur de Volmeaulx et baron de Hypsala, LX, LXI, 231, 232.

Chebron, 87, voy. Hébron.

Chefali, voy. Céphalonie.

Chef-Blanc (Le), voy. Blanc (cap).

Cheikh Hayder, LXX n.

Chelidoni (Le chef de), cap de l'île de Chypre, 216 n.

Chéops, 53, 54.

Chérif de la Mekke (Le), 39 n.

Chermoul (Carmel), village, 85 n.

Cherzo (Ile de), 150 n.

Chifallo, voy. Cifalu.

Chilidonia (Le cap), 134 n.

Chillon (Seigneur de), voy. Le Roy (Guyon).

Chine (La), III.

Chio (Chiou, Pityusa, Macris), île, 139.

Chrétiens (Les), en Égypte, XXIV, XXV, XXVIII, 51, 58 n., 83; — en Orient, 7, 124; — en Syrie, 87 n., 115 n., 127; — de la Ceinture, à Alexandrie, 174; — esclaves, 64.
Christodule (Saint), 137 n.
Chypre (Ile de), XVII, XVIII, XXXII n., L, LI, LXVII, 99, 115, 123, 125, 216, 217.
Chypriotes (Fondouq des), à Alexandrie, XVI.
Cibar (Saint), 1, 145.
Cicéron (Tombeau de), 17 n.
Cifalu (Cephaledia, Chifallo), en Sicile, 143 n.
Cinqterres (Cinque terre), 11.
Circassie (La), XIII n.
Circassiens (Les sultans), XLI, 171 n., 214 n.
Cisneros (Le cardinal), XLVIII n.
Cistre, voy. Sestri Levante.
Citrin, île, voy. Cerigo.
Citrinet, voy. Cerigotto.
Cittanova, 148.
Civita-Vecchia, 13.
Claro, voy. Calamo.
Claude de France, 10 n.
Clément V, pape, 129, 130.
Cléophas (Corps de saint), 117.
Clèves (Marie de), 18 n.
Climaque (Jean), 76, 81.
Codibardi, Codiberdi, voy. Khoudaberdy.
Cogia, 193 n.

Cognac, LXXXIX, 75; — (Bibliothèque du château de), LXXV n.
Colin (Antoine), de Lyon, 56 n.
Colosse, ancien nom de l'île de Rhodes, 125, 126. — Ville de Lydie, 126.
Coltea, voy. Karaky.
Colzim (Le mont), 81 n.
Commanville (Abbé de), 143 n.
Commerce de l'Orient, III, XI, XII, XVIII, XXXI, XLI, XLIII, XLVI, XLVII, XLVIII, KLIX n., L, LII, LVIII, LXIV, LXXXIII n., 7, 8, 15, 24 n., 27, 32, 35 n., 37, 38, 47, 48, 57, 58 n., 63 n., 70 n., 80, 121 n., 122, 168, 180, 193, 208, 211 n., 212, 214, 232, 233, 246.
Compare (Le canal de), entre Sainte-Maure et Céphalonie, 159, 160; — (val di), 160 n.
Constantin (L'empereur), 106.
Constantinople, XXXII, LIV, LX n., LXII, LXV n., LXXXVII, 196 n.
Consul des Français, des Catalans) et des pèlerins, à Alexandrie, IX, X, XVII; voy. Peretz.
Consul de Venise à Alexandrie, à Damas; voy. Alexandrie, Damas.
Contarini (Ambrosio), LXIII n.

Contarini (Andrea), 151.
Contarini (Madalin), LXXVIII n., 148, 237; — (Tomaso), consul de Venise à Alexandrie, LXIII, 193, 195.
Contessa (Golfe de), 139 n.
Contostephane (Théodore), le protosébaste, 126 n.
Coptes (Les), au Caire, 51, 52 n.; — au Saint-Sépulcre, 101.
Corbizzo (Frà Nicolo da); 90 n. voy. Poggibonsi.
Corcyra, voy. le suivant.
Corfou, 141 n., 157, 158, 159, 223.
Corinthe (Isthme de), 140.
Cornaro (Famille des), LXIII n., 135 n., 137 n., 216 n., 220; — (Francesco), 152; — (Girolamo), 165, 167; — (Giorgio), 152, 165.
Cornelio (Flaminio), auteur de *Creta Sacra*, 19 n.
Corneto (Cornette), 13.
Corniglia, 11 n.
Coron, 140, 141 n., 142, 161, 222.
Coronelli, 134 n., 135 n., 136 n., 138 n., 164 n., 168 n., 224 n.
Corradin, 103, voy. Noureddin.

Corse (La), 8, 11 n.
Coryphasium, voy. Zunchio.
Cos (Ile de), 134 n.
Coseda, île sur la côte de l'Istrie, 149.
Cosquino, voy. Koskinou.
Coulompne (Messire Fabrice), Fabr. Colonna, 124.
Courcouc, fils de Bayezid, 229, 230.
Cramasto, voy. Kremastos.
Crémone, LXV n.
Crimée (La), XIII n.
Crio, Creon (Le cap), 137.
Crispo (Famille des), 138 n. — François III et Jean, ducs de Naxie, 138 n.
Crocicchieri (Église des), à Venise, 196 n.
Cueillette (Marie, fille de Jean), 2 n.
Curium (Ancienne ville de), 216 n.
Curzola (Ile de), 152 n., 153, 224.
Cusani (F.), 152 n.
Cyclades (Les), 137.
Cymbern (Wernher de), XIX.
Cytaeum (ancienne ville de l'île de Candie), 221 n.
Cytharée, voy. Cérigo.

D

Da Couza (Le commandeur), 136 n.
Dalmatie (La), 150, 151, 153, 224.
Damas, XLII, XLVI, LXIII n., LXXI, 61, 87 n., 103, 113, 114, 115, 116; — (Consul de Venise à), 195, 215, 247, voy. Zen; — (Le drogman de), 189; — (Le gouverneur de), XIII n., XIV, XLII.
Damascène (Le champ), 86.
Damiette, VII, XVII, XVIII, LIV, 5 n., 103, 121, 122, 123, 215, 216.
Dandule (Regnier), 141 n.
Daniel (Lemoine), 76 n.
Danzig, XXXV.
Daremi (dirhem), monnaie d'Égypte, XII.
Dauphiné (Le), 3 n.
David (Le roi), 85, 101, 108; — (citerne de), 93; — (tombeau de), 108.
Décombres (Montagne des), à Alexandrie, voy. Scovazze.
Deir el Abiad (couvent de), 53 n., voy. Saint-Macaire.
Deir el Ahmar (couvent de), 53 n.
Deïr el Moussallebèh, couvent de Sainte-Croix, 103.
Deïrmen Adhassy, nom turc de Milo, 138 n.
Demitrachi d'Arta (Ser), 148.
Denys de Mons (Messire), 81, 115.
Desimoni (M. C.), 9 n.
Despina, fille de Caloyani, LXIII.
Devadar (Le), grand chancelier du sultan d'Égypte, XLII, LXXXVII, 71 n., 176, 190, 191; voy. Aqberdy.
Dimelia, dans l'île de Rhodes, 133 n.
Dioclétien (Palais de), à Spalato, 151 n., 152 n.
Diodar (Deudarius, Duider), voy. Devadar.
Diodore de Sicile, 135.
Djanboulath, voy. Melik el Achref Djanboulath.
Djandar (Mamelouks), XLI.
Djauher (Le Caïd), III.
Djebel el Mocattam, au Caire, 52 n.
Djedda (Zide), 38 n., 57 n., 63 n.
Djeziret edh dheheb (Zezietdeeth), l'Ile d'or, 33 n.

Djizèh, XL.
Djounadèh ibn Oumeyyah el Azdy, 125 n.
Djoundis (Le corps des), 171 n.
Domenech (M. l'abbé), XVI n.
Dominique d'Allemagne (Frère), 136 n.
Donado (Hieronimo), 166 n.
Dorbelles, voy. Ortobello.
Dormants (Les Sept), 217.
Douane à Alexandrie, 27; à Boulaq, 34 n.
Dozy (M.), 184 n.
Dragut, 11 n.
Drepante, promontoire de l'île de Chypre, 216 n.
Drin, Drino (Ludrin), fleuve, 154 n.

Drogman du Soudan d'Égypte, voy. Tangriberdi et Younis Etterdjuman.
Du Boys (Pierre), 44.
Ducats de Venise, en Égypte, XII.
Dufresne (Raphaël), LXXXVI n.
Duino, 226 n.
Du Plest (Jehan), 15.
Du Pont (Loys), 15.
Du Puy (Raymond), second grand maître de Rhodes, 129.
Durazzo (Baie de), 154 n.; — (Ville de), 155, 156, 223.
Du Ryer, 72 n.
Dyrrachium, voy. Durazzo.

E

Écueils de Saint-Paul (Les), 135 n., 137.
Égée (Mer), 65, 137, 140.
Égripos (Nègrepont), 139.
Égypte, III, IV, VII, VIII, XII, XVI, XVII, XXII n., XXXII, XXXV, XXXVII, XL, XLI, XLIII, LV, 21 et suiv., 46, 50, 61, 63, 99, 101 et suiv., 229, 230.
El Arich, 118 n.

Elhoussa (Alhyset), désert, XXXVIII.
Élie (Le prophète), au mont Sinaï, 75; son lieu de naissance, 93.
Élim, station des Israélites dans le désert, 81 n.
Élisabeth (Sainte), 111.
Élizar (Lisaro), étoffe, 184 n.
Elmaroch, monastère de Jaco-

bites, voy. Saint-Macaire.
Emi nas, dans l'île de Rhodes, 133 n.
Émir silah (L'), XLII.
Emmanuel, roi de Portugal, XLVIII, XLIX, LII, 235.
Emmaüs (Emaulx, Nycopole), 117.
Épagri, voy. Andria.
Éparchius, voy. Cibar.
Éphrem, patriarche copte, 52 n.
Epidamnus, voy. Durazzo.
Épinay (André d'), archevêque de Lyon, 10 n.
Episcopia (Piscopi), ville de l'île de Chypre, 216 n.
Esclaves, au Caire, XXXIII, XXXIV.
Esclavons (Quartier des), au Caire, 51 n.
Esculape (Temple d') à Spalato, 152 n.
Esmes, Essimes (Les), voy. Symi.
Espagne (L'), XLIII, XLIV, XLV, 8, 134, 240.
Esparon (Raimond, seigneur d'), 21 n.

Essenilz (Les), voy. Écueils (Les).
Essone de Slegleoltz (Frère), 136 n.
Estaing (François d'), évêque de Rodez, 10 n.; — Antoine d'), évêque d'Angoulême, 10 n.
Estaing (Gaspard baron d'), 21.
Estampelée, voy. Stampalia.
Éthiopie (L'), XXXV, 30, 32, 38, 63, 64.
Éthiopie (Le prince d'), 26.
Éthiopiens (Les), 99, 101.
Étienne (Saint), 107, 108, 109, 112.
Etna (L'), 16.
Eubée (L'île d'), voy. Négrepont.
Eugène, pape, 130.
Eusèbe, 85 n., 155 n. — (Saint), 92.
Eustochie (Sainte), 92.
Eutychès (Eutice), 101.
Ève (Sépulcre d'), 88.
Eyriés (J.-B.-B), 38 n., 39 n.
Ezan (L'), appel à la prière chez les Musulmans, 209 n.
Ezbekièh (Quartier de l') au Caire, XXXVIII n.

F.

Faber (Félix), IV, XIX-XXXII, 210 n.

Faenza, LXV n.
Faillon (L'abbé), 8 n.

Fakhr eddin Osman ibn Moussafir, marchand, XIII n.
Falconi (Andrea), évêque de Modon, 142 n.
Farado, Faradum, voy. Ferraclou.
Farfar, fleuve de Damas, 113.
Farisina (Le canal di), voy. Quarnero.
Fathimah (Fatome), fille de Mahomet, 40 n.
Fatome, voy. le précédent.
Federic, prince poméranien, 138 n.
Ferachio, voy. Ferraclou.
Ferama, 84 n.
Ferdinand d'Aragon, roi de Naples, XLIV, XLVIII, XLIX, LXV n., 9 n., 14 n., 49 n., 234; — son fils, XXXI.
Feret de Fontette (M.), LXXI.
Ferraclou, Ferralou, Ferraclo, 132 n.
Ferraro (Giuseppe), XIX n.
Figuier de Pharaon, à Matariêh, 54, 202.
Final (La maison de), 124.
Finlay (George), 141 n.
Florence, LXV n.
Florentin (Un), construit le château de Damas, 114, 115 n. — (Pèlerins), VII et suiv.
Foix (Gaston de), 59.

Folari (foulous), monnaie d'Égypte, XII.
Fondouqs, à Alexandrie, XVI, 22, 172.
Fontaine du Soleil ou de la Vierge, à Matariêh, XX.
Foua (Foue, Fua), 32, 33, 179.
Frameynsperg (Rodolphe de), VII.
Français (Les), à Alexandrie, XVI, LVI, — en Italie, LXX, LXXXIII, 11 n., 14 n; — en guerre avec les Vénitiens, LVIII, 94; — en Terre-Sainte, 227; — en Orient, LX, 233, 234; — (Fondouq des) à Alexandrie, XVI.
Franceschi (Messer Andrea de), LXXVIII, 147.
Franciscains (Les), de Terre-Sainte, 4, 28, 86, 94, 96, 99, 103, 119; — à Damas, 115; — près de Curzola, 153.
François d'Angoulême, plus tard François Ier, LXIX, LXXII, LXXIV, LXXV, 2, 3 n., 4 n., 5, 22, 90.
François, orfèvre de Malines, au Caire, XXIII, XXV, XXX.
Francs, colonies franques, en Orient, IV, V, VIII, IX, LV.
Fraschia (La), port de l'île de Candie, 221.
Frédéric (L'empereur), LXV n.

Fréjus (Freins), 144.
Frescobaldi, (Leonardo), V, VIII — XII.
Fulin (Rinaldo), XLVI n., XLVII n., 4 n., 5 n., 18 n.
Furer de Haymendorf, LXVII n.

G

Gabalas (Jean), gouverneur de Rhodes, 126 n.
Gabrielle (La), nef de Gabrielle de la Trémoïlle, 6 n.
Gaëte (Gayette), 14.
Galilée, près de Jérusalem, 109.
Galilée (La) VII; — (mer de), 113.
Gallipoli, LVI.
Gama (Vasco de), XLVII.
Gamaliel, 108.
Gattilusio (Famille des), 139 n.
Gazera, voy. le suivant.
Gazza, VII, XXXVII, XXXVIII, XXXIX, 118.
Gebel araba, 81 n.
Gebel el cheleil, 81 n.
Gênes, LXV n., 4 n., 8, 9, 9 n., 10, 11, 18 n., 20, 124; — (évêque de), 10.
Génois (Les), III, 8 n., 11, 13 n., 26, 27, 126, 139 n. — (Fondouq des), à Alexandrie, XVI.
Geoffroy de Saint-Alexandre, voy. le suivant.
Geoffroy de Saint-Omer, un des fondateurs de l'ordre du Temple, 130.
Georges, prieur de Chemmitz, LII.
Georges (Saint), 51, 102, 115, 117.
Géorgie (Le roi de), LXVI.
Géorgiens (Les), à Jérusalem, LXVI, 96, 102, 103, 119; — (Ambassadeur des), au Caire, 200, 201; à Jérusalem, LXIX.
Gerard Tom, fondateur de l'ordre des Hospitaliers, 128.
Gethsemani, 109.
Ghillebert de Lannoy, XVII.
Ghouriêh, partie du bazar au Caire, 215 n.
Giova (Bernardino), XLIX n.
Girafe, au Caire, XXX, 194.
Girgenti (Sirgent, Agrigentum), en Sicile, 143 n.
Godefroy Menilglaise (Marquis de), XXXV n.
Gomenizza (Le port de), 158 n.
Goulard (Simon), XLVII n.
Goza, négociant more au Caire, 193.

DES NOMS DE PERSONNES ET DE LIEUX

Gradenigo (Messer Giovan Paolo), 223.
Greblinger (G.), LXXXVIII.
Grèce (mer de), 85; — empereur de), 129, 140.
Grecs (Les), 100; au mont Sinaï, 71, 204; en Terre-Sainte, 95; à Rhodes, 131; au Saint-Sépulcre, 97, 101, 103 n.; à Damiette, 122; — (Patriarche des), 59.

Grégoire XI, 13 n.
Grenade, XLIII, XLVI.
Groote (Dr E. von), XXXIX n.
Grotefend (M.), VI n.
Gucci (Giorgo), VIII.
Guérin (M. Victor), 132 n.
Guillet, LXXXVII.
Gybel, voy. Etna.

H

Habroun, 87 n., voy. Hébron.
Hadjib oul Houdjab d'Alep (Le), XLII.
Hadji Khalfa, 18 n.
Hadrien (L'empereur), 140.
Hakeldama (Le champ), 109.
Halicarnasse, 136 n.
Hanque, voy. Khanqah.
Haret en Noussara, quartier du Caire, 51 n.
Haret er Roum, quartier du Caire, 51 n.
Haret es Seqalibèh, quartier au Caire, 51 n.
Harff (Arnold de), XXXV, XXXIX n., LXXXIX.
Hassan (L'imam), 39 n.
Hassler (Dr C.), XX n.,
Hayton, voy. Hethoum.
Hébron, 85 n., 86, 87, 88 n.

Hélène (Sainte), 78 n., 90, 105, 106, 123.
Helin, voy. Élim.
Hélion de Villeneuve, grand maître de Rhodes, 133 n.
Héliopolis, voy Matariéh.
Hérode (Le roi), 92, 106.
Hérodote, 126.
Hersek Oglou Ahmed Pacha, 18 n.
Hethoum (Aythonius, Tytonus, Hayton), V n., LXXVI, 104 n.
Heyd (M.), LXIX n.
Hilarion (Saint), 73.
Hisques, voy. Ischia.
Hongrois (Mamelouks), au Caire, XXXII.
Honorius, pape, 130.
Horeb, Oreb (Le mont), 75.

18

Hospitaliers (Ordre des), 128, voy. Rhodes (Chevaliers de).
Hotman (François), 72 n.
Howard (Lord), 9 n.
Hugues, duc de Bourgogne, 126.
Hyères (Iles d'), Yeres, 8.
Hypsala (Baron de), voy. Chauveau.
Hypsipylée, voy. Lemnos.

I

Iace (Gouffre de la), 4, voy. Ayas.
Iacinthe, voy. Zante.
Ibn Assakir, l'historien, 88 n.
Ibn Ayas, XXXVIII n., XLIII n., 170 n., 180 n., 183 n., 193 n.
Ibn el Athir, 125 n.
Ibn Thouloun (Tombeau d'), 50 n.
Ibrahim, fils de Nabigha, cheikh des Arabes, XXXVIII n.
Icare, Icarienne (Mer), 65.
Icaria, île, voy. Nicaria et Akhrigria.
Idruse, 138 n., voy. Trino.
Idumée (montagnes d'), 85.
Ilbogha el Omary (L'émir), XIII n.
Imbro (Imroz, Ymbro), 139 n.
Inal bay, gouverneur de Tripoli, XXXVIII n.
Inde (L'), III, XXXI, XLVII, LII, LXIX, 38, 55, 57 n., 63, 64, 103, 181, 208, 212 n., 235.
Indiens, au Caire, 48.
Inigo d'Avalos, gouverneur d'Ischia, 14 n.
Innocent VIII, LXV, n. 99.
Ionique (La mer), 140.
Isaac (Sépulcre d'), 88, 89 n.
Isabelle de Castille, XLIV, XLVIII n., 49 n.
Ischia (Hisques), 14.
Isis (Statue d'), le Sphinx, en Égypte, 54.
Istankeui (Cos), 134 n.
Istrie (L'), 148, 149.
Italie (L'), LXIX, LXX, 9.
Ithaque (Ile d'), 160.
Iveres (Les), 102, voy. Géorgiens.
Izar (élizar, lisaro), étoffe, 181 n.

J

Jacob (Sépulcre de), 88, 89 n.; — (Tour de), entre Bethléem et Jérusalem, 93.
Jacobites (Les), 100; — au Caire, 51, 52; — chrétiens arabes, 63 n.; au Saint-Sépulcre, 101.
Jacques (Saint), 108.
Jacques, bâtard de Bourbon, 9 n.
Jacques le Mineur (Sépulcre de Saint), 110.
Jacques, patriarche d'Alexandrie, 101.
Jacques, roi d'Écosse, 235.
Jaffa, 115, 116, 117.
Jal (M.), 147 n., 152 n., 171 n.
Jamien, voy. Yemenis.
Janus, roi de Chypre, XVIII.
Jardin du Sultan, au Caire, 190.
Jasses (Bataille de), voy. Ayas.
Jaura (Gyarus), (île de), 139 n.
Jean, abbé de Raithou, 76 n.; — (Saint), abbé, 81; — évêque de Trau, 224; — (Le Prêtre), 99; — (l'archidiacre), XXXII; — de Transylvanie, XXXII.
Jean l'Aumosnier (Saint), patriarche d'Alexandrie, 128.
Jean-Baptiste (Saint), 100, 111, 112, 128, 131.
Jean l'Évangéliste (Saint), 26, 105, 108, 126, 127, 137.
Jehan de Longdit, VI n.
Jéricho, 111.
Jérôme (Saint), 65, 76, 92, 112, 126.
Jérusalem, V, XLV, LXVI, LXIX, 59, 61, 82, 87 n., 89, 93, 94 et suivantes, 115, 116, 118, 119, 120, 127, 130, 230, 236, 253; — (Admiral [Émir] de), 86; — (Patriarche de), 97, 129; — (Père gardien de), au Caire, 201; — (Religieux de), 4, prisonniers au Caire, 28, à Hébron, 86, 99.
Jessé (Arbre de), à Bethléem, 90.
Joachim (Saint), père de la Vierge, 111; — (sépulcre de), 109.
Jonc, voy. Zonkio.
Josaphat (Vallée de), 108, 109.
Joseph (Saint), 92, 112; — d'Arimathie, 104, 117.
Josèphe, l'historien, 87.
Jouannin (M.), LXXXVIII.
Jourdain (Le), 111, 112.
Jove (Paul), LXXXVIII, LXXXIX.
Judée (Montagnes de), 111.
Juifs (Les), 115; — en Égypte, XXIV, XXV, 7, 48, 51, 52 n.,

56, 198; — en Languedoc, 7 n.; — d'Espagne, XLV; — à Corfou, 157.

Jules II, pape, XLVIII, XLIX, LXV n., 9 n., 144, 227, 234, 235, 240.

Jupiter (Temple de), à Spalato, 152 n.

Justinien (L'empereur), 71 n., 77, 81.

K

Kaabah (La), 39 n., 42 n.

Kachif (Gouverneur), XLI; — (gouverneur de Ramlèh), 116 n.

Kafil essalthanèh (gouverneur général de Syrie), 114 n.

Kamari, plaine de l'île de Rhodes, 133 n.

Kamsauwe Hasmansmea, voy. Qansou Khamsmayèh.

Karak (Château de), XIII n.

Karaky (Carchi, le Carquy), 135 n.

Kastellos (Le Castelnau), dans l'île de Rhodes, 133 n.

Katavia, dans l'île de Rhodes, 132 n.

Katherine (La), nef de M. de la Trémoïlle, LXIX, 6, 20, 21.

Katib essirr echcherif (Le Catibser), 193 n.

Katubee, voy. Qaïtbay.

Kemal Reïs, LIV, LVI, 135 n., 136 n., 166 n.

Khaïr eddin Barberousse, voy. Barberousse.

Khalid, 115, n.

Khalil ed Dhahiry, XLI n.

Khalil errahman, 87 n., voy. Hébron.

Khan, ou fondouq; voy. ce mot.

Khan Younis, près de Gazza, XXXVIII n.

Khanqah (Hanque, La Canique), 58, 61, 84, 118, 119.

Khassekis (Les), XLI n.

Khaznadar (Le), de Ramlèh, 116 n.

Khita (L'empereur du), XXII.

Khorassan (Le), 3 n.

Khoudaberdy el Echrefy, gouverneur d'Alexandrie, LXXXV, 170 n., 171, 248.

Kiswèh (Le), 42 n.

Koskinou (Cosquino), village de l'île de Rhodes, 134 n.

Koufah, 40 n.

Koum ed dik, butte à Alexandrie, 25 n.

Kremastos (Cramasto), village de l'île de Rhodes, 133 n.

L

Laborde (M. de), 69 n.
Lacroix (P.), bibliophile Jacob, 19 n.
La Croix du Maine, LXXXIV n.
Ladislas, roi de Naples, 150 n., 152 n., 157 n.
Laghi (Le cap), Capo di Lachij, 154, 155, 156.
Lalle (Francisque de), marchand de Montpellier, 122.
Lallemand de la Roche-Chinard (Charles), 9 n.
Lambert (Dom Archangelo), 102.
Lambert (César), 80 n.
Lamelech (Gouverneur) d'Alexandrie, X.
Lando, voy. Lango.
Lango (Cos), île et château, 9 n., 134 n., 136 n., 137.
Languedoc — (Ports du), 6 n.; — (Juifs du), 7 n.; — (draps du), LV.
Langurola (Le fleuve), 160 n.
Laodicée, 126.
La Roche-Aymon (Antoine de), 59.
La Rochelle, 140.
Larthemite, voy. Artamiti.
Lartos, dans l'île de Rhodes, 133 n.

Latins (Les) au Saint-Sépulcre, LVII, LXVI, LXXXIII, 4, 95, 96, 97, 98, 99, 127; — à Alexandrie, 26; — au Caire, 83; — au mont Sinaï, 72, 73; — à Bethléem, 91; — à Rhodes, 131.
Lavallée (J.), 152 n.
Layas, Layasso (Golfe et bataille navale de), voy. Ayas.
Lazare, 8 n.; — (Tombeau de), 110.
Lazari, 196 n.
Lelewel (M. J.), XVII n.
Le Maire de Belges (Jean), LXIX, 227.
Lemnos (Lemni, Lippos), île, 139 n.
Lemo (Rivière de), 149 n.
Lenfant (Jacques), 10 n.
Lengherand (Georges), XXXV, 211 n.
Lentheric (M.), 8 n.
Léon X, LXV n.
Lépante (Le golfe de), 160.
Lero, île, 136 n.
Le Roy (André), ambassadeur de France en Égypte, LXII, LXIV, LXV, LXVII, LXVIII, LXIX, LXXVIII, LXXIX,

LXXXIII, 3, 4 n., 43, 45, 49, 96, 120.
Le Roy (Guyon), seigneur de Chillon, 4 n.
Lerre (Le), voy. Lero.
Lesante, voy. Zante.
Lesina (Ile de), 151, 152, 224.
Lesquieres, 138, voy. Skiro.
Leucade, voy. Sainte-Maure.
Levant (Le), 6, 8 n.
Levita (Le Vidre), île, 135 n., 136.
Liban (Le mont), 99.
Lieux Saints, 230, 231; voy. Saint-Sépulcre, Jérusalem.
Lignée de Saturne (La), ouvrage de J. Thenaud, LXXIII, LXXIV.
Ligorne, voy. Livourne.
Lindo (Le), 123, 132.
Lions du Soudan d'Égypte, 194.
Lipari, îles, 15 n.
Lippos, 139, voy. Lemnos.
Lisaro (élizar), étoffe, 184, 195, 211, 212.
Lisbonne, XLVI.
Livourne (Ligorne), 12.
Loire (La), 144.
Lombardi (Cav. Sebastiano), 12 n.
Lommeline (La), navire, 19 n.
Longnon (M.), XVI n., 134 n., 157 n.

Lonicerus (Philip.), 138 n.
Loredan (Leonardo), doge, LXXVII, LXXXV, 237.
Loros (Le district de), 157 n.
Loth (Maison de), 112.
Louis (Saint), 17 n., 94, 121.
Louis XII, LIX, LX, LXI, LXII, LXIII, LXV n., LXVII, 3 n., 9 n., 10 n., 18 n., 227, 228, 230, 231, 232, 233, 235, 239, 240.
Louise de Savoie, voy. Savoie.
Louvre (Le musée du), LXXXV, LXXXVII.
Lucophrys, voy. Ténédos.
Ludrin, voy. Drin.
Luebo (Ile de), dans l'Adriatique, 150 n.
Lusignan (le cardinal Hugues de), XVII, XVIII; — (Charlotte de), XXXI n.; — (Jacques de), roi de Chypre, 24; — (Le F. Estienne de) 216 n.; — (Léon VI de), XII; — (Pierre de), VIII, IX, 24 n.
Lydda (Lyde), 117.
Lydie (La), 126.
Lymessos, voy. Ténédos.
Lyon, 3, 144, 231; — (évêque de), 10.
Lyonnais (Le), 3 n.

M

Maadièh, bras du Nil, 29 n.
Maallaca, église du Caire, 57 n.
Macer, 32, 46; voy. Caire.
Machaire, patriarche de Constantinople, 98.
Macharée (Saint), 73.
Machaut (P. de), 24 n.
Macris, voy. Chio.
Magdeleine (Église et abbaye de), à Jérusalem, 128.
Magharat eddem, caverne près de Damas, 87 n.
Magrabins (Moresgabins), voy. Mogrébins.
Maguelone, 6; — (évêque de), 10.
Mahallet el Kebirèh, 121 n.
Mahmoud ibn Adja el Haleby, Katib essirr, 193 n.
Mahomet, 40, 41, 42, 72, 204.
Mahomet II, LXXXVI, LXXXVII, 124, 127, 139 n., 140, 228 n.
Malamocco, 147 n., 148.
Malatia, XLII.
Malée (Le promontoire de), 163 n.
Malicorne (Le Chevalier de), seigneur de Villegast, Condrie et Fretay, 124, 136, 137, 142.
Mamelouks (Les), XI, XXI, XXII, XXIX, XXXII, XXXIII, XXXIV, XXXV, XXXVII, XXXIX, XLI, 4, 21, 35, 37, 44, 45, 48, 49, 50 n., 56, 57, 63, 170 n., 180, 182 n., 197, 200.
Mamelouks (Dynastie des Sultans), 214 n.
Manarola, 11 n.
Mandeville, VI, VII n.
Mandjik (L'émir), gouverneur de Damas, XIII n.
Manfalout (Menfeluto), 52, 53 n.
Manfredi (Astone), LXV n.
Manne (La) du Sinaï, 70.
Manolitou, voy. Monolithos.
Mans (Le), 3.
Maon (Solitude de), 85 n.
Maqrizi, III, VIII, XIII n., XIV n., 88 n., 203 n., voy. Quatremère.
Marcel (M.), 32 n.
Marcelle (Sainte), 113.
Marcellino da Civezza (Le P.), XIX n.
Marcello (Piero), 166 n.; — (Maison de), 170; — (Giovanni), 170 n.
Marché des esclaves, au Caire, XXXIII.

Margarite de France (La), (ouvrage de J. Thenaud), LXXI, LXXIII.
Margot (La), voy. Amargo.
Marguerite d'Angoulême, de Bourbon ; voy. Angoulême, Bourbon.
Marie (La Vierge), XX, 54, 55, 91, 92, 105, 106, 107, 108, 109, 110, 111, 112, 127, 201, 202 ; — (Tombeau de), 109.
Marie l'Égyptienne (Sainte), 112.
Marie Jacobé, 8 n.
Marie-Magdeleine, 8 n., 105 ; — (Maison de), 106, 110.
Marie Salomé, 8 n.
Marie (La duchesse), fille de Charles, duc de Bourgogne, XXII.
Marie (Richard), marchand de Lyon, 81.
Maritza, dans l'île de Rhodes, 133 n.
Mar Moncure, église au Caire, 52 n.
Maro, fondateur de la secte des Maronites, 98.
Maroc (Le souverain du), XLIII.
Maronites (Les), 58 n., 98.
Marot (Jean), LXII.
Marqueline (Pierre de), XVI.
Marrans (Juifs convertis au christianisme), 7, 43, 44.

Marsala (Marsalle, Mazara), en Sicile, 143 n.
Marseillais (Fondouq des), à Alexandrie, XVII.
Marsoum (Marson), sauf-conduit, 28.
Marthe (Le corps de sainte), 6.
Marthe (Maison de), à Béthanie, 110.
Martial, 198.
Martial (Saint) de Limoges, 1.
Mas Latrie (M. L. de), 24 n., 216 n.
Massara (La), prison au Caire, L, LVIII, 4 n.
Mastabè (estrade), 172, 183, 187.
Matapan (Le cap), 163, 222.
Matarièh (La Matharée), près du Caire, XX, XXII, XXXVII, XXXVIII n., 54, 201.
Mathieu (Saint), 113.
Mathroun, 87 n., voy. Hébron.
Mauconseil, maison de Caïphe, 94.
Mauqaron, voy. Mekkary.
Maures d'Espagne (Les), XLV, XLVII, XLVIII, XLIX.
Mauro di San Bernardino (Fra), XLVIII, XLIX.
Maximilien (L'empereur), 226 n., 234 ; roi des Romains, LXV n.
Maximin, 8 n.
Mayence (L'archevêque de), XXII.

Médine (Medinathabi), XLIX, LXXI, 38, 40, 41 n.
Medressèh du Sultan Qaïtbay, au Caire, XXXIV.
Medua (Port de), 154 n.
Meez lidin allah (Le khalife), 52 n.
Meïdan, place du Caire, XVI, 182 n., 190, 194, 205.
Meisner (M. H.), V n.
Mekkary (mauqaron, moucheron, moucre, moulcre), 59 n., 60 n.
Mekke (La), XLIX, LIV, LXXI, 37, 38, 39, 42, 62, 64, 208.
Melanes (Mont) LXXV, 62, voy. Sinaï.
Melasse, voy. Milazzo.
Melchites, chrétiens arabes, 63 n.
Meleda ou Meleta (Ile de), sur les côtes de Dalmatie, 153.
Melik ed Dhahir, surnom du Sultan Barqouq, XIII n.
Melik el Dahir Qansou, XLII.
Melik el Achraf Chaaban, XIII n.
Melik el Achraf Djanboulath, XL, XLI n., XLII, 50 n.
Melik el Achraf Khalil, IV.
Melik el Achraf Qansou Khamsmayèh, voy. Qansou Khamsmayèh.
Melik el Adil Touman bay, 4 n, 50 n., 103 n.
Melik el Mansour Qelaoun, IV
Melik el Mouayyed Abou'n Nasr Cheikh (Mosquée de), 214 n.
Melik en Nassir Mohammed, fils de Qelaoun, IV, VI.
Melik en Nassir Mohammed, fils de Qaïtbay, voy. Abou Saadat.
Melik en Nassir Sultan Hassan (Mosquée de), XVI n.
Melik Essalih, 103 n.
Memandar (Le), voy. Mihmandar.
Memphis, 32, 46, 87.
Ménélas (Résidence du roi), 163.
Menfeluto, voy. Manfalout.
Mentèchèh (District de), en Asie-Mineure, 136 n.
Meqias (Nilomètre), 32 n.
Merdj Dabiq (Bataille de), 4 n.
Mermande (La), nef de France, 12.
Meroé (Merrc), ile, 30 n.
Mersa el Bourdj, — es Silsilèh, à Alexandrie, 24 n.
Messine, 15, 16, 142, 143.
Mételin (Mathelin, Mithilin, Mothelin), LXI, 18, 125, 139.
Miani (Messer Paolo Antonio), 164, 165 n.
Michiel (Jacopo), 158.
Michon (M. l'abbé), XVI n.
Midilly, voy. Mételin.
Milazzo (Melasse), 144.
Mihmandar (Memandar) du Soudan (Le), 180, voy. Azdemir.
Milan (Le duché de), 240.

Milo (Millo), île, 138.
Mineurs (Couvent des frères), à Jérusalem, 94; — à Messine, 143, voy. Franciscains.
Mirquebir (Le grand), 37.
Misithra, 141 n.
Miss Adhassy (Megista), nom turc de Castel Rouge, 134 n.
Missir bay (L'émir), XLII, 171 n.
Moabites (Les), 62.
Moawiah ibn Abi Sofian (Le khalife), 125 n.
Modon, 18, 140, 141, 161, 222.
Mogols (Souverains), de la Perse, 104 n.
Mogrébins (Les), LV, LIX, LX, LXVII, 48, 242.
Mohammed, fils de Qaïtbay, voy. Abou Saadat Mohammed.
Moïse, 46, 71, 75, 76, 77, 78, 87; — (fontaine de), 62, 63 n., 65.
Molins (François de), LXXII.
Momiano, 226 n.
Monblanco, ville d'Espagne, XXIV n.
Monelia (Paul de), évêque latin de Rhodes, 131.
Monnaies en Égypte, XII.
Monolithos, dans l'île de Rhodes, 132 n.
Monothélites (Les), 98.
Mons (Denys de), 81.
Montargentario, 12 n., 13 n.

Monte Rosso, 11 n.
Monte Sancto, 139, voy. Athos (Mont).
Montjoie, roi d'armes de France, voy. Chauveau.
Montpellier, 6, 7, 15, 117, 122; — (évêché de), 10 n.
Montreal, en Sicile, 143.
Morée (La), 140, 141, 163.
Mores, Sarrazins (Les), 7, 21, 26, 27, 33, 39, 41, 51, 54, 56, 57, 63 n., 64, 66, 87, 92, 95, 101, 103, 106, 107, 108, 115, 116, 121 n., 122, 131, 134, 180, 186, 193, 208, 210, 212, 213, 215, 218, 235.
Morison (Le chanoine), 70 n.
Moristan (Le), au Caire, 51 n.
Morosini (Fiorenza), 165 n.
Morte (La mer), 86, 112.
Mosquées au Caire, XVI, 208, 214.
Mothelin, voy. Mételin.
Mothone (Modene), ancien nom de Modon, 142 n.
Moucheron, voy. Mekkary.
Moucre, Moulcre, voy. Mekkary.
Moudjir eddin, 88 n.
Mouharraq (El), Elmaroch, voy. Saint-Macaire.
Moulins, 3.
Mouradja d'Ohsson, 209 n., 210 n.
Mousky (Pont du), au Caire, 51 n.

Moustamssik billah Yaqoub, XLIII.
Moutewekkil al'allah (Le khalife), XIII n.
Mouz, (Pomme de muse), 36 n., 178.

Muazzo (Mudazo), famille de —, 165 ; — (Marino), 165 n.
Mulart (grand poisson), 6.
Müntzer de Babenberg (Wolfgang), 17 n.

N

Nabal, 85.
Nadrcas, voy. le suivant.
Nadhir el Khas echcherif, 192 n.
Nafaqah, don de joyeux avénement distribué par le Sultan aux émirs, 49 n.
Naïb, gouverneur d'Alexandrie, voy. Khoudaberdy.
Naïb ech Cham (vice-roi de Syrie), 114 n.
Naïb el Qalaah, gouverneur de la citadelle du Caire, 183 n.
Naïn (Ville de), 112.
Naples, 12, 14, XXXVI.
Naples (Roi de), voy. Ferdinand et Ladislas.
Naplouse (Sicham), 112.
Napoli de Romanie, 195 n.
Napolitains (Fondouq des), à Alexandrie, XVII.
Narbonnais (Fondouq des), à Alexandrie, XVII.
Narbonne, LXIV.

Narbonne (Consul de), à Alexandrie, XVII, voy. Peretz.
Nassiri Khosrau, 10 n., 40 n., 88 n., 89 n.
Navarin, 141 n., 142 n., 160 n.
Navigajosi (Famille des), 139 n.
Naxie, (Nycye, Naxos, Nixia), île, 138 n.
Nazareth, 112, 113.
Nectaire, patriarche de Jérusalem, 72 n.
Nedjef, 40 n.
Nègrepont (Egripos), 139.
Nègres de l'Afrique, 31 n. ; — (marché des), au Caire, XXXIII.
Néron, 140.
Nestoriens (Les), 58 n.
Neyrat (M. l'abbé), 140 n.
Nicaria (Icaria), île, 138 n.
Nice, 124, 144.
Nicodème, 104, 115.
Nicolò da Corbizzo (Frà), voy. Poggibonsi.

Nicosie, XVII, XVIII.
Nil (Le), XI, XXXV, 24, 25 n., 29, 30, 31, 32, 35 n., 36, 47, 53, 54, 61, 63, 82, 99, 121, 144, 175, 177, 179, 197, 203, 206, 207, 212, 214, 215, 216.
Nilomètre (Le), 32 n.
Nisere, voy. le suiv.
Niskadous (Nisere, Nissaro), île, 135 n., 136 n.
Nissaro, voy. le précédent.
Nisyros, voy. Niskadous.
Notre-Dame de la Colonne (Coulompne), église du Caire, 51.
Notre-Dame de la Garde, 131 n.
Notre-Dame de Lorette, 144.
Notre-Dame de Philerme (de toutes les Grâces), dans l'île de Rhodes, 134.
Notre-Dame de la Place, 131.
Notre-Dame de la Veruda, 149 n.
Notre-Dame de la Victoire, 131; — à Rhodes, 219.
Notre-Dame des Carmes, 85.
Notre-Dame de toutes les Grâces, dans l'île de Rhodes, 134 n.
Notre-Dame du Buisson (Eglise), au mont Sinaï, 78.
Notre-Dame la Haute, église du Caire, 51.
Notre-Dame la Latine, église et abbaye à Jérusalem, 128.
Notre-Dame la Rotonde, à Rome, 90.
Noureddin Aboul Hassan Semenhoudy, 40 n., 41 n.
Noureddin Mahmoud ibn Zinguy, 103 n.
Nouveau (Pierre de), 44.
Nubie (La), XXXV, 32.
Nycye, voy. Naxie.
Nycopole, voy. Emmaüs.
Nyenhusen (Otto de), voy. Boldensele.

O

Odos (Château d'), en Bigorre, 2 n.
Oeneus (Ocuave), 142 n.
Okel, ou fondouq; voy. ce mot.
Oliviers (Mont des), mont d'Olivet, 100, 109.
Omar (Amumar), le khalife, 40 n.
Omeyyades (Mosquée des), à Damas, 115 n.
Onœus (Sinus), ancien nom du golfe de la Valona, 155 n.

Onufre (Saint), 73.
Ophiuse (Ophnise), ancien nom de l'île de Rhodes, 125.
Organne (grand poisson), 6.
Origène, 26.
Orléans, 44, 46.
Orléans (Charles d'), comte d'Angoulême, LXIX, LXXIII, LXXV n., LXXVI, LXXXIX, 2 n.
Ormessini (étoffes), 212 n.
Ormuz, 212 n.
Orsero (Château d'), 149 n.
Orsini (Les), 13 n.
Ortobello (Dorbelles), 13.
Osman (Othaman), le khalife, 40 n.
Osorius (J.), XLVII n.
Othaman, voy. Osman.
Ouadel faran, 69 n.
Ouerradèh (Mosquée d'), 118 n.
Oumm Qassim (Tombeau de), 50 n.
Ouzoun Hassan, LXIII, LXX n.
Ozoro (Ile de), dans l'Adriatique, 150 n.

P

Pacifique (Le Père). 72 n.
Padoue, LXV n., 165 n., 196 n., 207.
Paffo (Baffo), dans l'île de Chypre, 216, 217.
Pagani (Zaccaria), LXXVII — LXXIX, LXXXV, 147.
Paganis (Hugues de), voy. Payens (H. de).
Pagolo Mei (Antonio di), VIII.
Paléologue (Thomas), 141.
Palerme, 143.
Palerne (Jean), 121 n.
Palestine, voy. Terre-Sainte.
Palischermo (Paliscalmo), barque, 171 n.
Pandataria (Biencheterre,) 14.
Panires (Les), 158.
Panzone (Marquis de), 8 n.
Paoli (Seb.), LVII.
Parenzo, 149, 225.
Parees, Paretes (Philippe de), voy. Peretz.
Paris, 2 n., 44, 46, 53.
Paris (M. Paulin), LXXIV, LXXV.
Paris, fils de Priam, 163.
Paros (Paris), île, 138 n.
Passi (Carlo), XLIV n.
Pathmos (Patimo, Bathmos), 137.
Patti (Paty), en Sicile, 143 n.
Paul (Saint), 113, 126, 153 n.
Paule (Sainte), 92.
Paulin (Saint), XXXV.

Paxu (Ile de), au sud de Corfou, 159.
Payens (Hugues de), premier grand-maître de l'ordre du Temple, 129.
Pazahyth, Pazaites, voy. Bayezid.
Pedasus (Pedafus), ancien nom de Modon, 141, 142 n.
Pelagie (Sainte), 110.
Pellicier (Antoine), 10 n.; — (Guillaume), 10 n.
Peques (M. l'abbé), 138 n.
Peretz (Philippe de), consul des Français et des Catalans, IX, X, XVII, XLV, LV, LVI, LXVIII, 4, 22, 57, 230, 233.
Peretz (Pierre de), capitaine de la nef *La Katherine*, LXVIII, 7, 43, 44.
Périgueux, 1 n.
Permarin (Roger), 141 n.
Persans (Les), LXII, LXIV, 48, 103, 199, 200.
Perse (La), LXIII, LXIX, LXX n., 3, 38, 62, 103, 208, 212 ; — (princesse de), LXX, 118, — (roi de), XXII.
Persique (Le golfe), 62, 97.
Pescherie (Le), les Pêcheries, port, 158.
Pezius, LII n.
Phaccia, ancien nom de Corfou, voy. ce nom.

Pharagou (Ouad el faran), 69 n.
Pharamond, LXXII.
Pharaon, 46.
Pharaon (Poux de), 28 ; — — (désert de), Ouadel faran, 69.
Phare d'Alexandrie (Le), 20, 23, 171, 174.
Phare de Messine (Le), 16, 143.
Phénice, voy. Ténédos.
Phénicie (La), 85 n.
Philecure, île, 16 n.
Philérémos, Philerme, Philelme, dans l'île de Rhodes, 134 n.
Philippe, duc de Savoie, voy. Savoie.
Philippe le Bel, 130.
Philippe le Bon, duc de Bourgogne, 91 n., 117.
Philippe-Marie, duc de Milan, 11 n.
Phocas (L'empereur), 128.
Pialy Pacha, 139 n.
Pie II, pape, 141.
Pierre (Saint), 104, 107, 117.
Pilate (Ponce), 13, 100, 105, 106.
Piloni (Antonio), LXXVIII.
Piran (Pirano), 225, 226 n.
Pirgo (Village de), 155 n. ; — (rivière de), voy. Woyutza.
Piscopi, voy. Episcopia.
Piscopia (L'Espicopie), île, 135 n.
Pise 12 ; — (concile de), 10.

DES NOMS DE PERSONNES ET DE LIEUX

Pityusa, voy. Chio.
Plaisance (Fromages de), 176, 187.
Pline, 102, 198.
Poggibonsi (Frà Nicolò da), VII n., 90 n., 91 n.
Poitiers, 104 n.
Pola, 149, 225.
Polignac (François de), évêque de Rodez, 10 n.
Pollania, village, voy. Pirgo.
Polove, voy. Pylona.
Pompée, à Alexandrie, 26, 174; — (tombeau de), 62.
Ponza (Ponce), île, 13.
Porcacchi (Tomaso), 132 n.
Porphyris, ancien nom de l'île de Niskadous, 135 n.
Port (M. Célestin), 6 n.
Port'Ercole (Port Hercules), 13.
Porteveue, voy. Portovenere.
Porto Cain (Porto Cassan), 151.
Porto Cassan, 151 n.
Porto Cichala, 225.
Porto della Madonna, en face de Candie, 168 n.
Porto delle Quaje, 161, 162, 163, 164.
Porto di Langano, 11 n.
Porto di Veruda, 149.
Portofino (Portefin), 11.
Porto Lungo, 158.
Porto Porro, 161.
Porto San Stefano (Sainct Estienne), 12, 144.
Porto Schigna, 220 n.
Porto Selba, 150.
Porto Sesola, dans l'île de Solta, 151, 152, 224.
Porto Torcola, 152.
Portovenere, 11 n., 12.
Porto Vitulo, 161.
Portugais (Les), III, XLVI, XLVII, LIV, 136; — dans la mer Rouge, XLIII, LIV, 5 n., 38 n., 63 n., 64; — dans les Indes, XLVII, XLVIII, 235.
Portugal (Le roi de), XLVIII, voy. Emmanuel.
Potvin (M.), XVII n.
Pouille (La) XXXVI.
Poulonne (Nicolas, chevalier de), 115.
Poveia (Poveglia), 147, 148.
Prato (Louis de), XXIV n.
Prégent de Bidoulx, 9.
Priuli, XLVI n., LVIII, LIX n., 4 n.
Priuli (Andrea), bayle de Venise à Constantinople, 196 n.
Prodano (îlot de), 160, 222.
Promontore, en Istrie, 149.
Promontorium Polaticum, voy. le précédent.
Ptolémée, géographe, 62, 63 n.
Ptolémée (Le corps de), 25.
Punta della Madonna, 13 n.
Punta Placo, 220 n.

Pylona (Polove), dans l'île de Rhodes, 133 n.
Pylus, voy. Zunchio.

Pyramides (Les), XVI, XXXIV, 35, 53, 197, 198, 199.

Q

Qaïtbay (Le sultan), XXXII n., XXXIV, XXXVI, XXXIX, XLI, LXXIX, 170 n.
Qaït Redjeby (L'émir), XLII, XLIII.
Qansou Ghoury (Melik el Achraf Abou Nasr), XLI, XLII-LI, LIV, LV, LVIII, LIX, LXII-LXIV, LXVI, LXVII, LXXX-LXXXIII, LXXXV, LXXXVII-LXXXIX, 4, 5, 22, 38 n., 49 n., 171 n., 184, 185-191, 215 n., 231, 232, 234.
Qansou Khamsmayèh (Melik el Achraf), XXXVII, XXXVIII, XL.
Qarafah, fraction de la tribu des Beni-Ghousn ben Seïf, 50 n.
Qarafah, nécropole du Caire, 50 n., 51 n.
Qariet arbaa, 87 n., voy. Hébron.

Qasrou, gouverneur de Damas, XLII.
Qassioun (Le mont), près de Damas, 87 n.
Qathièh (Cathiè), 84 n., 118.
Qizil bach (Persans), 200 n.
Qralzadèh, voy. Ravestein (Seigneur de).
Quarantaine (Montagne de la), 111.
Quarante-Martyrs (Église des), 77.
Quarnero, ou di Farisina (Canal de), 150, 225.
Quatremère (M.), XLI n., 53 n., 88 n., 115 n., 193 n.; voy. Maqrizy.
Querini (Les), 137 n.; — Querini (Fanteno), 136 n.; — (Nicolas III), 137 n.; — (Paolo), 166 n.
Quieto (Rivière de), 148 n.
Quinoa, voy. Tino.

DES NOMS DE PERSONNES ET DE LIEUX

Rabastien (M. de), voy. Ravestein.
Rabelais, LXI n.
Rachel (Tombeau de), 93.
Rachet, voy. Rosette.
Raderus (Mat.), 76 n.
Radi billah (Le khalife), 88 n.
Raguse (Navires de), LIX, 15, 21; — (Marchand de), LX; — — (Ville de), 153, 154 n., 224, 232; — (République de), LIII, 153 n.
Raithou (Jean, abbé de), 76 n.
Ramesses, 58.
Ramlèh (Rame), XLV, 116, 117.
Rapallo, 11.
Ras Naubet en Nouwab, XLII.
Raudha (Ile de), 32 n.
Ravenne (Bataille de), 59.
Ravestein (Philippe de Clèves, seigneur de), 18, 19 n.
Rayet (M. O.), 134 n.
Rebecca (Sépulcre de), 88.
Rechberg (Ber de), XIX.
Reggio (Rege), en Calabre, 142.
Reims (Toile de), 191.
Retimo, dans l'île de Candie, 168.
Rhodes (Ile et ville de), LV, LVII, LIX, LXVIII, LXXI, LXXXIX, 21, 59, 64, 123 et suivantes, 196 n., 217-220, 228; — (La grande nef de), 6, 232.
Rhodes (Chevaliers de), L, LI, LV, LVI, LVII, LIX, LX, 4, 5, 57, 124, 127, 128, 129, 130, 131, 134, 135 n., 215, 218, 220, 228, 229, 230, 232.
Rhodopée, 54.
Ricco (Santi del), VIII.
Rif (Le), province d'Égypte, 32 n.
Rimondo (Alvise), 165 n.
Rinuccini (Andrea), VIII, XII.
Rio Maggiore, 11 n.
Rizzonicus (Sinus), anc. nom de la baie de Cattaro, 154 n.
Roanne (Rouanne), 144.
Robert d'Anjou, roi de Naples, 94.
Robertet (Florimond), LXII, 44.
Robinson (M.), 89 n.
Rochechouart (François de), seigneur de Chandenier, 9 n.
Rodez (Évêque de), 10 n.
Rohan (François de), archevêque de Lyon, 10 n.
Röhricht (M.), V n.
Romanie (Vin de), 17.
Rome, 3 n., 38, 141, 165, 240.
Rosette (Rachet, Rachid, Rasid), XVII, 29 n., 32, 33 n., 121 n., 177, 178, 179.
Rouge (La mer), LIV, 5 n., 38, 57, 62, 63, 65, 76, 80.
Rovigno, 149.

S

Saba (La reine de), 109.
Sabéens (Les), 62.
Sabellico (Marc' Antonio), 20.
Sabioncello (Presqu'île de), 153 n.
Sagadino (Alvise), L.
Saige (M. G.), 7 n.
Saint-Abraham (Ville et église de), 87 n., voy. Hébron.
Saint-Ange (Église de), à Jérusalem, 107.
Saint-Ange (Le cap), 139 n., 140, 163 n.
Sainte-Anne (Chapelle de), dans l'île de Pathmos, 137 n.
Saint-Antoine (Monastère de), XVI, 81.
Saint-Cléophas (Chapelle de), à Emmaüs, 117.
Saint-Élie (Le mont), dans l'île de Rhodes, 133 n.; — (Monastère de), 134 n.
Sainct Estienne (port), voy. Porto San Stefano.
Saint-Etienne (Église de), au Sinaï, 79.
Saint-Genesius (Église de), à Vado, 8 n.
Saint-Georges (Église de), à Damiette, 122; — au Vieux-Caire, XXXIV.

Saint-Georges (Port de), dans l'île de Levita, 135 n.
Saint-Gilles (Grand-Prieur de), 9.
Saint-Graal [Sainct Creal] (Le), 10.
Sainct-Hemon, 151, voy. Samannoud.
Saint-Jacques (Église de), à Jérusalem, 103.
Saint-Jacques-le-Mineur (Église de), oratoire des Arméniens à Jérusalem, 10.
Saint-Jean de Jérusalem (Ordre de), voy. Rhodes (Chevaliers de).
Saint-Jean (Église de), à Spalato, 152 n.; — (monastère de) dans l'île de Pathmos, 137 n.
Saint-Jean-Baptiste (Chapelle de), à Jérusalem, 105; — (Basilique de), à Damas, 115 n.; — (Église de), à Rhodes, 131; — à Tino, 138 n., 219.
Sainct Jehan de Chiona, 138, voy. Tino.
Saint Jean-de-Maurienne, 79.
Saint-Laurent (Église cathédrale de), 10 n; — à Trau, 224.
Saint-Macaire (Elmaroch), mo-

nastère de Jacobites au Caire, 53.

Saint-Marc (Église de), à Alexandrie d'Égypte, 59, 174; — à Jérusalem, 110.

Saint-Marc (Le mont), à Corfou, 158 n.

Saint-Martin (Église de), au Caire, XII.

Saint-Matthieu (Le combat du cap), 9.

Saint-Michel (Église de), à Alexandrie d'Égypte, 26, 174.

Saint-Nicolas (Église de), à Bethléem, 92.

Saint-Nicolas, port de l'île de Paxu, 159 n.

Saint-Omer, VI n.

Saint-Onufre (Église de), au Sinaï, 79.

Saint-Paul (Couvent de), dans la Haute-Égypte, XVI.

Saint-Pierre (Château de), à Bodroum, 136 n.

Saint-Pierre (Église de), à Rome, 141, 174.

Sainct-Sabe (Église de), à Alexandrie d'Égypte, 26, 174; — (Monastère de), près de Bethléem, 92.

Saint-Sauveur (Église du), à Jérusalem, 104, 107.

Saint-Sépulcre (Le), XLV, XLVIII, LVII, LXXXIII, 4, 5, 94 et suivantes; 117, 127, 200, 227, 230, 231, 534; — (Chevaliers du), 95.

Saint-Soubran (Le protonotaire de), voy. Du Boys (Pierre).

Saint-Thomas (Chapelle), au couvent du Mont de Sion, 99.

Saint Thourin, voy. Santorin.

Saint-Vallier, bourg du Dauphiné, 3.

Sainte-Barbe (Église), au Caire, 51 n., 52 n.

Sainte-Catherine (Couvent de), LXXIV, 58, 71, 72 n., 73, 75, 76, 77, 79, 204, 205.

Sainte-Croix (Couvent de), à Jérusalem, 103, LXVI; — en Judée, III.

Sainte-Hélène (Chapelle de), au Saint-Sépulcre, 105.

Sainte-Marie, ou Sainte-Marine (Port de), en Dalmatie, 151.

Sainte-Marie de Cassopo, voy. Cassopo.

Sainte-Marthe (Couvent de), à Gênes, 10.

Sainte-Maure (Ile de), 159, 160 n.

Saintes-Maries (Les), bourgade de la Camargue, 8 n.

Saintes-Matrones (Monast. des), à Bethléem, 92.

Salaco, voy. Salakkos.

Salainhac [Salignac] (Jeanne de), femme d'Antoine de La Roche-Aymon, 59 n.

Salakkos (Salaco), dans l'île de Rhodes, 133 n.
Salamon (Le cap), dans l'île de Candie, 169, 220, 221.
Salat es soubh, — ed dohr, — el asr, — el maghreb, — el icha, prières canoniques des Musulmans, 208 n., 209 n.
Salic (André), 141, voy. Falconi.
Sallines (Les), 15 n.
Salomon, 10 n.
Salomon (Piscines de), 89; — (Temple de), 107.
Salouk, guide d'Abou Bekr el Eskafy, 89 n.
Samannoud (Sainct Hemon), 121 n.
Samaritaine (La), 102; — (Puits de la), 112.
Sancto Canciano (Matheso Vesconte de), 20 n.
San Girolamo, île sur la côte de l'Istrie, 149 n.
San Nicolò di Città, 159, 160.
San Paulo (Monte), dans l'île de Candie, 221 n.
San Stefano, bourg de l'île de Piscopia, 135 n.
Santa Amana (Le cap), 155 n.
Santa Maria di Cassopo, voy. Cassopos.
Sant' Epifanio, cap de l'île de Chypre, 217, 219.
San Thodoro, îlot près de la Canée, 164 n.

Santi del Ricco, VIII.
Santorin (Saint Thourin), île, 138 n.
Sanuto (Famille des), 138 n.; — (Benedetto), XLVI, XLVII, 247; — (Livio), 29 n., 33 n., 35 n., 58 n., 63 n.; — (Marino), V n., LV n., LVII n., LXXVII, 142 n., 149 n., 166 n., 170 n., 225 n.
Sapienza (Sapience), île, 140, 161.
Saqiz Adhassy, nom turc de Chio, 139 n.
Sarah (Sépulcre de), 88.
Saria (Ile de), 137 n.
Sariocusso, voy. Syriaqos.
Sarmates (Les), 102 n.
Sarrazins (Les), voy. Mores.
Sasno (Ile de), sur les côtes de l'Albanie, 155, 156, 157, 223.
Satalie (Golfe de), 123, 217.
Saulger (Le Père), 138 n.
Sauvaire (M. Henry), 88 n.
Savoie (Philippe, duc de), 2 n.
Savoie (Louise de), LXIX, LXXI, LXXIV, LXXVI, LXXXIX, 2 n., 90, 145.
Savone (Saone), 9.
Scaffazi (*Qafas*), 200.
Scarpanto, Scarpento (anc. Karpathos), 137, 220.
Scene, 62.
Schomberg (Henri de), XXXII.
Scilla, 16.

DES NOMS DE PERSONNES ET DE LIEUX   291

Scogli di San Paulo (Li), 135 n.
Scorpion (Le), voy. Sklipio.
Scovazze (Monte delle), butte des Décombres, à Alexandrie, 169, 174.
Scudo (Ser Alvise di), 170.
Sebaste (Cité de), 112.
Sebenico, 225.
Sefer Naméh, 10 n., voy. Nassiri Khosrau.
Séfèvy (Dynastie des), XLIII, 3 n.
Segna, LIII.
Segor (Cité de), 112.
Seïf eddin Barqouq, voy. Barqouq.
Seladon, voy. Greblinger.
Sélim (Sultan), III, 4 n., 214 n.
Seneges, voy. Zendjs.
Senestre (Bouchamet), île, 15 n., 16 n.
Senete (L'Arabie Heureuse), 62.
Serajevo, en Bosnie, 196 n.
Serbal, rivière, 69 n.
Serrure (M.), XVII n.
Sesola, voy. Porto Sesola.
Sestri Levante (Cistre), 11 n.
Sewwadèh, 118 n.
Seyssel (Claude de), LXI.
Sforza (Jean Galéas Marie), LXV n.
Sicham, 112.
Sicile (La), Cécille, 8, 15 n., 16, 143.
Siciliens (Mamelouks), au Caire, XXXII, LXX.

Sidon (Sydoine), 85, 113.
Sienne, 13 n.
Siennois [Senoys] (Les), 13, 144.
Sigismond, archiduc d'Autriche, XXII.
Sigoli (Simoni), V, VIII, XIII-XV, 211 n. 212 n.
Siloé, 109.
Silo, 117.
Silvestre (Saint), 106.
Silvestre de Sacy (M.), 54 n.
Siméon (Maison de saint), en Judée, 111 ; — (Corps de), à Zara, 150.
Simie (Isola delle), 135 n., 220.
Simon (Richard), 102 n.
Simon de Candie, XIII, 211 n.
Simon le Cyrénéen, 106.
Simon le Lépreux (Maison de), 110.
Sinaï (Le mont), V, VII, XV, XX, XXXV, LXXIV. 57, 58 n., 61, 62, 66, 70 n., 71, 72 n., 76, 77, 79, 94, 204, 205.
Sinan Pacha, gouverneur de l'Anatolie, 18 n.
Singes au Caire, XXX, XXXI, XXXIII, 214.
Sion (Couvent de), XLVIII, LVII, LXVI, 4 n., 94, 96, 99 ; — (Mont de), 94, 101, 104, 107.
Sionita (Gabriel), 72 n.
Siout, 214 n.

Siracusa, 143.
Sirgant, voy. Girgenti.
Sitia (Stia), ville de Candie, 221.
Sixte IV, 9 n.
Skiro (Scyros), 138 n.
Sklipio, dans l'île de Rhodes, 132 n.
Sofy (Le), voy. Châh Ismayl; — (Mère du), 118; — (Ambassadeur du), 193, 199, 200.
Soliman (Sultan), LXXI, 196, 9 n.
Solms (Le comte de), XIX, XXXII, XXXIII.
Solta (Ile de, sur la côte de Dalmatie, 151.
Somalis (Les), 31 n.
Soranzo (Andrea), 166 n.
Soriano (Frà Francesco), gardien du couvent de Sion, LXVI, 4 n.
Soubran (M. de), 53; voy. Du Boys (Pierre).
Soudans Turcs (Les), 126.
Soudan (Mosquée du), à Jérusalem, 107; — (jardin du), au Caire, 190.
Spalato, (Spalatro, Spalatium, Split), 151, 152.
Sphagia (Ile de), voy. Sapienza.
Sphinx (Le), en Égypte, 54 n.
Spinola, commandant de la flotte génoise, 11 n.
Spirnazza (Rivière de), 161 n.
Stadie, ancien nom de l'île de Rhodes, 125.
Stalimène, voy. Lemnos.
Stampalia (Estampelée), 137 n.

Standia, îlot en face de Candie, 168, 169.
Stea (Siout), 214.
Stephanus (Le patriarche), 130.
Stia, voy. Sitia.
Stieffel (Henri de), XIX.
Strabon, 62, 126, 138 n.
Stromboli (Strongille), île, 15, 144.
Strongille, voy. le précédent.
Suarez (Messire), amiral de Chypre, XVII.
Substantion, voy. Maguelone.
Sude (Golfe de la), 164, 168.
Sudheim (Ludolph de), XXII, n.
Suez (Suys), XX, LIV, 5 n., 57 n., 62, 63, 64 n., 65; — (Canal de), XLVII n., 63.
Suggeres (La maison de), 124.
Suisses (Les), 103, 240.
Suleyman (Sultan), 136 n.
Surier (Nicolin), LXIII.
Sydoine, voy. Sidon.
Symbole des Apôtres (Le), 110.
Symi (Ile de), [Les Esmes, Esimes], 135 n., 136 n., 137.
Syra, 138 n.
Syriaqos (Syriagos, Sariacusso), XIV.
Syrie (La), IV, XVII, XLIII, L, LVII, LX, LXII, 50, 84, 87 n., 96, 101, 114 n., 127, 229, 230.
Syriens (Chrétiens), au Caire, 57; — en Arabie, 81; — au Saint-Sépulcre, 101.

T

Tafur (Peró), XVII, XVIII.
Talleyrand (Cardinal de), VI.
Tangriberdy, drogman du Soudan d'Égypte, XXI, XXXIII, XLV, XLVI, LI, LII, LIII, LVI, LVIII, LIX, LXXXIII, 180 n., 245.
Tanis, 87 n.
Taouchan Adhassy, nom turc de l'île de Standia, voy. ce mot.
Tarascon, 5.
Tarsous, en Cilicie, XLI.
Tartares (Les), X, XXXIV, 104.
Tauriz, LXIII, LXX.
Tayras (Le mont), dans l'île de Rhodes, 134, n.
Telchine, ancien nom de l'île de Rhodes, 125.
Telos, ancien nom de Piscopia, 135 n.
Temple (Église du), à Jérusalem, 129, 130.
Templiers (L'Ordre des), 129, 130, 131.
Ténédos (Thenedos), île, 139.
Tennis, XVII.
Tereniabin, (Ter Enguebin), manne ou miel liquide, 70 n.
Terranèh, sur le Nil, XXXV.
Terrascon (Tarascon), 5.

Terre-Sainte, VII, XV, XIX, LX, LXI, LXV, 227, 230, 235.
Tertullien, 100.
Tetrapolis, voy. Céphalonie.
Teutonique (L'Ordre), 138 n.
Thabita, 117.
Thabor (Le mont), 113.
Thal, 132, voy. Vati.
Thalassa, ville de Candie, 19 n.
Theaki, voy. Ithaque.
Thébaïde (La), 32.
Thenaud (Jehan), LXIX, LXXVII, LXXXIV, LXXXIX.
Thevenot, 115 n.
Thevet, 15 n., 16 n., 17 n., 58 n., 138 n., 140 n., 142 n.
Thewaf (Le), 39 n.
Thodar (Devadar), voy. Aqberdy.
Thomas (Saint), 108, 109.
Thor, Tor, Tour (Le), port sur la mer Rouge, 57, 58, 59, 66, 79, 80, 81, 82.
Thouars, 6 n.
Tibériade, ville, 113.
Tiepolo (Vincenzo), 158.
Tino (Saint-Jean de Chiona), île, 138 n.
Titien (Le), LXXXIX.
Titus (Saint), 167.
Tocco (Principauté des), 160 n.

Tom ou Tung (Gérard), fondateur de l'Ordre des Hospitaliers, 128 n.
Tophet (La vallée), 109.
Toqatbay el Alay, 183 n.
Torcola (Ile et port de), 152, 153.
Touman Bay (Melik el Adil), sultan d'Égypte, XL, XLI n., XLII, XLIII, 4 n., 50 n., 214 n.
Touman Bay Qansou, 171 n.
Torelli, commandant des Génois, 13 n.
Tour (Le), voy. Thor.
Touranchâh, IV.
Tournefort, 137 n., 138 n.
Trapani (Trapene), en Sicile, 143 n.
Trau (Tragurium), ville de Dalmatie, 151 n., 224, 225.
Trébizonde (L'Empereur de), LXIII n.
Trémoïlle (M. de la), 6, — (Gabrielle de), 6 n.
Trémoïlle [Trimouïlle] (Nef de la), voy. *Katherine*.
Trevisan (Domenico), XLI, LXV, LXVIII, LXXVII-LXXXIX, 147, 156, 158, 165, 171-197, 203-206, 215, 218, 220, 222, 237, 248, 252; — (Marc' Antonio), fils de Domenico, LXVII, LXXVII, LXXIX, LXXX, LXXXVII, 206; — (Melchior), amiral vénitien, 141 n.; — (Piero), LXXVII.
Trévise, 173.
Trianda, village dans l'île de Rhodes, 133 n.
Tricon (Manoli), LXX n.
Trieste, 226 n.
Triumphe des vertus (Le), ouvrage de J. Thenaud, LXXIV, LXXV, LXXXIX.
Tripoli de Barbarie, 64.
Trois-Maries (Les), voy. Saintes-Maries.
Truchses de Waldpurg (Jean), XIX.
Tucher de Nuremberg, XIX.
Tulurre, voy. Turluru.
Tunis (Le souverain de), XLIII.
Turcs (Les), XXXII, XXXVI, XLIII, LIII, LXI, LXXI, 48, 103, 124, 127, 131, 134, 135 n., 136 n., 137, 139 n., 140, 141, 142, 155 n., 156, 158, 160, 161, 163, 218, 219, 222, 228, 232, 235.
Turquie (La), LIII, 125.
Turc (Le grand), XXXII, LIII, voy. Bajazet.
Turluru (Tulurre), fort de l'îlot de San Thodoro, près de la Canée, 164 n.
Tyr, 113.
Tytonus, 104, voy. Hethoum.

U

Umago, 148.
Ustique, voy. Senestre.

Uxunecassan, voy. Ouzoun Hassan.

V

Vacquerre (Nef de la), 21.
Vado, Vade, Vaye, petit port de la Ligurie, 8 n., 20.
Valence, en Dauphiné, 3, 5.
Valeriolle, l'écrivain de la nef *La Katherine*, 7, 43.
Valona (Golfe de la), sur les côtes de l'Albanie, 155 n., 223.
Vansleb, 32 n., 51 n., 52 n., 53 n., 54 n., 81 n.
Varthema (Ludovic), LXXI.
Vatace (L'Empereur), 126 n.
Vati, dans l'île de Rhodes, 132 n.
Vaye, voy. Vado.
Vecellio (Cesare), LXXXV, LXXXVIII, LXXXIX.
Velsch (Pierre), XXXII.
Vendôme, 3.
Venier (André), 138 n.; — (Famille des), 139 n.
Venise, XLVI, LI, LXXXIX, 147, 227; — (Seigneurie de), XLVIII, L, LII, LIV, LXIII, LXIV, LXVII, LXXX, LXXXII, 18, 139 n., 193, 196, 237, 239, 240, 253; — (Consul de), à Alexandrie, à Damas, au Caire, voy. ces mots.
Vénitiens (Les), III, XLVII, LVIII, LX, LXVIII, LXXXIII, 8, 11 n., 26, 27, 57, 63 n., 94, 127, 139 n., 141 n., 149 n., 150 n., 152 n., 153 n., 154 n., 157 n., 158 n., 232, 235; — (Fondouq des), à Alexandrie, XVI.
Vernassia, 11 n.
Vérone, LVI, 180.
Véronique (Maison de), à Jérusalem, 106.
Viari (Les), de Venise, marquis de Cerigotto, 139 n.
Vidre (Le), voy. Levita.
Vienne en Dauphiné, 3.

Vierge (Fontaine de la), en Égypte, XX.
Vierges (Mosquée des), à Jérusalem, 107.
Villanova, dans l'île de Rhodes, 133 n.
Villegast (M. de), voy. Malicorne (Seigneur de).
Villehardouin (Guillaume de), prince d'Achaïe, 126 n.
Vitulo, ville de Morée, 161 n.
Voisins (Françoise de), 21 n.
Vojussa, voy. Woyutza.
Volmeaulx en Bourbonnois (Seigneur de), voy. Chauveau.
Vulcan (Volcan), île, 15.

W

Wady Ourtas (Jardins et piscines de), 89 n.
Webb (R. John), XVII n.
Welid, fils d'Abdel Melik (Le Khalife), 115 n.
Woyutza (Vojussa), rivière de l'Albanie, 155 n., 223.

Y

Yemenis, habitants du Yémen, au Caire, 48.
Yeres, voy. Hyères.
Younis Etterdjuman (L'émir), drogman du Soudan d'Égypte, LVI, LXXXVII, 180 n., 182, 188, 189, 190, 203, 214.
Ypres, VI n.

Z

Zacharie (Tombeau de), 110, 114; — (Maison de), 111.
Zachée (Maison de), 111.
Zante (Iacinthe), île, 17, 160, 222, 223.
Zara, 150, 225; — (Archevêque de), 151 n.
Zeller (M. J.), 10 n.
Zemzem (Le puits de), 39 n.
Zen (Caterino), LXIII n.; — Zen

(Nicolò), LXIV n. — Zen (Pietro), consul de Venise à Damas, LXIII, LXXX-LXXXIII, 195, 196, 197, 215.

Zendjs, Seneges (Les). peuplades des Somalis, 31 n.

Zéphirien, cap de l'île de Chypre, 216 n.

Zezietdeeth, voy. Djeziret edh dheheb.

Zide (Zidem), voy. Djedda.

Zinara, île, 135 n.

Zirana (Ile de), sur les côtes de Dalmatie, 151 n.

Zonkio (Navarin), voy. Zunchio.

Zuan de Candie (Ser), 148.

Zuchalora (Zuccaora), bourg de l'île de Piscopia, 135 n.

Zunchio, Zunkio, Zonkio (Navarin), 142 n., 160, 161, 222.

ERRATA

Page IV, ligne 24, *au lieu de* Les persécutions suscitées contre les chrétiens par Melik en Nassir, *il faut lire* sous le règne de Melik en Nassir.

Page XII, ligne 8, *au lieu de* Rinucci, *il faut lire* Rinuccini.

Page XVII, note 2, ligne 2, *au lieu de* Web, *il faut lire* Webb.

Page XLIII, ligne 3, *au lieu de* Le calife Moutemessik billah, *il faut lire* Le calife Moustamssik billah.

Page 102, note 1, ligne 2, *au lieu de* 4, 12; *il faut lire* 4, 26.

Page 129, note, ligne 3, *au lieu de* Hugues des Payens, *il faut lire* Hugues de Payen.

Page 136, note, lignes 4 et 8, *au lieu de* Nissari, *il faut lire* Nissaro.

www.ingramcontent.com/pod-product-compliance
Lightning Source LLC
Chambersburg PA
CBHW060554170426
43201CB00009B/771